FRANK W. KOLBE

wurde am 11. Juni 1979 in Bremerhaven geboren und lebt heute im Siegerland (Siegen) in Nordrhein-Westfalen. Durch einen Schicksalsschlag in früher Kindheit wurde sein Interesse für die Spiritualität geweckt. Als er dann das erste Mal unvorbereitet als Schreibmedium diente, führte ihn das auf seinen heutigen Weg, der ihm Antworten liefert und durch den er sich immer weiterentwickelt. Dieser Weg veränderte sein Leben entscheidend. Die Bewusstwerdung der Verbindung seines eigenen Ichs mit dem Ich anderer Lebewesen – sozusagen ein Kontakt mit der Kollektivseele – führte zu einer großartigen Erfahrung, dem „Dialog mit Ich".

FRANK W. KOLBE

Dialog mit ICH

Deine Seele möchte
dir etwas sagen

RB

ISBN 978-3-942581-67-7
Druck: CPI books GmbH, Ulm
Lektorat: Anke Schenker
Umschlag: reinert & partner, München

1. Auflage 2013

der Robert Betz Transformations GmbH, München
robert-betz.com

Danksagung

Danke möchte ich allen Menschen sagen, die mir in der Vergangenheit begegnet sind und in der Zukunft begegnen werden, wann immer das sein wird. Ich danke Ihnen, liebe Leserin, lieber Leser, denn ohne Sie wäre es mir nicht möglich gewesen, dieses Buch zu schreiben. Beim Lesen werden Sie verstehen warum.

Ich danke auch mir, denn während der Entstehung dieses Buches bin ich mir immer mehr begegnet, habe immer mehr erkannt und war mit jeder Seite erstaunt über meinen „Dialog mit Ich“. Ich danke mir, dass ich mir zugehört habe, dass ich mich auf mich selbst konzentriert und verlassen habe und mir vertraue.

Durch dieses Buch hat sich mein Denken verändert, wodurch mir ungeahnte Möglichkeiten geschenkt wurden. Möglichkeiten, die ich in mein Leben integriere und die so unendlich wichtig sind, dass ich sie mit jedem teilen möchte. Dies mache ich nun auch mit diesem Buch.

Ich war Schüler und Lehrer zugleich. Nun bin ich Schöpfer und Begleiter. Und so, wie ich mir die Hand reichte, so möchte ich auch Ihnen die Hand reichen und Sie begleiten auf Ihrer Reise zu sich selbst. Wir überwinden gemeinsam die Distanz zum Ich.

Danke für diese wundervolle Erfahrung!

Vorwort

Mit diesem Buch begeben Sie sich auf eine Reise zu Ihrem Ich, Ihrem Sein. Auf eine Reise zu einem Dialog mit Ihrer Seele. Wer träumt nicht davon, einmal diese Chance zu bekommen? Ich habe in meiner Vergangenheit oft darum gebeten. Oder vielleicht sollte ich sagen, dass ich gebettelt und gejammert habe. Ich hatte die Hoffnung, dass irgendein großes Wesen – zum Beispiel Gott – mein Gejammer hört, zu mir runterkommt, mich auf einen Kaffee einlädt, meine Fragen beantwortet, und danach ist alles gut und ich lebe ein glückliches und zufriedenes Leben. Dass dies nicht geschieht, war mir zwar klar – und mal ganz ehrlich, es wäre auch viel zu einfach –, aber dennoch habe ich gemeckert.

Nach einer gewissen Zeit merkte ich, dass es nichts bringt und es mir dadurch nur noch schlechter geht. Ich habe mich sogar vor meinen Spiegel gestellt und mich selbst angeschnauzt. Aber wenigstens bekam ich eine Antwort. Es hat mich irgendwie beruhigt, mehr aber auch nicht, denn es war keine wirkliche Hilfe. Die erfuhr ich erst bei meinem Dialog mit Ich. Und darum freue ich mich, dass Sie sich dafür entschieden haben, dieses Buch zu lesen, denn es kann Ihr Leben verändern. Ihre Seele möchte Ihnen etwas mitteilen und mir ist es wichtig, dass Sie das erfahren. Sie fragen sich sicher, wie ich dazu komme, von *Ihrer* Seele zu sprechen. Auch das werden Sie erfahren.

Ich gehöre zu den Menschen, die mehr wissen wollen, mehr als uns beigebracht wird, mehr als das, was bisher wissenschaftlich erklärt werden kann. Ich gehöre zu den Menschen, die Fragen stellen und auch mal etwas infrage stellen. Nur weil bestimmte Institutionen behaupten, dass es etwas nicht gibt, heißt es für mich noch lange nicht, dass es das wirklich nicht gibt. Für mich bedeutet das nur, dass es noch nicht nachgewiesen bzw. bewiesen werden kann. Die Seele gehörte zu den Dingen, von denen ich mir sicher war, dass es sie gibt. Nachdem ich dieses Buch geschrieben habe, *weiß* ich, dass es sie gibt. Und ich bin so unendlich dankbar, dass ich es erfahren durfte. Aber ist es möglich, mit der Seele ein Gespräch zu führen? Ich persönlich hätte es nicht geglaubt, denn immerhin bin *ich* doch meine Seele, die in diesem Körper wohnt. Aber es ist möglich. Ich habe es mit jeder Faser meines Seins erlebt.

Und glauben Sie mir, die Seele ist sehr gesprächig. Sie hat uns viel mitzuteilen und sie hat viel mit uns zu teilen. Ob ich mit diesem Buch allen gerecht werde, weiß ich natürlich nicht. Ich weiß aber, dass viele Themen besprochen werden, die uns alle etwas angehen. Themen, die unendlich wichtig sind. Die Antworten, die ich bekam, waren zum Teil so neu für mich, dass sie nicht von mir stammen konnten, nicht aus meinem Bewusstsein. Und eben darum nenne ich dieses Buch auch „Dialog mit Ich“. Es ist natürlich eine Art Selbstgespräch, aber dennoch war es eine Unterhaltung, während der ich mich wie in einer Zweisamkeit fühlte. Ich sprach nicht mit mir, ich sprach mit Ich.

Lassen Sie sich entführen zu einem Treffen mit Ihnen. Lernen Sie sich kennen und führen auch Sie einen Dialog mit Ihrer Seele. Erfahren Sie, wie es ist, wenn tief aus Ihrem Inneren etwas ganz Besonderes aufsteigt. Neue Gefühle, die Sie erstaunen lassen, und neue Gedanken, die sich Ihnen offenbaren. Wenn Sie in dieses Buch eintauchen, wird es bei Ihnen *klick* machen und Sie werden die Welt mit anderen Augen sehen.

Das Buch beginnt mit einem „Hallo!“ von Ich, also von der Seele, auf das ich reagiere.

Viel Spaß bei Ihrem „Dialog mit Ich“.

Herzlichst
Frank W. Kolbe

Ich spüre dieses Kribbeln im Bauch.
Ein neu entfachtes Feuer
einer alten Freundschaft, und ich weiß,
es ist ein »Dialog mit Ich«.

Lassen Sie mich, ehe es nun wirklich losgeht, kurz erzählen, wie alles begann.

In einer leeren Textdatei meines Computers, die eigentlich dafür gedacht war, ein paar Ideen für ein anderes Buch zu sammeln, las ich plötzlich ein „Hallo!" Es war irgendwann zwischen 2009 und 2010. Zwar musste ich es geschrieben haben, aber mitbekommen habe ich davon nichts. Es war eher so, als ob ich kurz, nur für eine Sekunde, ganz weit weg war.

Da ich noch immer ein wenig verzweifelt war, weil mir keine Ideen für das Buch einfielen, wollte ich mir mit diesem Hallo, über das ich gar nicht weiter nachdachte, einen Scherz erlauben. Ich wollte mit „Wer bist du?" darauf antworten und dann so etwas schreiben wie: „Ich bin's, Frank, wie geht's?" Danach hätte ich alles wieder gelöscht und wäre weiter auf Ideensuche gegangen. Doch es kam anders. In dem Moment, als ich „Ich bin's, Frank, wie geht's?" schreiben wollte, fühlten sich meine Arme plötzlich an, als würden sie schweben. Doch das taten sie nicht. Dann tauchte in der Datei ein „Ich!" auf.

Ich? In dem Moment begriff ich, dass es mehr war als eine Spielerei. Die Gefühle, die ich auf einmal hatte, sagten mir, dass sich da etwas vor mir zu erkennen gibt, was ebenso spannend wie wichtig ist. Und nun wollte ich wissen, was da passiert und wer oder was auf meinen Text antwortet. Kurz darauf entwickelte sich dieser Dialog in eine Richtung, für die ich sehr dankbar bin.

Lesen Sie hier, was mit einer einfachen Textdatei begann.

Hallo!
Wer bist du?
Ich!
Oh nein. Das passiert jetzt nicht wirklich, oder?
Doch!
Ist das etwa ein Werbegag von den Managern von Neale Donald Walsch, damit alle glauben, plötzlich auch solch ein Gespräch zu führen?
Nein.
Und was ist es dann? Ich glaube kaum, dass ich ausgerechnet jetzt ein Gespräch auf dieser Ebene führe. Also, wer oder was bist du?
Warum begrüßt du mich nicht erst einmal?
Und wen soll ich begrüßen? Wer bist du?
Ich!
Na, wenn das so ist! Hallo, Ich!
Siehst du, du weißt doch, wer ich bin.
Ich? Ich bin ich, du bist du.
Nein, du bist du und ich bin ich!
In Ordnung, ich bin also laut deiner Aussage du, dann müsstest du auch andersrum ich sein. Wenn ich davon Kopfschmerzen bekomme, ist das nicht weiter schlimm, oder?
Ganz und gar nicht.
Wie dem auch sei, es war schön, mit dir gesprochen zu haben.
Mit dir!
Mit mir, ja, ist auch in Ordnung.
Bist du jetzt zickig?
Ach, plötzlich bin ich **du**? Eben war ich doch noch **du**. Also du warst ich. Wie war das noch?

Siehst du, dass du es nicht schaffst zu unterscheiden? Warum bist du so verkrampft? Ich gebe doch nur dein Lebensmotto wieder.

Mein Lebensmotto? Welches denn?

Na komm. So viele hast du nun auch wieder nicht. Ich meine dein Lebensmotto, das dich jeden Tag begleitet, das du in dein Sein hast einfließen lassen.

Ach so, jetzt weiß ich, welches du meinst. Überlasse das Schreiben von Büchern denjenigen, die das können.

Ha, der war gut! Wirklich, ich amüsiere mich köstlich. Diese Momente liebe ich an dir. Die Momente, in denen du dein eigener Narr bist. Das Motto ist es nicht.

Ich bin du – bist ich – sind wir?

Ja, genau das meine ich.

In Ordnung, jetzt weiß ich, welches Motto, aber ich habe vergessen, wie wir auf das Thema kamen. Ich muss mal nachlesen.

Brauchst du nicht. Ich war noch immer dabei herauszufinden, wer ich bin.

Ach so, ja, wir wollten herausfinden, wer du bist.

Ich bin ich, aber du bist du. Jetzt weiß ich aber nicht, wen du mit „wir" meinst.

Na uns beide. Du und ich sind wir. Denk doch mal an mein Motto. Na, ging der Punkt an mich?

Nein, der Punkt ging an niemanden. Denn ich bin ich, und du behauptest das ebenfalls. So können du und ich kein wir sein, wenn du du bist, so wie ich ich bin und du wiederum ich bist und ich du.

Du, ich oder was auch immer. Es ist Abend, ich bin mehr als satt, weil ich zu viel gegessen habe, und du kommst mir mit der Grundsatzfrage, wer wer ist.

Nein, nicht ich kam damit, sondern du.

Ja, du. Genau.

Ja, du. Genau.

Na gut, was möchtest du von mir? Mal abgesehen davon, dass ich mir nicht vorstellen kann, ein Gespräch mit jemandem zu führen, der ebenso ich ist wie du, oder was auch immer er, sie oder es zu sein glaubt.

Ich möchte dir helfen.

Einen guten Psychologen gibst du aber nicht ab. Wobei möchtest du mir denn helfen?

Ich möchte dir bei deinem Buch helfen.

Ach so? Und warum schreibe ich dann gerade dieses Gespräch hier auf, während mein eigentliches Buch auf der anderen Festplatte verstaubt?

Ist es denn dieses eine Buch, welches dein Leben so sehr beeinflusst?

Dort liegen sogar zwei angefangene Bücher. Das eine ist nur ein Nebenprodukt meiner Schreibblockaden.

Und jetzt?

Wenn du etwa meinst, das hier sollte ein Buch werden, dann müssen wir versuchen, flüssiger zu schreiben, um eine gewisse Harmonie in unser Gespräch zu bekommen. Der Anfang war nämlich schon anstrengend, wie soll es mit uns dann weitergehen? Ich bin kein Walsch! Ein Gespräch zu führen ist eine Sache, es als Buch zu veröffentlichen etwas ganz anderes.

Du meinst, wie soll es mit dir weitergehen. Und übrigens, ich mag Walsch.

Ich mag ihn auch. Können wir uns bitte darauf einigen, dass ich das Wort „wir“ benutze, wenn ich von mir und von dir rede?

Aber das wäre falsch.

Oh Mann, kleinlich bist du aber nicht, oder?

Nein, aber wenn du mich und dich trennst, dann bist du tot.

Wäre das wirklich so schlimm für dich?

Ja, denn du bist das Wichtigste in meiner Existenz. Wenn du stirbst, dann sterbe ich auch.

Das nenne ich aber mal eine Liebeserklärung. In Ordnung, ich bin ja nicht ganz doof. Ich habe inzwischen begriffen, dass ich momentan einen Dialog mit mir selbst führe. Aus diesem Grunde bist du ich und ich bin du. Stimmt das?

Ja, das ist richtig, meinen Glückwunsch. Ich glaube, du und ich werden Freunde.

Jetzt habe ich dich aber erwischt. Wie sollen wir denn Freunde werden, wenn du und ich ein und dieselbe Person sind?

Wenn du mit dir nicht im Reinen bist, wirst du niemals Liebe empfinden können. Wenn du und ich keine Freunde werden, dann ist das wie eine Trennung mit allem, was ist.

Du bist gar nicht so doof, wie der Kerl in meinem Spiegel aussieht.

Nun schmeichelst du mir aber.

Das gefällt dir doch. Ich habe aber verstanden, was du mir damit sagen möchtest. Wenn ich nicht bei mir selbst anfange und mich liebe und akzeptiere, dann kann ich das auch nicht nach außen bringen.

So ist es! In dir selbst beginnt alles, was im Außen existiert bzw. was dir im Außen begegnet. Und wenn es mir gut gehen soll, muss ich mit dir im Einklang sein, so wie du mit mir im Einklang sein musst, wenn es dir gut gehen soll.

Ich möchte das mal so stehen lassen.

Du hattest vorhin gesagt, du willst mir bei meinem Buch helfen. Was meinst du damit?

Ich meine das so, wie ich es gesagt habe. Ich möchte dir bei deinem Buch helfen. Ich möchte dir helfen, dich von deiner Angst zu lösen.

Ich habe keine Angst, ich habe nur keine Ahnung, wie es im Moment mit dem Buch weitergehen soll. Ich hänge fest.

Doch, du hast Angst. Dein erstes Buch wurde kaum gekauft. Und nun hast du Angst, dass es mit deinem zweiten Buch ebenso läuft.

Um ehrlich zu sein, finde ich dieses Gespräch hier viel interessanter als mein Buch. „Dialog mit Ich" – wäre das nicht ein schöner Titel?

Ja, das ist ein sehr schöner Titel. Einen besseren hättest du nicht finden können. Ich schlage dir vor, dass wir über dein anderes Buch hinter den Kulissen reden, und hier in diesem Buch sprechen wir über Dinge, die die Menschen bewegen.

Das ist ein Wort. So können wir das machen. Worüber möchtest du denn reden?

Über dich.

Über mich?

Ja, über mich.

Jetzt geht das schon wieder los. Also reden wir über dich und mich. Das klingt, als wären wir ein altes Ehepaar.

Ich liebe dich ja auch.

Warst du als Kind schon so?

Ja, aber da hat dir keiner zugehört. Du kennst doch die Ansichten vieler Erwachsener. Alle, die jünger sind, sind noch grün hinter den Ohren, alle, die älter sind, sind senil und alle, die gleich alt sind, sind doof. Dabei bin ich schon Kindern begegnet, die weiser waren als manch einer dieser Erwachsenen. Ich fand meine Kindheit toll, weil du und ich damals schon so verbunden waren. Das haben uns einige gegönnt und andere waren neidisch.

Und warum habe ich davon nichts bemerkt?

Hast du doch! Weißt du nicht mehr, dass du oft als komisch oder sogar unheimlich betitelt wurdest? Du warst anders, weil du damals schon Dinge erkannt hast, die nicht in der Schule gelehrt werden.

Aber was hat das bitte mit Neid zu tun?

Innerlich mag dich jemand bewundern für das, was du kannst und weißt. Wenn der andere es dir aber nicht gönnt, dann ist das Neid, und der kann ganz unterschiedliche Formen annehmen.

Das verstehe ich. Wenn ich jemanden bewundert habe, bin ich zu der Person hingegangen und habe ihr das gesagt in der Hoffnung, eventuell noch was zu lernen.

Na, das sage ich doch. Du hast mehr begriffen.

Und doch gab es Momente, in denen aus deiner Bewunderung Neid wurde.

Ja, das stimmt. Und zwar immer dann, wenn die Person, um die es ging, für mich unerreichbar war. Ein Prominenter zum Beispiel.

Siehst du, und die Menschen, die aus Neid gar Aggression werden lassen, können einfach nicht zugeben, dass der andere etwas besser kann als sie selbst. Und deswegen würden sie auch niemals auf den entsprechenden Menschen zugehen.

Es gibt immer jemanden, der etwas besser kann als ich. Ich denke, dass die meisten nur deshalb mit ihrer Meinung hinter dem Berg halten, weil sie Angst um ihren „guten Ruf" haben.

Siehst du, genau das ist das Problem. Bist du neidisch und lässt daraus Aggression werden, wirst du dafür verurteilt. Bist du ein Mensch, der auf den Beneideten bzw. Bewunderten zugeht und ihm sagt, was er denkt, wirst du genauso verurteilt. Wie nennst du Menschen, die offen mit ihren Gedanken und Gefühlen umgehen?

Ach, weißt du das etwa nicht?

Doch!

Das hätte mich auch gewundert. Ich nenne solche Menschen **ehrlich**, sie zeigen Stärke.

So, und nun sei mal ein Mann. Du weißt, wie ich das meine. Betrachte diese Menschen mal als Außenstehender. Ein Mann bewundert jemanden und geht auf ihn zu, um ihm das zu sagen. Wie denkst du über ihn?

Das ist aber schwer.

Nein, ist es nicht, du hast doch schon was in Gedanken.

Ja, aber soll ich das jetzt wirklich schreiben?

Schreib ruhig, ich schaue auch weg.

Witzbold! Also als ein anderer Mensch würde ich denken: „Schleimer!"

Ja, genau so denken viele Menschen. Aber um dich zu beruhigen, möchte ich an dieser Stelle noch mal allen sagen, dass ich nicht so denke.

Ich denke nicht so. Du hast mich dazu gezwungen.

Ja, sag ich doch, ich denke nicht so. Nun stell dir vor, du bist neidisch und gehst nicht auf die Person zu, sondern wirst aggressiv. Was denkst du?

Damit käme ich nicht klar.

Erkläre doch bitte, warum du damit nicht klarkommen würdest.

Ich käme damit nicht klar, weil es mir schlecht ginge. Da ist ein Mensch, auf den ich neidisch bin. Ich entwickle Aggressionen, Wut. Dabei geht es einem immer schlecht. Somit mache ich mich selbst zum Opfer und der andere weiß noch nicht einmal, dass es so ist. Im Grunde hat er mich besiegt, obwohl nie ein Kampf stattgefunden hat, denn dazu gehören ja immer mindestens zwei Personen.

Besser hätte ich es nicht ausdrücken können. Genau so ist es. Darum sollte man immer bei sich selbst anfangen. Ehrlich sein mit sich selbst, offen zu sich selbst und sich selbst lieben. Denn nur dann kann man das auch an andere weitergeben.

Und das hätte ich nun wieder nicht besser sagen können.

Aber ich muss auch noch etwas anderes sagen. Seit unserem letzten Gespräch zum Thema „Neid" ist eine Woche vergangen. In dieser Zeit hatte ich genügend Möglichkeiten, über das alles hier nachzudenken. Ich bin wirklich sehr geneigt, unser Gespräch zu veröffentlichen. Darum wäre es mir lieb, wenn wir unseren Dialog so fortführen, dass auch die Leserinnen und Leser das Ganze auf sich beziehen können.

Das werden sie können. Dieses Gespräch wird sehr umfangreich, und wenn ich über dich spreche, spreche ich über mich, und ich spreche über das Ich einer jeden Leserin und eines jeden Lesers und über eben diese Leserinnen und Leser selbst.

Nun gut, und wie hast du dir das dann so vorgestellt? Themenbezogene Kapitel?

Das wäre zu sehr einem Sachbuch ähnlich. Du möchtest die Leserschaft doch unterhalten. Lass uns einfach reden und so werden wir dann von einem Thema auf das andere kommen.

Es wäre für mich sehr hilfreich, wenn du vorher noch einmal erklärst, warum alle davon profitieren, wenn wir über dich und mich sprechen. Ist nicht jeder Mensch individuell?

Jeder Mensch ist individuell, das stimmt. Aber diese Individualität liegt nicht im Ich des Menschen, sondern im Körper und im Bewusstsein. Das Ich ist eins mit der Seele, es ist die Seele selbst. Und die Seelen aller Menschen sind miteinander verbunden. Sie schwingen auf einer Frequenz.

Kapiert! Aber das würde doch bedeuten, dass es

Whoopi Goldberg auf irgendeine Art merken müsste, wenn ich an sie denke, oder?

Selbstverständlich merkt sie das. Vielleicht nicht bewusst, aber ohne Zweifel tief in ihrem Inneren. Wenn es ihr schlecht gehen würde, kann es durchaus sein, dass es ihr durch deine Gedanken wieder gut geht. Sie weiß aber nicht, warum. Vielleicht glaubt sie, es liegt an der Tablette, die sie genommen hat, oder an der Eisbombe. Es liegt aber an den Gedanken. Doch sie kann es nicht wissen.

Aber was ist, wenn ich jemandem schlechte Gedanken sende? Geht es demjenigen dann schlecht? Das kann natürlich bei Whoopi nicht passieren, ich liebe diese Frau.

Denk mal zurück an das Thema „Neid". Wenn du auf jemanden neidisch bist und nicht auf diese Person zugehst, wem geht es dann schlecht?

Mir.

Genau. Du sendest negative Gedanken, aber dir geht es schlecht, nicht dieser Person. Seelen kommunizieren auf einer wundervollen Frequenz miteinander, die selbst die Wissenschaft nicht messen kann. Es ist die Frequenz der Liebe, so schnulzig sich das auch anhören mag. Negatives kann auf dieser Frequenz nicht mitschwingen, es bleibt bei dir. Aus diesem Grunde wirkt sich jeder negative Gedanke auf dich selbst aus, nicht aber auf dein Gegenüber oder den Menschen, dem du diese Gedanken zu senden versuchst.

Was ist nun unheimlicher? Das, was du da schreibst, oder dass ich das verstanden habe?

Keep on smiling.

Ich versuche es. In Ordnung, was du schreibst, ist auf eigenartige Weise verständlich. Müssten aber dann diese positiven Gedanken nicht in einer unglaublichen Geschwindigkeit vom Absender zum Empfänger gelangen?

Der Gedanke ist in dem Moment mit all seiner Wirkung beim Empfänger, in dem du ihn sendest.

Das finde ich spannend. Ich habe Whoopi gerade den Gedanken geschickt, dass sie Millionen ihrer Fans glücklich machen würde, wenn sie einem dritten Teil von „Sister Act" zustimmt. Was meinst du dazu?

Ich bin mir sicher, dass sie gerade an diese beiden Filme denken musste, wenn auch nur kurz. Vielleicht hat sie sich der schönen Momente der Dreharbeiten erinnert. Du wirst sie aber nicht in ihrer freien Entscheidung beeinflussen können. Das ist immerhin unser, in dem Falle ihr Geburtsrecht. Egal wie stark deine Intention ist, du wirst ihr keine Entscheidung abnehmen oder andichten können.

Also ist mein Gedanke zwar wirksam, aber nicht so mächtig, dass er das Privileg hat, in Erinnerung zu bleiben?

Das kannst du so auch wieder nicht sagen. Du verallgemeinerst noch zu viel. Es heißt, ein Mensch hat ca. 60.000 Gedanken am Tag. Glaubst du denn wirklich, ausgerechnet dein Gedanke würde in der Erinnerung haften bleiben?

Nö.

Traurig?

Nein, eigentlich nicht. Aber ich stelle mir gerade

vor, wie praktisch es wäre, wenn wir unseren Politikern Gedanken senden könnten, die tatsächlich etwas bewirken würden. Dann wäre die Wahrscheinlichkeit wesentlich größer, dass die mal am wirklichen Leben teilnehmen und anständige Politik machen.

Politik ist ein heikles Thema. Möchtest du darüber reden?

Nein, danke. Ich verzichte wohlüberlegt.

Was mich aber im Moment nicht loslässt, ist das mit den Gedanken. Wenn ich jetzt an meinen Bruder denke, dann …?

Dann wird er, wenigstens für einen Sekundenbruchteil, auch an dich denken.

Bist du so freundlich und teilst etwas mehr von deinem umfangreichen Wissen mit mir?

In Ordnung. Er wird also, wie gesagt, an dich denken. Passt der Gedanke in seine Gedankenmuster, dann wird dieser Gedanke intensiver. Ihr seid verwandt, darum gibt es hier eine Art Verankerung. Ist er dir wohlgesonnen, lässt er deinen Gedanken bei sich ankern und wird sich mit Wahrscheinlichkeit auch bei dir melden. Habt ihr aber Streit, dann kann es sein, dass er für dich keinen freien Ankerplatz hat, und dein Gedanke verfliegt.

Habe ich dir schon mal gesagt, dass ich dich liebe?

Viel zu selten, aber danke, ich liebe mich auch.

Also kann innerhalb einer Familie ein Gedanke vom Empfänger bewusst wahrgenommen werden. So weit habe ich das verstanden.

Du hast recht. Aber du darfst das nicht nur auf

die Verwandtschaft reduzieren. Diese Möglichkeit besteht bei allen Menschen, die dir nahe sind und denen du nahe bist. Der beste Freund oder die beste Freundin sind sehr gute Beispiele dafür. Aber auch der ungeliebte Chef, über den man gerne mal lästert. Er wird zwar nicht zwangsläufig in den nächsten fünf Minuten anrufen oder gar auftauchen, aber du musst aufpassen. Auf einer Betriebsfeier zum Beispiel, auf der die ganze Belegschaft von zwanzig oder mehr Mitarbeitern über ihn herzieht, vervielfacht sich die Kraft dieser Gedanken und das genannte Lästeropfer wird sich vielleicht doch noch auf der Party blicken lassen.

Hättest du mir das nicht schon vor ein paar Jahren sagen können? Jeden Tag kam dieser hirnlose Chef ins Büro. Vielleicht wäre er längst in Rente gegangen, hätte ich nicht jeden Morgen an ihn gedacht. Das war natürlich nur ein Spaß. Ich weiß, was du meinst. Gedanken scheinen viel zu wichtig und wertvoll zu sein, als dass man so unbedacht mit ihnen umgeht.

*Du ahnst ja gar nicht, **wie** wichtig sie sind.*

Hat das auch etwas mit dem zu tun, was du irgendwo am Anfang geschrieben hast, dass alles, was im Außen existiert oder was mir im Außen begegnet, in mir selbst beginnt?

Ja, das hat es. Eben das meine ich damit.

Stell dir einmal vor, du nimmst eine Tasse Kaffee in die Hand. Beschreibe mir bitte dein Vorgehen bis zu dem Punkt, an dem du die Tasse hältst.

Nun, mich überkommt die Lust, der Durst nach

einem Kaffee. Ich nehme die Kanne oder drücke auf das Knöpfchen, fülle die Tasse und nehme sie in die Hand.

Und bevor dich die Lust auf einen Kaffee überkommt, passiert nichts?

Doch, ich werde wach und stehe auf. Hahaha ... nein, Lust, Durst, Kaffee, lecker. Das wäre die ungefähre Reihenfolge. Na komm, rück schon raus damit, was passiert vorher?

Nur weil du heute Geburtstag hast, heißt das nicht, dass du so frech sein darfst. Aber ich verrate es dir trotzdem. Ohne den Gedanken, Kaffee zu machen, würdest du ihn nicht machen. Und ohne deine Entscheidung käme der Gedanke nicht.

Ich glaube nicht, dass meine Entscheidung vor dem Gedanken kommt. Du hast vorhin selbst gesagt, wie schnell Gedanken sind. Also müsste ich erst denken und mich dann dafür entscheiden.

Nein, das stimmt so nicht. Ich sprach nicht von einer Kopfentscheidung, sondern von einer Entscheidung ganz tief in dir. Du weißt es noch nicht einmal, dass es stattfindet, aber deine Seele entscheidet sich als Erste. Die Entscheidung führt zu einem Gedanken und dieser dann zum Rest.

Du hast vor einigen Seiten geschrieben, dass das Ich eines Menschen die Seele selbst ist. Da du ja ich bist, bist du doch meine Seele. Soll das heißen, dass du dafür verantwortlich bist, wenn ich Kaffee trinke?

Das klang jetzt aber sehr vorwurfsvoll. So gesehen stimmt das schon, ich bin dafür verantwortlich, aber du auch.

Ach, ich denke, ich weiß von dieser Entscheidung nichts. Wie kann ich denn dann dafür verantwortlich sein? Nee, mein Lieber, so kommst du mir nicht davon.

Denkst du etwa, in dir sitzt noch jemand? Nein, du bist die Seele, die in diesem Körper wohnt. Aber da du in ihm wohnst, hast du es verlernt, Seele zu sein. Du musst – wie jeder andere auch – Mensch sein, bewusst sein. Dabei wird die Seele tief in deinem Inneren geschützt, aber andere Menschen können sie erreichen und verletzen. Und das können sie, weil in ihnen auch die Erinnerung an die eigene Seele, an die Verletzlichkeit des Seins wohnt.

Angeber! Aber zugegeben, das klang herzerweichend. Bevor ich also auch nur einen Finger bewege, die Blickrichtung ändere oder einen Fuß vor den anderen stelle, entscheide ich mich als Seele dafür? Dann erst geht es in mein Bewusstsein und zeigt sich in meinen Bewegungen oder welchen Aktivitäten auch immer? Wie ist denn so was möglich? Diese ganzen Vorgänge müssten doch eine gewisse Zeit in Anspruch nehmen.

Du bist witzig. Ich bin kein Angeber, das weißt du. – Ja, bevor dies oder das geschieht, entscheidest du dich als Seele dafür. Nein, das dauert nicht, denn auf Seelenebene gibt es keine Zeit. Das ist natürlich für das Denken des Menschen unvorstellbar, da er in der Zeit gefangen ist. Tatsächlich existiert Zeit nur im menschlichen Bewusstsein.

In Ordnung, das nehme ich erst einmal so hin, komme aber darauf zurück.

Wenn nun die Seele die Entscheidungen trifft, wie kann es dann sein, dass Menschen überhaupt schlimme Dinge tun. Verbrechen wie Mord und Diebstahl sind doch an der Tagesordnung. Ich dachte, die Seele ist voller Liebe.

Niemals trifft die Seele eine Entscheidung, durch die einer anderen Seele Schaden zugefügt wird. Wenn etwas Derartiges geschieht, lag die Entscheidung ausschließlich beim Menschen, in seinem Bewusstsein, seinem gefilterten Denken. Er hat nicht auf seine Seele gehört. Oder sie ist schon so stark verletzt, dass er sie kaum noch hören kann. Wenn es so weit ist, sieht man es dem Betreffenden an, dass irgendetwas nicht stimmt. Oftmals merken es aber nur die engsten Menschen um ihn herum, wenn überhaupt noch welche da sind. Du kennst doch den Satz „Ich war nicht ich selbst, als ich das tat!" Und das stimmt, denn die Seele, das Ich war nicht mehr aktiv dabei. Manchmal reicht eine Kleinigkeit, die das berühmte Fass zum Überlaufen bringt und die Seele ausschaltet. In diesem Moment muss man mit allem rechnen. Natürlich ist die Seele trotzdem noch da, aber sie befindet sich im Selbstschutz und pausiert, wenn man das so sagen will. Dadurch tankt sie neue Energie, um wieder kraftvoll in Erscheinung treten zu können.

Willst du etwa damit sagen, der Mensch wäre böse, wenn er keine Seele hätte?

Nein, dann wäre er tot.

Ja, jetzt habe ich es verstanden. – Ich musste mir das noch mal durchlesen. – Aber das würde doch bedeuten, dass meine Seele und ich unterschiedlich ticken. Das musst du mir noch mal genauer erklären. Bis jetzt verstehe ich es so: Ein Mensch ist in der Lage, die eigene Seele oder die eines anderen so schwer zu verletzen, dass sich die Seele zurückziehen und neue Energie tanken muss, um nicht zu sterben. Würde sie sterben, stirbt auch der Mensch. Hat sich die Seele aber zurückgezogen, läuft der Mensch Gefahr, Aggressionen derart bösartig auszuleben, dass er sogar fähig ist, andere Menschen zu töten. Und das liegt daran, dass die Seele nicht eingreifen kann und diese Aggressionen anderweitig lösen bzw. in eine andere Richtung lenken würde.

Ich bin begeistert. Du hast es nicht nur verstanden, sondern auch begriffen. Darum ist es so unermesslich wichtig, dass man seine Seele pflegt. Wenn du von Körper, Geist und Seele sprichst und vom Meditieren oder anderen Techniken zur Seelenpflege, dann wirst du oft als Spinner oder Esoterikfreak beschimpft. Und zwar von genau denen, die mit einer gewissen Wahrscheinlichkeit gerade selbst ihre Seele zum Pausieren zwingen. Und dann passiert plötzlich etwas, das sie zu einem Heiler oder Heilpraktiker führt oder vielleicht an die Meditation und so weiter, und sie sprechen von einem „Wink des Schicksals“.

Aber du hattest mich gebeten, dir zu erklären, ob – und wenn ja, warum – der Mensch und die Seele unterschiedlich ticken. So kann und darf man das nicht sagen. Wenn deine Seele bei der Empfängnis in deinen Körper eintritt, hast du dich schon längst dafür entschieden, dieses Leben zu leben. Alles, was man an dir sehen und erkennen kann, ist der Mensch, alles andere die Seele. Beide sind miteinander verbunden. Du bist die Seele, die diesen Körper benutzt, um auf Erden zu leben. Von Geburt an werden dir Muster und Verhaltensregeln beigebracht. Dir wird gesagt, wie du zu denken hast. Das ist dein Bewusstsein, dein programmierter Geist. Alles, was du tust, ist also das, was andere dich gelehrt haben zu tun. Wenn du aber beginnst, auf deine Seele zu achten, dann merkst du, dass sehr vieles davon falsch ist, und du fängst an, alles zu überdenken und neu zu programmieren. Du erkennst, dass diese neuen Muster viel liebevoller und harmonischer sind und dass das Fundament allen Seins die Liebe ist. Und es spielt absolut keine Rolle, wie schnulzig sich das nun anhört.

Zugegeben, es hört sich schnulzig an, aber nicht so schnulzig, dass ich das als Spinnerei abtun würde. **Gewöhnungsbedürftig** beschreibt es vielleicht etwas besser. Bevor ich also in meinen Körper gehe, habe ich mich dafür entschieden, dieses Leben zu leben. Bedeutet das, dass es dort, wo man vorher ist, halluzinogene Drogen gibt? Oder wie erklärst du mir sonst, dass ich mich für dieses Leben entschieden habe und kein Prinz geworden bin oder ein weltberühmter Schauspieler? Das ist alles irgendwie schwer zu verstehen. Ich bin ich, aber ich bin auch mit dem Körper verbunden. Und womit? Sind da irgendwo Krampen oder Schwerlasthebel eingebaut? Warum habe ich Schmerzen, wenn ich mich verletze? Und ganz, ganz wichtig ist meine Frage: Was ist, wenn mein Körper stirbt, stirbt meine Seele dann auch?

Du bist sehr wissbegierig.

Danke, früher nannte man das **neugierig.**

Lach ... ja. Es gibt keine halluzinogenen Drogen auf der Ebene, auf der du einfach du bist. Auch wenn es für viele Unsinn ist, so gibt es dennoch das, was du als Reinkarnation bezeichnest. Es ist naiv zu denken, dass etwas nicht existiert, nur weil es die sogenannte Wissenschaft nicht nachweisen kann. Hiermit beantworte ich eigentlich schon zwei deiner Fragen, aber lass mich ausführlich werden. Gehen wir einmal davon aus, du hast tatsächlich als Prinz gelebt. Vielleicht irgendwann im 20. Jahrhundert. Damals musstest du für das Volk jemand sein, der du tief in deinem Inneren vielleicht gar nicht warst. Du durftest nicht das machen, was du wolltest. Die Erlebnisse deiner Kindheit und Jugend unterschieden sich grundlegend von denen deiner Altersgenossen im Volk, also deinen Untertanen. Aber du wurdest geliebt, denn du gingst auf die Menschen zu und hast dich für ihre Schicksale interessiert, als du älter warst. Du wolltest erfahren, wie sie leben, wie sie mit ihrem Arbeitslohn überleben können. Aber du konntest es nur beobachten, nicht selbst erleben. Dann, eines Tages war dein Leben vorbei und du warst wieder nur du – Seele. Als Seele kennst du keine Zeit. Ein Leben als Mensch ist für sie vergleichbar mit einem Wimpernschlag. Nun hast du dich dafür entschieden, dieses Mal einer der Untertanen zu sein, zum Volk zu gehören. Aber die Erfahrung des Prinzen hast du mitgenommen. Ich denke, du verstehst, was ich dir damit sagen will. Hiermit ist auch die Frage beantwortet, ob die Seele stirbt, wenn der Körper stirbt. Nein, das tut sie nicht. Die Seele ist unsterblich, reine Energie. Es kann aber irgendwann einmal der Zeitpunkt kommen, dass du meinst, du hast als Mensch schon alles erlebt und kannst keine Erfahrungen mehr machen. Dann bist du durchaus in der Lage, einfach Seele zu bleiben, um den Menschen auf geistiger Ebene zur Seite zu stehen. – Körper und Seele sind nicht durch Haken oder Sekundenkleber miteinander verbunden, du Witzbold. Die Seele ist so komplex, dass sie unerklärbar ist. Am einfachsten kann man es vielleicht mit der Silberschnur erklären, die Seele und Körper miteinander verbindet. Von dieser Silberschnur sprechen auch Menschen, die außerkörperliche oder Nahtoderfahrungen gemacht haben. Diese Erklärung ist natürlich sehr simpel, aber auch verständlich. Ein Mensch kann schließlich nur Begriffe gebrauchen, die er kennt. Wenn du ein Flugzeug siehst, ist es für dich einfach nur ein Flugzeug. Wenn ein Eingeborener im tiefsten Urwald ein Flugzeug sieht, dann spricht er von einem großen Donnervogel, einer Gottheit oder etwas Ähnlichem. Im Prinzip sind Körper, Geist und Seele miteinander verschmolzen, und dadurch kann die Seele nicht vollständig aus dem Körper austreten. Diese Verbindung, diese Silberschnur, ist ein Teil der Seele.

Doch nun zu deiner Frage, warum man Schmerzen empfindet, wenn man sich verletzt. Wie bereits gesagt sind Körper, Geist und Seele miteinander verschmolzen. Du bist du – komplett – und die Schmerzen sind sehr wichtig, denn sie teilen der Seele mit, dass aufgepasst werden muss. Ganz nach dem Motto: „Achtung, Verletzung! Körper in Gefahr!“ Ist der Körper in Gefahr, so ist es auch die Seele, denn es kann ja schließlich passieren, dass der Körper zu stark verletzt wird und somit auch sie. Die Schmerzen können dann ein Hinweis sein, dass der Mensch gerade etwas geschubst wird, damit er mehr auf seinen Körper und seine Seele achtet. Körperliche Schmerzen sind aber nichts im Vergleich zu seelischen. Ich denke, das kennt jeder Mensch beziehungsweise wird es einmal erfahren.

Deine Antworten werden immer komplexer. Und ich finde das alles so spannend. – Wenn ich also irgendwann einmal sterbe und nur noch ich bin, nehme ich die Erfahrung aus diesem Leben mit und entscheide mich dann, wie ich in der neuen Inkarnation leben möchte. Dann weißt du doch auch, wie oft ich schon gelebt habe und wer ich war. War ich auch mal jemand, der berühmt war oder vielleicht noch immer ist?

Einige Themen und Fragen bedürfen einfach komplexerer Antworten. Mit ein paar Worten ist das nicht erklärt. In deine Wahl des neuen Lebens werden die Erfahrungen der vergangenen mit einbezogen. Sobald du aber ein neues Leben als Mensch antrittst, vergisst du das. Deine Seele erinnert sich natürlich an alles, aber sie lässt es nur so weit in dein Bewusstsein, wie es für dein Dasein gut ist. Selbstverständlich weiß ich, wer ich einmal war und wie oft ich schon inkarniert bin. Das kann ich dir aber nicht sagen, denn damit würde ich dein Leben völlig umkrempeln und mich in Gefahr bringen. Es gibt Methoden, die dir zeigen können, wer du warst. Ich spreche von Hypnose oder Meditation. Doch auch hier erfährst du nur so viel, wie du verarbeiten kannst. Bei der Hypnose und anderen Techniken wird dein Bewusstsein fast ausgeschaltet und das Ich beginnt zu sprechen. Aber alle vergessen dabei, dass ich nicht doof bin. Nur weil das Bewusstsein beiseitegeschoben wurde, bedeutet das nicht, dass ich keine Entscheidung mehr treffen kann.

Was ist denn so schlimm daran, wenn ich erfahre, wer ich einmal war? Was kann so schrecklich sein, mit dem Wissen zu leben, vielleicht Heinz Erhardt gewesen zu sein?

Das ist ein tolles Beispiel. Bleiben wir bei Heinz Erhardt. Stell dir vor, ich sage dir, dass du Heinz Erhardt warst. Nun siehst du wieder mal einen Film mit ihm und erinnerst dich bei einer bestimmten Szene plötzlich an Gefühle, die du damals in den 50er Jahren beim Dreh hattest. Das wäre ein emotionaler Schock; du kannst damit gar nicht umgehen. Deine Erfahrungen beginnen mit der Empfängnis, nicht vorher. Erinnerst du dich aber plötzlich mit Gewissheit an eine bestimmte Begebenheit aus einem Vorleben, erleidest du einen emotionalen Schock. Auf so etwas kann man sich auch nicht vorbereiten.

Das klingt logisch. Es gibt aber Menschen, die behaupten, ein bestimmter Schauspieler gewesen zu sein, und wenn sie sich einen Film von ihm ansehen, passiert gar nichts. Was machen die anders?

Ist das eine ernst gemeinte Frage?

Ja sicher. Finde ich gute Argumente, kann ich dich vielleicht überreden, mir zu sagen, wer ich mal war.

Ich und du sind eins, wie solltest du mich überreden können? Diese Menschen, von denen du sprichst, behaupten zu wissen, wer sie einmal waren? Woher wollen die das denn wissen? Durch Hypnose oder Rückführung? Hast du schon einmal daran gedacht, dass sie nur große Bewunderer derer waren, die sie behaupten gewesen zu sein? Der Wunsch oder die Sehnsucht ist hier die Antwort auf deine Frage. Ich behaupte nicht, dass es keinen lebenden Menschen gibt, der mal eine Berühmtheit war, das stimmt ja auch nicht. Aber diejenigen, die es wirklich und wahrhaftig wissen, kannst du schnell zählen. Vertrau mir einfach.

Ich vertraue dir voll und ganz. Interessant ist das Thema aber dennoch. Trotzdem muss ich auf etwas anderes zu sprechen kommen.

Du hast vorhin geschrieben, dass es Seelen gibt, die alles erlebt haben und nicht mehr inkarnieren, sondern den Menschen auf geistiger Ebene zur Seite stehen. Wie soll ich das verstehen? Was meinst du damit?

Das ist ein heikles Thema und ein schwieriges obendrein. Aus unserem Gespräch weißt du, dass die Seele nach dem Tod weiterexistiert. Sie kommt natürlich nicht in den Himmel, was soll sie auch da, sondern auf eine andere Ebene des Seins, eine andere Dimension bzw. Frequenz. Diese Ebene ist nicht etwa ein anderer Ort, sondern genau da, wo du bist und wo alle anderen sind. Es gibt Menschen, die können sich auf diese Frequenz einstellen und die Seelen sehen. Wenn sich eine Seele dafür entscheidet, nicht mehr ins menschliche Dasein zu treten, existiert sie parallel zu den Menschen. Natürlich hat sie noch immer die Möglichkeit, auf die Menschen Einfluss zu nehmen. Dieses Mal allerdings von außen. Das ist zwar schwer, weil die meisten Menschen nicht mehr auf ihre Gefühle hören, aber es ist möglich. – So viele sagen tagtäglich, dass sie doch besser auf ihren Bauch hätten hören sollen. – Da gibt es Geistführer, aufgestiegene Meister, Schutzgeister und so viele andere. Sie alle können Seelen sein, die bereits sämtliche Erfahrungen gesammelt haben und nicht mehr inkarnieren. Bedenke aber, dass dies eine Entscheidung ist und kein Gesetz. Jede Seele kann sich auch dafür entscheiden, wieder zu inkarnieren.

Der Gedanke, dass da jemand ist, der mir helfen will, ist ja ganz schön, aber trotzdem finde ich es irgendwie ungewöhnlich. Ich möchte doch als Mensch meine Erfahrungen selbst sammeln, dafür habe ich mich schließlich entschieden. Warum mischen sich dann Geistwesen ein? Ist das nicht irgendwie eine Art der Manipulation?

Ganz und gar nicht. Du entscheidest dich vor deiner Wiedergeburt für ein Leben, in dem du bestimmte Erfahrungen sammeln kannst. Dann bist du ein Mensch, und was in deinem Unterbewusstsein geschieht und was dir deine Seele mitteilt, wird durch dein Bewusstsein gefiltert. Das führt natürlich dazu, dass du die eine oder andere Entscheidung triffst, die dich von deinem Weg wegführt. Hier nun sind diese Geistwesen, wie du sagst, mit von der Partie. Sie möchten dich auf deinen Weg zurückführen, damit du die Erfahrungen machen kannst, für die du dich entschieden hast. Sie manipulieren dich nicht, sie weisen dich nur auf etwas hin. Vergiss nicht, dass du die freie Entscheidung hast. Wenn sich eine Seele dafür entschieden hat, ein Leben in Armut zu erfahren, dann kann sie nicht glücklich werden, wenn der Mensch plötzlich Millionen im Lotto gewinnt. Er freut sich sicher, aber wenn er erkennt, dass seine Seele traurig ist und es ihm dadurch nicht gut geht, ist das Geld irgendwann unwichtig. Das ist ein sehr gutes Beispiel dafür, warum das seit einiger Zeit so berühmte Gesetz der Anziehung eben doch nicht bei allen Wünschen funktioniert.

Na, das bringt doch mal Licht ins Dunkel. Nebenbei erwähnt würde meine Seele einen Freudentanz aufführen, wenn ich ein paar Milliönchen im Lotto gewinne. Doch das weißt du ja. Aber mal im Ernst. Das klingt schön und auch beruhigend. Kann man diese Geistwesen denn verärgern? Kann es passieren, dass sie sich von uns lösen und wir dann alleine dastehen?

Nein, das geschieht nicht. Es kann nur sein, dass sie immer intensiver versuchen, dir etwas mitzuteilen. Und wenn du auf große Gefahr zusteuerst, ist es auch möglich, dass sie dich schubsen. Du weißt doch, auch jeder Tritt in den Hintern bringt dich einen Schritt nach vorne. Das passiert natürlich nicht in diesem

Sinn. Aber es kann sein, dass du einen Unfall hast oder eine Krankheit bekommst. Sie konnten dich nicht davor schützen, weil du ihnen nicht zugehört hast. Erst dann, vielleicht im Krankenhaus, beginnen die meisten Menschen in sich zu gehen oder zu beten. Dann kann sich die Seele wieder entfalten und auch die Geistwesen können dir wieder helfen. Aber sie trennen sich niemals von dir. Wenn du sie annimmst, auch wenn du sie nicht siehst, dann freuen sie sich. Und wenn du ihnen dankst, freuen sie sich auch.

Du hast vorhin gesagt, dass einige Menschen diese Wesen sehen können. Von Kindern behauptet man das auch. Stimmt das?

Ja, das stimmt. Das ist auch einfach zu erklären. Die Schwingungsfrequenz von kleinen Kindern erinnert noch stark an die Frequenz der Ebene, auf der die Seelen wohnen, also reines Sein. Dadurch sind sie in der Lage, andere Seelen und Geistwesen zu sehen. Erst im Laufe der Jahre, wenn sie durch Eltern, Schule und Freunde deren Muster einprogrammiert bekommen, verliert sich diese Ursprungsfrequenz und somit auch der Blick auf die andere Ebene. Es gibt allerdings Menschen, die von klein auf diese Frequenz halten und somit auch als Erwachsene Geistwesen wahrnehmen können. Und das ist gut und wichtig, denn diese Menschen können mit ihrer Fähigkeit anderen Menschen helfen.

Ja, das stimmt. Leider gibt es immer wieder Kritiker, die das alles schlechtreden und somit den Menschen schaden, die Hilfe suchen und auch bekommen könnten.

Leider ist das so. Aber zum Glück lassen sich nur wenige davon beeinflussen.

Gibt es Gott?

Gibt es Gott?

Ja, das frage ich dich.

Nein, das frage ich dich.

Warum mich? Du warst doch an der Quelle und musst es wissen.

Das kannst du nur ganz allein entscheiden.

Ich soll **entscheiden**, ob es Gott gibt oder nicht? Wie war das noch mal mit den halluzinogenen Drogen?

Beantworte mir doch erst einmal die Frage, ob es Gott gibt.

In gewisser Hinsicht schon, ja.

Welchen denn? Den, den die katholische Kirche beschreibt, oder den, den die evangelische Kirche beschreibt?

Weder noch.

Also hast du einen Gott aus einer anderen Religion?

Nein, ich habe schon den Gott, den wir kennen, aber ich glaube, dass er anders ist, als mir irgendeine Kirche erzählt.

Magst du das erklären?

Eigentlich nicht, aber weil du es bist, versuche ich es mal. Ich denke, Gott urteilt nicht darüber, was wir machen, sondern warum wir das oder dies machen. Er ist kein Er oder Sie, sondern **ist** einfach. Und er ist überall, er ist alles. Ich sage „er“, weil ich es so gewohnt bin. Irgendwie denke ich, dass er in uns ist und nicht irgendwo von uns getrennt. Auch wurden wir nicht im Außen nach seinem Angesicht geschaffen, sondern im Inneren. Ich denke, unsere Seelen sind Abbilder Gottes. Das sollte erst einmal reichen.

Danke schön. Ja, da sprichst du Wahrheit. Es ist deine Wahrheit und vielleicht gibt es Menschen, die diese Wahrheit mit dir teilen. Andere haben eine andere Vorstellung und einen anderen Glauben. Das ist ihre Wahrheit. Wenn der Glaube mit der Seele harmoniert, dann spürt man das. Böse kann Gott also nicht sein.

Ich bin ganz deiner Meinung. Doch sollten wir dieses Thema dabei belassen. Erst mal wenigstens. Ich denke nämlich, dass jeder Mensch eine andere Vorstellung von Gott hat.

Was mich noch interessiert, ist das, was du vorhin über das Gesetz der Anziehung gesagt hast. Dass es nur wirkt, wenn es mit dem gewählten Weg übereinstimmt. Kannst du das näher erläutern?

Das kann ich gerne machen. Wobei das eigentlich die falsche Bezeichnung ist. Es gibt kein Gesetz der Anziehung. Wenn, dann gibt es ein Gesetz der Harmonie. Harmoniert mein Wunsch mit dem Weg, für den ich mich entschieden habe, dann geht er in Erfüllung. Wenn nicht, dann nicht oder nur mit entsprechender Wirkung. Als Beispiel hierfür kannst du den Lottogewinn von vorhin nehmen.

So einfach erklärst du etwas, wofür andere Unmengen an Büchern und Filmen benötigen? Woher weiß ich, ob mein Wunsch mit meinem Weg übereinstimmt?

Warum soll ich ein paar Seiten vollschreiben, wenn es in zwei Sätzen erklärt ist? Aber nun sei doch mal ehrlich, wie naiv ist der Gedanke, dass ich mir alles herbeiwünschen kann, was ich möchte?

So naiv finde ich den gar nicht. Im Gegenteil, ich finde diesen Gedanken sehr schön. Er beruhigt mich – bis zu dem Punkt, an dem ich verzweifle, weil mein Wunsch noch nicht in Erfüllung gegangen ist.

Na also. Wenn du jetzt Geld brauchst, was bringt es dir in zwei Jahren? Bis dahin musstest du dein Haus längst verkaufen und sitzt unter der Brücke. Die Anziehungsgesetz-Anhänger mögen nun sagen, dass man das Geld auch bekommt, wenn man das Gesetz korrekt anwendet. Ja, das stimmt auch. Aber nur dann, wenn dieser Wunsch mit deinem Weg übereinstimmt.

Aber woher weiß ich denn, ob mein Wunsch mit meinem Weg übereinstimmt?

Das brauchst du nicht zu wissen. Du kannst dir alles wünschen, was du möchtest. Wenn dein Wunsch in Erfüllung geht, weißt du, dass er stimmig war. Wenn nicht, dann nicht.

Das klingt mir alles viel zu einfach.

Warum muss denn immer alles kompliziert sein? Warum verkeilt ihr das Glück immer in euren verdrehten Gedanken? Das ist das Gesetz der Harmonie oder – wie du es nennst – das Gesetz der Anziehung. Es funktioniert so einfach, dass man es mit ein paar Sätzen erklären kann.

Ist ja schon gut, ich habe es verstanden. Du hast geschrieben, dass mein Wunsch stimmig ist, wenn er in Erfüllung geht – und wenn nicht, dann nicht. Davor hast du das Beispiel mit dem Lottogewinn angebracht. Dieser Wunsch ist doch aber auch in Erfüllung gegangen.

Ja, das ist er. Aber ich habe auch gesagt, dass sich der Gewinner damit nicht wohlfühlt und bald merkt, dass er etwas ändern muss. Es ist nicht stimmig. Wie er es merkt, ist so unterschiedlich, dass es kaum zu erklären ist. Er kann zum Beispiel plötzlich auf die Idee kommen, einen Großteil des Geldes zu spenden. Oder er spekuliert damit an der Börse – bis er alles verliert. Ist sein Wunsch nicht stimmig, geschieht etwas. Punkt.

Wenn sich jemand Gesundheit wünscht und krank bleibt, so ist das auch nicht stimmig? Eigenartige These.

Das ist schwer zu verstehen, ich weiß. Aber tatsächlich ist es so. Wenn jemand krank ist, dann gehört das zu seinem Weg. Soll er gesund werden, dann wird er gesund. Wenn nicht, dann nicht. Ja, ich weiß, das hört sich hart und ungerecht an. Du musst aber bedenken, dass auch dieser Mensch vor seiner Empfängnis genau dieses Leben gewählt hat. Ist er von seinem Weg abgekommen und dadurch krank geworden, wird er gesund werden, wenn er beginnt, sein Ich in sein Leben zu integrieren.

Das klingt wirklich sehr hart und ungerecht, aber irgendwie verstehe ich das auch.

Wie kann man denn sein Ich in sein Leben integrieren?

Das Wichtigste ist, dass man ***man selbst*** *ist. Wie sonst sollte das Ich in Erscheinung treten als so? Man sollte erst einmal versuchen herauszufinden, was manipuliert und was echt ist. Wer bin ich wirklich? Handle wirklich ich so oder tue ich das nur, weil mein Kollege so handelt und ich das gut finde und auch tun möchte, also nachmachen möchte? Bin ich ich oder bin ich nur ein Potpourri aus Verhaltensweisen und Denkmustern anderer Menschen? Ich sage nicht, dass es falsch ist, sich bestimmte Muster abzuschauen. Aber man sollte damit auch wirklich glücklich sein, das Gefühl haben, dass es zu einem gehört. Der nächste Schritt besteht darin, Körperbewusstsein zu erlangen. Die meisten Menschen werden sich ihres Körpers erst bewusst, wenn sie irgendwo Schmerzen haben. Du weißt selbst, dass das sehr dumm und selbstzerstörerisch ist. Wenn diese beiden Schritte befolgt werden, dann geht es kontinuierlich bergauf.*

Über das Thema „Körperbewusstsein" habe ich schon mit mehreren Leuten gesprochen und gesehen, wie es bei ihnen **klick** machte. Irgendwie ist das komisch; ich wüsste gar nicht, wie man lebt, ohne sich seines Körpers bewusst zu sein. – Da fällt mir gerade etwas ein. Das hier soll doch ein Buch werden. Ich muss darauf achten, dass ich dir noch bewusster Fragen stelle, auch wenn ich die Antworten bereits zu kennen glaube. – Erkläre doch mal bitte, wie man sich seines Körpers bewusst wird. Welche Technik empfiehlst du?

Da habe ich eine wundervolle Übung parat. Und zwar die, die du jeden Tag machst. Sie geht so: Lege oder setze dich hin und schließe die Augen. Die Gedanken können kommen, aber lass sie auch wieder ziehen. Erzwinge nichts, sonst werden es nur noch mehr und lautere Gedanken. Wenn du zur Ruhe gekommen bist, konzentrierst du dich auf deinen Körper, und zwar von oben nach unten. Ohne es auswendig lernen zu müssen, kannst du dir zum Beispiel folgender Körperpunkte bewusst werden: Kopfhaut am Scheitel, Augen, Ohren, Nase, Mund, Hals, Schultern, Oberarme, Unterarme, Hände, die einzelnen Finger, Brust, Bauch, Rücken, Becken, Oberschenkel, Waden, Schienbein, Füße und die einzelnen Zehen. Du kannst dir vorstellen, wie du mit geschlossenen Augen im Geist zu diesen Stellen reist und sie von außen betrachtest. Du wirst spüren, wie dir die Punkte bewusst werden, sobald du dich darauf konzentrierst. Vielleicht kribbeln sie, vielleicht werden sie leicht oder schwer. Vielleicht verspürst du Wärme oder ein Pochen. Wenn du an deinen Zehen angekommen bist, wirst du dich vollkommen entspannt fühlen. Am besten machst du diese Übung jeden Abend, wenn du zu Bett gehst. Denn was kann schöner sein, als vollkommen entspannt einzuschlafen und morgens in voller Frische zu erwachen. Sobald du das machst, merkst du, dass du den Tag wesentlich bewusster erlebst. Nach einiger Übung nimmst du deinen gesamten Körper vollkommen wahr. Und das ist der wichtigste Schritt, um mit deiner Seele zu kommunizieren.

Wenn ich mir also meines Körpers bewusst werde, dann werde ich auch meiner Seele bewusst?

Nein, du wirst dir deiner Seele nicht bewusst, denn du bist die Seele. Du wirst dir selbst in absoluter Vollkommenheit bewusst. Und dazu gehört nun einmal auch die Seele. Das ist eine wundervolle Erfahrung. Wer sein Sein wiedererkennt, erfährt tiefstes Glück. Und in diesem Moment beginnst du damit, diese neue Frequenz mit anderen zu teilen. Du wirst dir nicht deiner Seele bewusst, sondern deines Körpers. Das ist sehr wichtig, denn schließlich wohnst du in ihm. Nur so lernst du, auf ihn zu achten, und wirst wissen, wann es ihm gut geht und wann schlecht. Es wird einfacher sein, ihn zu pflegen. Pflegst du deinen Körper, pflegst du auch deine Seele.

Und pflege ich meine Seele, pflege ich auch meinen Körper?

Ja, so ist es. Besonders bei der Meditation, der Innenschau. Wenn du dich entspannst und alle Sorgen – so schwer das auch sein mag – für einen Moment loslässt, ist das wie eine Seelenmassage. Dadurch kann man tief in sich Dinge erkennen, die einen belasten, und kann sie heilen. Jedes noch so kleine Problem macht sich irgendwann körperlich bemerkbar, wenn es nicht geheilt wird.

Und wie soll man das anstellen?

Das Problem muss angenommen werden. Ich gebe dir ein Beispiel: Wenn du dich dafür entschieden hast zu meditieren, kannst du dabei dein Leben betrachten. Vielleicht stellst du dir vor, in einem Kino zu sit-

zen, und auf der Leinwand siehst du dich als Baby. Der Film beginnt und du siehst zu, wie du immer älter wirst. Irgendwann gibt es eine Stelle, an der du stoppst. Du befindest dich in der Schule, es ist gerade Pause. Zweite Klasse. Ein Mitschüler hänselt dich, ist gemein zu dir. Dass du diese Szene siehst, bedeutet, dass sie Einfluss auf dich hat. In diesem Fall eher negativen Einfluss. Jetzt kannst du dir vorstellen, wie du diesem Klassenkameraden sagst, dass du ihm verzeihst. Lächle ihn an, und vielleicht magst du ihn auch umarmen. Es muss aber ehrlich sein. Wenn du spürst, dass du ihm nun gutgesinnt gegenüberstehen kannst, lass den Film weiterlaufen. Vielleicht siehst du noch eine Szene, die du heilen solltest. Es hört sich vielleicht lächerlich an, vielleicht wie eine Spinnerei, aber es wirkt. Mehr brauche ich dazu nicht zu sagen.

Da hast du recht. Es klingt einfach, wenn die Situation mit Menschen zu tun hat. Was aber, wenn nicht? Vielleicht habe ich als Kind ein ganz schreckliches Erlebnis mit einem Grashalm gehabt und fürchte mich heute vor Gras.

Vor Gras?

Lach … ja, vor Gras. Mann, das ist ein Beispiel.

Nun gut. Dann stoppst du den Film wieder und nimmst den Grashalm oder schaust ihn dir an. Betrachte ihn in aller Ruhe, erforsche ihn. Finde heraus, was dir Angst gemacht hat. Vielleicht hast du dich daran geschnitten und fürchtest dich deswegen heute. Dann wirst du erkennen, dass du dich nur geschnitten hast, weil du mit dem Halm eine bestimmte Bewegung gemacht hast, die auf deine kindliche Neu-

gier zurückzuführen ist. Der Grashalm trägt keine Schuld, du kannst ihm verzeihen und ihm sagen, dass es dir leidtut, ihm all die Jahre die Schuld gegeben zu haben.

Du hast aber auch Texte auf Lager, alle Achtung! Ich möchte dich herausfordern. Ich habe den Film gestoppt. Die Stelle zeigt, wie unsere Katze überfahren wird, als ich zehn Jahre alt bin. Ich gebe mir die Schuld daran.

Ich freue mich, wenn du mich herausforderst. Es würde doch sonst langweilig werden. In dieser Situation kannst du dir vorstellen, dass du deine Katze wieder triffst. Vielleicht da, wo du damals gewohnt hast. Sie kommt auf dich zu. Streichle sie, sage ihr, dass du dir die Schuld an ihrem Tod gibst und dass es dir unendlich leidtut. Schau sie dabei an. Sie wird dir in die Augen sehen und sich an dich kuscheln. Du wirst spüren, dass es nicht deine Schuld war. Nimm dir so viel Zeit mit ihr, wie du brauchst, und genieße es. Wenn du merkst, dass du nichts hättest ändern können, wenn du dir bewusst wirst, dass es nicht deine Schuld war, spürst du Erleichterung und Freude. Und übrigens, du darfst ruhig weinen.

Wir hatten zwar keine Katze, aber ich könnte trotzdem heulen, so schön schreibst du. Doch ich muss noch einmal auf etwas anderes von vorhin zurückkommen.

Du sagtest, wenn man meditiert, soll man alle Sorgen loslassen. Du weißt so gut wie ich, dass das fast unmöglich ist.

Ja, aber eben nur fast. Und darum bin ich ja da. Ich bin der mit den schlauen Texten. Probleme, egal welcher Art, werden nicht schlimmer oder besser, wenn man sie für eine halbe oder eine ganze Stunde zur Seite legt, einfach mal außer Acht lässt. Wenn man den ganzen Tag darüber nachdenkt, wie wenig Geld man hat, und sich Sorgen macht, wie man dies oder das bewerkstelligen soll, geht es einem immer schlechter. Mehr Geld auf dem Konto hat man deswegen aber nicht! Im Gegenteil, je mehr man sich um das wenige Geld Sorgen macht, desto geringer sind die Chancen, Geld zu bekommen. Dann sollte man sich eher darüber Gedanken machen, wie man noch zusätzlich Geld verdienen kann. Ebenso ist es mit Krankheiten. Konzentrierst du dich auf deine Krankheit, kann keine Besserung stattfinden. Konzentrierst du dich stattdessen auf deine Gesundheit, hat die Krankheit keinen Platz mehr. Also ist es absolut notwendig, die Sorgen ab und zu mal zur Seite zu legen. Wenn man das während der Meditation macht, hat man einen sehr guten Grund dafür. Das hilft auf allen Ebenen des Seins.

Moment, du mit den schlauen Texten. Wenn man sich auf die Krankheit konzentriert, kann keine Besserung stattfinden? Wenn man sich auf die Gesundheit konzentriert, hat die Krankheit keinen Platz mehr? Das hört sich ganz schön nach dem Gesetz der Anziehung an. Wie war das vorhin noch mal?

Na, siehst du. Das ist doch ein gutes Beispiel für das Gesetz der Harmonie. Krankheit kann nicht har-

monisch sein. Gesundheit schon. Gesundheit ist ein Geburtsrecht der Seele, sie kennt so etwas wie Krankheit gar nicht. Das ist eine körperliche, menschliche Manifestation. Kümmerst du dich ständig um deine Krankheit, harmoniert das nicht mit dir, mit deinem Ich, deiner Seele. Dieses Nichtharmonieren bedeutet ja schon, dass etwas nicht stimmt. Wirst du dir aber deiner Gesundheit bewusst, liegt das auf einer Frequenz mit deiner Seele.

Wenn nun aber jemand krank ist und zum Arzt geht – sich also um seine Krankheit kümmert – bekommt er für gewöhnlich Medikamente dagegen. Wenn er diese Medikamente nimmt, muss er doch zwangsläufig an seine Krankheit denken. Dennoch wird er irgendwann gesund.

Ja, klar wird er das.

Wie, ja klar? Etwas ausführlicher wäre sehr nett von dir.

Wenn ein Kranker zum Arzt geht, will er gesund werden. Ein erster Gedanke ist also schon vorhanden. Die Medikamente bedeuten für ihn Gesundheit. Egal, welche Pillen es sind, der Placeboeffekt erledigt so einiges dabei. Es muss aber betont werden, dass durch eine Tablette die Krankheit nicht beseitigt wird, sondern nur ihre Symptome. Das Problem, dass die Krankheit hervorgerufen hat, bleibt bestehen. Außerdem enthalten viele Pillen meist Stoffe, die irgendwann, vielleicht 20 Jahre später, wieder neue Probleme hervorrufen. Das merken viele Menschen, die ihr Leben lang Tabletten nehmen müssen. Von tatsächlicher Gesundheit kann also in diesem Falle nicht gesprochen werden. Es gibt aber auch Menschen, die durch den Arztbesuch umdenken. Sie fangen an, sich auf Gesundheit statt Krankheit zu konzentrieren, und besiegen so allmählich die Probleme. Es gibt unzählige Fälle, bei denen sich die Ärzte nicht erklären konnten, wie es zu einer Heilung gekommen ist. Wunderheilungen etc. sind keine Seltenheit.

Dann habe ich jetzt eine neue Herausforderung für dich. Wie soll man sich auf Gesundheit konzentrieren, wenn man von Geburt an krank ist?

Es spielt doch keine Rolle, ob du weißt, wie es ist, gesund zu sein oder nicht. Du kannst dich immer auf Gesundheit konzentrieren. Die Erinnerung daran liegt in dir, denn schließlich ist sie dein Geburtsrecht.

Ich kann mir zwar vorstellen, was du meinst, aber dennoch habe ich keinen Schimmer, wie ich mich auf etwas konzentrieren soll, was ich nicht kenne.

Ich sagte doch gerade, dass Gesundheit dein Geburtsrecht ist und die Erinnerung daran tief in dir steckt. Sobald du dir selbst sagst, dass du gesund bist, entfachst du diese Erinnerung. Je öfter du das sagst, desto größer wird diese Flamme. Lebst du mit der Gewissheit, gesund zu sein, auch wenn du krank bist, lodert das Feuer und du wirst Besserung erlangen und schließlich gesund werden. Du weißt ja, dass ***gesund sein*** *bedeutet, nicht krank zu sein – um es mal simpel zu sagen. Mehr brauchst du nicht zu wissen.*

Ich glaube, jedes weitere Wort würde das kompliziert machen. Danke für diese schöne Erklärung.

Ich komme jetzt mal von Krankheit zu etwas ebenso Wichtigem. Ich bin unglücklich in meinem Beruf. Jetzt erklär mir doch mal bitte mit deinem Gesetz der Harmonie, wie ich in Harmonie mit einem neuen Beruf kommen kann.

Wenn du mit deinem Beruf nicht zufrieden bist, bedeutet das doch, dass ihr beide nicht harmoniert. Um einen Beruf zu bekommen, in dem du glücklich bist, musst du ihn praktisch erfahren. Zum Glück gibt es ja das Praktikum. Gehen wir davon aus, du wünschst dir eine Arbeitsstelle als Gärtner. Bewirb dich um eine Praktikumsstelle und wenn diese Arbeit mit dir harmoniert, dann sei es so. Dann wirst du voller Elan und Freude bei der Arbeit sein, sodass sich deine Schwingung harmonisch in deiner Umgebung bemerkbar macht. Und du wirst auch kein Problem haben, eine solche Stelle zu finden. Du darfst natürlich nicht in Utopien leben. Du musst auf dem Boden der Tatsachen bleiben und sehen, was möglich ist. Wenn du überhaupt keine Erfahrung als Gärtner hast, dann wird ein anderer, der eine solche Ausbildung hat, die Stelle bekommen. Übrigens ist das ein gutes Beispiel für dein Gesetz der Anziehung. Nur wenn es harmoniert, macht dich die Arbeit glücklich. Und was würde man anziehen wollen? Genau. Eine Arbeit, die einen glücklich macht.

Danke. Ich bin ja schon auf deiner Harmonie-Seite. Das klingt auch irgendwie logischer. Du hast mir zwar ein paar Illusionen in Bezug auf das Wünschen genommen, aber das macht dir ja nichts aus, stimmt's?

Nein, das macht mir nichts aus. Schließlich ist es wesentlich einfacher, im Gesetz der Harmonie zu leben, als krampfhaft zu versuchen, etwas anzuziehen und dann in der Enttäuschung zu leben, es nicht zu bekommen – ohne zu wissen, ob es überhaupt harmoniert hätte.

Ich habe gerade jemandem am Telefon einige Seiten dieses Buches vorgelesen und mir wurde die Frage gestellt: „Und was ist mit Geburtsfehlern?"

Es gibt Seelen, für die es sehr wichtig ist, diese Erfahrung zu machen. Dafür gibt es unterschiedliche Gründe. Wenn ein Mensch mit einem Geburtsfehler glücklich zu leben lernt, ist er in der Lage, anderen beizubringen, wie auch sie das schaffen. Für wieder andere ist es eben die Erfahrung dieser Inkarnation. Andere wiederum werden durch ein fehlendes oder krankes Organ früh an das richtige Denken herangeführt. Es ist möglich, ein krankes Herz zu heilen, wenn es mit dem Weg harmoniert. Das zu lernen könnte ein erstes Ziel sein – es anderen beizubringen ein weiteres.

Was du schreibst, könnte einigen Menschen die Hoffnung rauben. Du hast gesagt, dass es nur das Gesetz der Harmonie gibt, nicht aber das andere. Viele Menschen hatten aber gerade darin ihre ganze Hoffnung gelegt. Tut mir leid, wenn ich vielleicht vom Thema abkomme, aber es ist mir wichtig, das zu erwähnen.

Das ist in Ordnung. Und ich verstehe auch deine Sorgen. Ich habe gesagt, dass das andere Gesetz so nicht funktioniert. Ich habe damit nicht gesagt, dass es überhaupt nicht existiert! Würde es nicht existieren, würden Wünsche, die nicht harmonieren, auch nicht in Erfüllung gehen. Das tun sie aber. Doch um wahres Glück zu erlangen, muss man verstehen, dass es das Gesetz der Harmonie gibt. Die Erklärung dafür habe ich weiter vorne gegeben und du hast es verstanden. Es ist ganz klar, wenn ich an positive Dinge denke, ziehe ich diese positiven Dinge an wie ein Magnet. Mit negativen ist es genauso. Aber es harmonieren nun mal nur positive Wünsche mit deinem Innersten. Doch dein Bewusstsein, das dich zum Menschen bzw. menschlich macht, kann auch Negatives anziehen. Schon allein negatives Denken erschafft negative Wünsche. Durch dein Denken und Fühlen erschaffst du die Energie deiner Gegenwart und nimmst diese Energie mit in den nächsten Moment – sozusagen in deine Zukunft, die du dann als Gegenwart erlebst. Wünschst du dir eine bessere Zukunft, ist das nur möglich, wenn du dein Denken und Fühlen änderst. Wenn du auf Harmonie achtest, dann bekommst du nur das, was stimmig ist mit deinem Ich. Man kann das Anziehungsgesetz ja gerne anwenden. Dann empfehle ich aber, auch auf die Harmonie zu achten, damit man nie wieder Negatives erwischt.

Aha, das klingt besser. Ich glaube, das wird viele beruhigen. Du merkst aber sicher, dass ich nicht zufrieden bin. Ich werde die Gedanken über Krankheit nicht los.

Ich höre im Moment andauernd von Leuten, die Krebs, Hirnblutungen oder sonst welche Krankheiten haben. Warum, um alles in der Welt, ist das so?

Weil euch alles egal geworden ist. Eigentlich sollte man davon ausgehen, dass der Mensch der heutigen Zeit weiterentwickelt ist als noch vor einigen Jahrzehnten. Doch leider tritt er auf der Stelle, bis auf einige Ausnahmen. Ich habe das schon einmal gesagt. Wenn man heute von Körper, Geist und Seele spricht, von Esoterik oder Spiritualität, dann ist man ein Spinner. Solange die Menschen noch an diesem Punkt sind, braucht man sich nicht zu wundern, wenn irgendetwas schiefgeht. Zum Menschen gehört nun einmal die Seele. Und nur weil die Wissenschaft noch in den Kinderschuhen steckt und das nicht zugeben will, heißt das noch lange nicht, dass alle anderen falschliegen. Vieles aus esoterischen Bereichen hat sich als Wahrheit entpuppt und das nimmt die Wissenschaft nun für sich in Anspruch. Wenn ein Kind geboren wird und sich von Anfang an seines Wesens bewusst ist, werden Krankheiten zur Seltenheit. Es ist nichts Schlimmes an einer Erkältung. Es ist auch nicht schlimm, wenn dich eine Grippe ins Bett und damit zur Ruhe zwingt. Denk doch mal an die Berichte der Menschen, die zum Beispiel Krebs hatten und ohne Chemotherapie oder Tabletten gesund wurden, weil sie sich mit sich selbst beschäftigten – mit ihrem Denken, mit ihrer Seele, ihrem Ich.

Also sollte jeder sein spirituelles Wesen wieder ganz bewusst ausleben?

Es sind die spirituellen Menschen, die die sinnvol-

len Ansätze in die Öffentlichkeit bringen. Doch man muss es nicht bewusst ausleben, man sollte sich aber dessen bewusst sein. Eigentlich ist es egal, woher die Ansätze kommen, die Hauptsache ist, dass sie immer mehr beachtet werden, dass man einfach nicht mehr wegschauen kann.

Ich habe jetzt eine ganz andere Frage an dich. Warum ist der Verlust eines Menschen oder der eines Tieres der schlimmste Schmerz, den ich mir vorstellen kann, obwohl doch die Seele nach dem physischen Tod weiterlebt?

Es gibt Menschen, denen man sehr nahe ist. Eltern, Familie, Partner, die besten Freunde. Die Seelen dieser Menschen sind auf besondere Art miteinander verbunden. Stirbt einer von ihnen, betrifft das deine Seele direkt. Dein größter Schmerz ist, dass du diesen Menschen nicht mehr in die Arme schließen kannst, du kannst sein Lächeln nicht mehr sehen, bekommst keine Antworten mehr auf deine Fragen. Selbst wenn du der Überzeugung bist, dass ein Mensch nach seinem Tod weiterlebt, er immer noch da ist, bleibt der Schmerz, da du den Körper verabschieden musst. Das ist einfach nur menschlich. Seelisch freust du dich für diesen Menschen, dass er nun weiterkommt. Ist er nach einer Krankheit gestorben, bist du dir im Klaren darüber, dass es ihm nun gut geht. Stirbt er durch einen Unfall oder auf andere unnatürliche Weise, ist es schwerer zu verstehen, und dennoch geht es ihm gut und er trauert nicht wie seine Hinterbliebenen. Aber nun stell dir selbst mal eine Frage: Ist es der

Tod, der diesen Schmerz verursacht, oder ist es die Liebe?

Durch dieses Thema bekomme ich einen Kloß im Hals. Doch das ist eine berechtigte Frage. Klar, wenn ich diesen Menschen nicht lieben würde, dann würde ich kaum Schmerz empfinden. Das Band der Liebe wird durch den Tod ja auch nicht durchtrennt, es besteht weiter. Warum sollte es die Liebe sein, die diesen Schmerz verursacht?

Ich habe nicht gesagt, dass es so ist. Ich bat dich nur, dir diese Frage zu stellen. Dabei möchte ich es belassen. Ich werde noch genauer über die Liebe sprechen.

Ja, das hoffe ich sehr.

Als wir eben getippt haben, fiel mir eine andere Frage ein. Ich hoffe, sie passt hierher. Was empfiehlst du jemandem, der depressiv ist?

Wir?

Wie, **wir**?

Wir haben geschrieben?

Hää?

Ich!

Ach so. Menno. Daran habe ich schon gar nicht mehr gedacht. Es kommt mir halt so vor, als ob ich mich mit jemandem unterhalte.

Ja, du unterhältst dich ja auch mit dir.

Ich habe es verstanden. Was ist mit den depressiven Menschen?

Depression ist eine sehr aggressive Form der Niedergeschlagenheit. Man kann sagen, dass sich ein depressiver Mensch selbst niederschlägt. Es ist kein Wunder, dass er am Boden liegt, denn wer könnte einen Menschen mehr verletzen als er sich selbst? Ein depressiver Mensch sagt sich ständig Dinge wie: Ich bin schlecht, ich kann nichts, ich bin hässlich, ich bin fett usw. Und je öfter er das sagt, desto größer ist die Chance, noch depressiver zu werden. Diesen Menschen muss man klarmachen, wie wunderschön, wie einzigartig sie sind; denn das ist keine Lüge, nur um Besserung zu erreichen, sondern die Wahrheit. Ein depressiver Mensch, der aus diesem Loch heraus möchte, muss sich immer wieder loben. Ich bin wunderschön, ich bin toll, ich bin so froh und glücklich. Auch sollte er sich immer wieder mal wenigstens eine Minute eine Auszeit nehmen, um zu lachen. Damit meine ich, er soll sich hinstellen oder hinsetzen, am besten vor einen Spiegel, und sein Gesicht zu einem Lachen formen. Egal ob er lachen muss oder nicht, einfach mal eine Minute zum Lachen zwingen. Oh, wie schön das ist! Probier das jetzt bitte mal aus.

Witzig. Ich habe es ausprobiert. Da bekommt man nach einer gewissen Zeit das Gefühl, dass man wirklich lacht.

Ja, weil dann Glückshormone ausgeschüttet werden. Dein Körper ist leicht zu überlisten. Er denkt, dass du tatsächlich lachst, und macht seinen Job. Das wirkt wahre Wunder. Wenn man depressiv ist, muss man sich fragen, was man sich vorwirft. Dann muss man sich bewusst werden, dass diese Vorwürfe völliger Unsinn sind. Ich bin nicht schlecht, ich bin der Hammer. Ich bin nicht fett, ich habe nur was zum

Anpacken. Ich bin nicht dumm, die anderen erkennen meine Intelligenz nur nicht. Ich bin nicht unfähig, ich habe nur andere Talente. Depressive Menschen werden von ihrem Umfeld auf die Depression reduziert. Das ist ein Fehler. Es wird ihnen Mitleid entgegengebracht, statt zu versuchen, dem Menschen die Freude am Leben wiederzugeben.

Aber Depression ist doch eine Krankheit, die psychologisch behandelt werden muss. Reicht es da tatsächlich aus, wenn man einfach nur positiver denkt?

Die meisten Menschen mit dieser Niedergeschlagenheit schaffen das leider nicht, wenn sie alleine sind. Sie brauchen Familie und gute Freunde, die ihnen dabei helfen. Psychologen versuchen diese wichtigen Menschen zu ersetzen, können es aber nur bis zu einem bestimmten Grad. Selbstverständlich haben Psychologen mehr Ahnung von der Psyche als zum Beispiel der beste Freund, aber ein absoluter Ersatz sind sie nicht. Medikamente helfen ebenfalls nur begrenzt. Das eigentliche Problem aber können sie nicht beseitigen. Es kann nicht das Ziel sein, ein Leben lang Tabletten zu nehmen. Positiv zu denken hilft, wenn man sich nicht gleichzeitig wieder niederschlägt. Und eben das ist die Gefahr an der ganzen Sache. Ich selbst kann mich am besten verletzen. Wenn man sich aber seiner selbst bewusst wird, hilft das schon sehr. Die Übung weiter vorne ist ein fantastischer Weg dahin.

Hat das auch etwas mit Intuition zu tun?

Ja, selbstverständlich. Im Prinzip nennt doch der

Mensch die Kommunikation mit der Seele Intuition. Wenn meine Seele im Park spazieren gehen und die Natur beobachten möchte, dann geht es mir gut, wenn ich dem nachgebe. Ich kann es aber auch ignorieren, und dann geht es mir schlecht. Ich spüre auf irgendeine Art und Weise, dass etwas fehlt. Wenn ich am Abend den Tag Revue passieren lasse, dann fühle ich, dass etwas im Gesamtbild fehlt. Intuition ist so unendlich wichtig für den Menschen.

Und das lerne ich wie?

Na, darüber hatten wir doch schon gesprochen. Das lernst du durch Meditation. Das ist eine Möglichkeit, den Geist stumm zu schalten. Der Geist verwirrt die Stimmen aus dem Inneren. Er filtert die Informationen und verfälscht sie dadurch.

Aber ich kann doch nicht den ganzen Tag meditierend durch die Gegend laufen.

Da hast du recht. Wenn du aber die Meditation in deinen Alltag integrierst, dann wirst du eines Tages in der Lage sein, den Zustand der Entspannung auch ohne Meditation herbeizurufen. Deine Intuition wird geschult, sodass du deines Ichs bewusst wirst und somit dir, also deiner Seele, in jedem Moment zuhörst.

Aber ist denn die Intuition nicht von Geburt an da? Warum muss man das neu lernen? Liegt das an der Programmierung durch das soziale Umfeld?

Ja, die Intuition hat man von Geburt an. Ein Neugeborenes ist reines Sein. Darum sind Babys so fröhlich, so glücklich, ja glückselig. Wir erkennen in ihnen unseren Ursprung. Dann lernen wir unser Leben lang, unsere Intuition zu verstecken, zu ignorieren.

Und es ist sehr schwer, sie wiederzuerwecken. Das schaffen wir aber durch die Bewusstwerdung. Um noch einmal auf das Thema „Depression" zurückzukommen: Will ein depressiver Mensch gesund werden und kümmert sich um seine Seele, dann lernt er dadurch. Es ist nun mal so, dass viele Menschen aus ihrem Leid oft große Lehren ziehen.

Du haust aber auch manchmal Dinger raus. Aus meinem Leid ziehe ich also Lehren? Meinst du mit Leid Schicksalsschläge und Krankheiten? Ist das denn wirklich nötig? Kann nicht der große Geist oder wer auch immer erst mal einen Brief schreiben, anstatt uns gleich Schmerz zuzufügen?

Du glaubst allen Ernstes, dass eine Art großer Geist für dein Leid verantwortlich ist? Du allein bist für dein Leid zuständig. Kennst du nicht die weisen Worte „Denn was der Mensch sät, das wird er ernten"?[1]

Ja, klar kenne ich diese Worte. Sie stammen aus der Bibel. Aber im Prinzip wird doch das Gleiche in dem Gesetz der Anziehung ausgedrückt: Was ich aussende, das kommt zu mir zurück.

Nun hast du einmal in einem Film oder einem Buch diesen Satz gehört bzw. gelesen und denkst, dass er dort seinen Ursprung hat. Aber er hat davor schon existiert, es hat ihn sogar schon gegeben. Nehmen wir als Beispiel die Depression. Wenn ich säe: „Mir geht es beschissen!", werde ich wohl kaum

---

1 Galather 6,7

Fröhlichkeit ernten. Nein, es geht mir dann nun mal beschissen. Du hast aber auch eine Ausdrucksweise.

Du warst das.

Sag ich doch, du warst das.

Themenwechsel!

Ich möchte zwischendurch anmerken, dass du mir ruhig sagen kannst, wenn ich dir eine Frage doppelt stelle. Ich kann nicht alles, was ich dich schon gefragt habe, im Kopf behalten.

Es ist ganz klar, dass Fragen doppelt auftauchen, und das ist auch in Ordnung. Das bedeutet nur, dass diese Frage wichtig ist, ebenso die Antwort. Mach dir deswegen also keine Gedanken.

In deiner Erklärung von eben hast du geschrieben, dass der Satz mit dem Säen und dem Ernten existiert und dass es ihn sogar schon gab. Das Thema kommt mir bekannt vor, doch ich habe da etwas nicht begriffen. Ist es nicht logisch, dass etwas existiert, wenn es das gibt?

Ja, das ist absolut logisch. Umgekehrt aber nicht. Es muss den Satz nicht geben, wenn er existiert, verstehst du?

Ich befürchte fast, ja, aber ich glaube, nein. Ich stell mir mal einen Stein vor. Vielleicht einen Bergkristall, in dem ein schöner Moldavit eingeschlossen ist. Es kann sein, dass er existiert, aber es muss nicht sein, dass es ihn gibt. Ich liege voll daneben, oder?

Du liegst ganz richtig. Es gibt diesen Bergkristall nicht, weil ihn noch nie ein Mensch gesehen und somit bewusst wahrgenommen hat. Er kann aber dennoch existieren. Ich möchte aber betonen, dass es solch einen Bergkristall bestimmt gibt. Immerhin ist der Moldavit ein Stück Komet und die sind ja oft genug auf die Erde gefallen. Und dass sich einer in einem Bergkristall befindet, ist nicht unwahrscheinlich. Denk mal an ein Dorf von vor 2.500 Jahren, das untergegangen ist und unter einer tiefen Erdschicht liegt. Es existiert, und dennoch gibt es das Dorf nicht. Denn niemand ist sich dessen bewusst, niemand weiß davon. Gäbe es das Dorf, könnte ich dir sagen, welches ich meine.

Hab Kopfaua.

Na, stell dich nicht so an. So schwer ist das doch gar nicht zu verstehen. Glaubst du etwa, es würde das Automobil geben, wenn es nicht schon lange vorher existiert hätte?

Ja.

Warum?

Na, wenn das Auto existiert hätte, dann hätte es das doch auch gegeben. Nee ... mehr Kopfaua ... Wie soll denn das Auto existiert haben, bevor es entwickelt wurde? Das würde doch bedeuten, dass es schon vorher eins gegeben haben muss, damit jemand diese Idee wieder aufgreifen konnte. Klär mich auf.

Ganz einfach erklärt schwirrte irgendwo im Universum oder im kollektiven Bewusstsein die Idee des Automobils herum. Es brauchte nur einen Menschen, der diese Idee auffängt und realisiert. Woher dieses Automobil im universellen Bewusstsein kam, kann unterschiedliche Gründe haben. Vielleicht hat einer eine Pferdekutsche gesehen und hatte dann die Idee zum Auto. Der Grund, warum diese Idee da war, ist eigentlich auch unwichtig. Sie war da, das ist wichtig.

Bedeutet das etwa, dass alles, was es einmal geben wird, bereits existiert?

So seltsam das klingen mag, ja!

Kannst du mir eine dieser Ideen geben, damit ich etwas erfinden kann und es meinem Konto dadurch besser geht und hoffentlich der Menschheit auch?

So einfach ist das nicht. Dann würde es Dinge geben, mit denen ihr noch gar nichts anfangen könnt. Den Weg zu solchen Ideen findet man schrittweise. Um bei dem Beispiel zu bleiben: Stell dir vor, ein Mann wollte seine Pferdekutsche schneller machen. Als er eine Dampfmaschine sah, begann er nachzudenken. Er nahm im Geist die Kutsche und die Dampfmaschine wahr, spürte deren Präsenz und hatte dadurch einen Blick auf sich selbst, seine Seele. Dadurch kam ihm die Idee, beides miteinander zu kombinieren. Und er bastelte so lange, bis er die erste mit Dampf angetriebene Kutsche, einen Vorläufer des heutigen Autos, erfunden hatte. Und so weiter.

Ich denke, ich habe das so weit verstanden. Damit möchte ich aber nicht behaupten, dass ich es begriffen habe. Bedeutet das denn auch, dass bereits eine Million Euro auf meinem Konto existieren, dass es sie nur noch nicht gibt?

Oh, das ist ein fantastisches Beispiel. Ja, sie existieren. Herzlichen Glückwunsch, du bist mehrfacher Millionär. Das Problem an der Sache ist nur, dass es diese Millionen eben noch nicht gibt.

Du bist aber großzügig. Eine Million würde mir doch schon reichen.

Warum bist du so genügsam, wenn dir doch der finanzielle Reichtum der Welt zu Füßen liegt? Die Millionen warten doch nur auf dich.

Lass mich raten. Wenn dieser Reichtum nicht harmoniert, dann bekomme ich das Geld nicht, obwohl es existiert. Oder aber ich bekomme es mit den entsprechenden Folgen.

Jepp!

Dann pass mal auf: Ein Mann geht von Montag bis Freitag arbeiten und kommt abends völlig erschöpft nach Hause. Dort warten seine Frau und seine Kinder, die auch noch seine Aufmerksamkeit wollen. Am Monatsende gibt es Lohn. Die Miete muss bezahlt werden, die Nebenkosten, Essen und Trinken, Bekleidung, und natürlich möchten die Kinder auch mal etwas haben. Aber es ist einfach kein Geld mehr da. Der Lohn ist für die Arbeit viel zu gering. Er darf aber nicht meckern, denn die Gefahr ist zu groß, dass ihm gekündigt wird, und eine neue Arbeit in seinem Alter ist fast ausgeschlossen. Dann haben wir den Manager, der der Firma, für die er in den letzten zehn Jahren gearbeitet hat, keine Besserung verschaffte. Trotzdem bekommt er noch eine Abfindung in unvorstellbarer Millionenhöhe. Auf der einen Seite sind die Menschen erschöpft und bekommen für ihre Arbeit immer weniger Lohn. Auf der anderen Seite gibt es den Manager, der noch zusätzliche Bonuszahlungen kassiert, obwohl er eh genug verdient. Ohne weiteren Kommentar bist du jetzt an der Reihe.

Das haben wir bereits an anderer Stelle besprochen. Der Arbeiter kann sich auf nichts Positives konzentrieren. Wenn er nach Hause kommt, erwartet ihn die Post mit Rechnungen, die Nachricht, dass bald der Strom abgestellt wird, der Anruf der Bank, dass die Rate für den Kredit fällig ist. Der Manager dagegen hat die Geldsorgen verabschiedet. Er denkt nur noch in Fülle und hat somit kein Problem, immer mehr Geld zu bekommen. Dass er, wenn das Geld mit seinem Ich nicht harmoniert, die Konsequenzen daraus ziehen wird, weißt du genauso gut wie ich. Vielleicht hat er seine Freunde, seine Frau oder seinen Mann nur wegen des Geldes und das zermürbt ihn innerlich. Vielleicht wird er sich verspekulieren und verliert so viel Geld, dass es ihn in die Armut stürzt. Vielleicht verliert er dann auch seine Freunde und Familie. Vielleicht trifft ihn ein harter Schicksalsschlag. Eines aber ist sicher: Harmoniert das Geld nicht mit seinem Ich, wird er das früher oder später erkennen. Ganz im Gegensatz dazu verhält es sich vielleicht mit dem Arbeiter. Natürlich kann es sein, dass dieses sorgenvolle Leben seine Erfahrung ist, sein Ich. Aber wenn nicht, dann hat er die Chance auf mehr. Er hat die Chance, zu Geld zu kommen, das Gesetz der Harmonie zu umarmen. Der Arbeiter hat die Chance, sich zu verbessern. Diese Chance hat der Manager vielleicht nicht. Nur weil der Moment für den einen gut aussieht und für den anderen schlecht, muss nicht der nächste Moment ebenso aussehen.

Und wenn er dazu auch noch krank wird? Ich weiß, das Beispiel ist jetzt extrem, aber lass mich ruhig mal einen Schritt weitergehen in der Hoffnung, dass es niemandem so widerfährt.

Dann steigen seine Chancen noch mehr, auch wenn sich das im ersten Moment gemein anhört. Harmoniert Gesundheit mit seinem Ich, hat er die Chance, gesund zu werden. Vielleicht lernt er durch diese Krankheit, mehr auf sich zu achten. Vielleicht gelangt er dadurch auf den ganzheitlichen Weg und kann so, wenn er wieder gesund ist, nach der Arbeit besser entspannen, sich mehr um seine Frau und seine Kinder kümmern, besser mit den Rechnungen und anderen Sorgen umgehen. Und dann erkennt er den Weg, entwickelt neue Ideen und gelangt letztendlich auch zu mehr Geld und Glück.

Klingt plausibel. Hast du nicht einen Hinweis, wie man seine Chancen besser nutzen kann?

Es gibt etwas, worauf man achten kann. Ich nehme mich als Beispiel. Ich wünsche mir eine Million auf dem Konto. Die Vorstellung ist toll. Dann ist da meine Vergangenheit. Was habe ich erlebt, welche Ängste habe ich? Was möchte ich also in Zukunft vermeiden? Und dann wäre da noch das, was mit mir harmoniert, also mit der Seele. Das kann sich von den menschlichen Wünschen unterscheiden. Man muss weg vom Denken, dann eröffnen sich neue Wege. Fühlen ist wichtig. Aber ohne sein Ego einzuschalten. Und wenn man dann auch noch Emotionen zulässt – ach wäre das schön!

Ich bin mir sicher, dass ich zu diesem Thema noch keine Ruhe gebe. Aber das muss jetzt erst mal sacken und ich möchte dich etwas anderes fragen.

Wer bist du? Du redest immer von der Harmonie mit dem Ich, mit der Seele, aber wer bist du denn eigentlich?

Wer bist du denn eigentlich?

Nein, jetzt komm nicht wieder mit diesem Hin und Her. Sag es mir bitte.

Ich mache kein Hin und Her. Ich meinte diese Frage ernst. Wer bist du? Was glaubst du? Was macht dich aus?

Also, ich habe gelernt, dass ich die Summe meiner Vergangenheit bin.

Unsinn. Das bist du als Mensch, aber ich habe gefragt, wer du bist. Nicht, was du momentan verkörperst. Du bist nicht deine Vergangenheit, du bist viel größer als das.

Na super, ich bin 1,76 Meter groß. Wenn ich aber in Wirklichkeit viel größer bin, dann so 2,20 Meter vielleicht?

Das ist auf gewisse Weise witzig – du bist lustig –, aber dieses Thema ist viel zu fundamental.

Entschuldige bitte, aber ich kann dir nicht sagen, wer ich bin.

Ich werde das nicht akzeptieren. Ich wiederhole meine Frage, und bitte denk darüber nach, was du antwortest. Wer bist du?

Du machst mir Angst. Was passiert, wenn ich meine Antwort wiederhole?

Dann beende ich unser Gespräch!

Ich denke nach.

Bitte.

Ich bin du?

Ich erwarte von dir eine Antwort, keine Frage.

Das war meine Antwort. Ich bin du!

Bitte definiere dich. Begründe deine Antwort.

Ich verstehe es so, dass ich als Seele meinen Körper nur bewohne. Wenn der Körper einmal nicht mehr ist, ich also sterbe, dann verschwinden auch meine Gedanken und Gefühle. Ich aber existiere weiter. Somit kann ich nichts davon sein. Ich bin etwas in mir, also in meinem Körper. Ich bin Seele.

Und bist du noch immer 2,20 Meter groß?

Ich zittere bei jedem Wort, das ich schreibe, aus Angst, du könntest das Gespräch beenden.

Brauchst du nicht. Ich beende doch das Gespräch nicht, das ist viel zu interessant.

Heißt das etwa, du hast mich veräppelt?

Ja, aber das hatte seinen Sinn.

In Ordnung, dann habe ich aber was gut bei dir.

Immer wieder gern. Wir werden gleich über deine Angst reden.

Du hast mich gefragt, ob ich noch immer 2,20 Meter groß bin. Wenn ich mir bewusst mache, was nicht bewusst ist, dann bin ich kurz davor zu verzweifeln. Ich kann mir gar nicht vorstellen, wie groß eine Seele ist, welche Dimensionen sie annehmen kann.

Über Dimensionen werde ich auch noch sprechen. Die Größe deines Seins ist unermesslich. Wie willst du Sein messen? Besonders dann, wenn eine Begrenzung wie Größe gar nicht existiert, ebenso wie Zeit. Aus diesem Grund kannst du überall sein, ohne körperlich anwesend zu sein.

Du weißt, dass es anstrengend ist, sich so etwas vorzustellen. Ich verstehe es ja, aber dennoch ist es sehr überdimensional.

Darum ist es auch gut, wenn du Fragen doppelt stellst und wir bei einem Thema auch mal Pause machen und später wieder darauf zurückkommen.

Mir brennt schon die nächste Frage unter den Nägeln. Aber ich möchte vorher wissen, was du über Angst und Dimensionen sagen wolltest.

Wir kommen auf deine Frage zurück, denn sie ist sehr wichtig. Lass mich zuerst über Angst sprechen, danach komme ich zu den Dimensionen. Sie sind auch ein guter Übergang zu deiner Frage.

Bitte sag mir, was du über Angst weißt.

Ich kenne zwei Arten von Angst: die natürliche Angst und die unnatürliche. Die natürliche Angst habe ich, wenn ich vor einer Schlange stehe. Ich kenne mich mit Schlangen nicht aus, also muss ich automatisch davon ausgehen, dass sie giftig ist oder wenigstens beißen kann. Ich sehe sie, in meinem Gehirn laufen bestimmte Vorgänge ab und mein Körper reagiert mit Flucht oder Starre. Die unnatürliche Angst ist zum Beispiel die Angst vor Gras.

Das war so weit gut, aber was weißt du noch darüber? Was bewirkt Angst in dir? Ist Sorge die Vorstufe von Angst?

Nein, Sorge ist nicht die Vorstufe von Angst. Angst habe ich vor Dingen, die tatsächlich da sind. Sorgen mache ich mir, wenn zum Beispiel eine Freundin nicht ans Telefon geht, obwohl wir besprochen haben zu telefonieren. Ich hoffe, es geht ihr gut und es ist nur etwas dazwischengekommen. Ich befürchte allerdings, dass etwas Schlimmes passiert sein könnte. Das ist dann die Sorge. In Ordnung, ich schrieb gerade „befürchte". Furcht ist doch Angst. Also hat die Sorge doch etwas mit Angst zu tun?

Die Angst schleicht sich in viele Dinge ein. So auch in die Sorge. Aber eine Vorstufe ist sie tatsächlich nicht. Die Sorge wird nur umso schlimmer, je mehr man befürchtet. Du hast vorhin geschrieben, dass du Angst hast, ich würde das Gespräch beenden. Das hatte ich gar nicht vor, ich habe es nur geschrieben, um dich herauszufordern. Deine Angst war also eigentlich unbegründet. In dem Moment, in dem du meine Worte gelesen hast, hast du sofort die Kommunikation mit mir eingestellt. Du hast nicht mehr auf mich gehört. Daher die Angst. Wärst du beim Lesen in deinem Ich bewusst geblieben, hättest du gewusst, dass ich unser Gespräch gar nicht beenden kann. Ich bin nicht in der Lage dazu.

Du kannst es nicht beenden? Auch wenn du keine Lust mehr hast?

Ich kann unser Gespräch nicht beenden, denn es gibt uns nicht. Es gibt nur mich und ich rede immer mit mir. Wenn ich beim Ich und Du bleibe, dann würde ich sagen, du hörst mir nicht zu. In deinem Fall ist das allerdings nicht mehr so, du hörst mir sehr oft zu.

Ach, da sind wir wieder beim „Wir", das es nicht gibt. Und diese Seiten hier? Du schreibst so viele Dinge, die ich so hätte niemals ausdrücken können. Ich sagte ja schon, dass es mir so vorkommt, als würde ich mich mit jemandem unterhalten. Wie kann ich denn auch etwas schreiben, was ich – als Frank – gar nicht auszudrücken in der Lage bin?

Während du hier schreibst, befindest du dich auf einer anderen Bewusstseinsebene. Du bist dein Ich im Sein. Einfach ausgedrückt erinnert sich deine Seele, also du, dein Ich an Dinge, die nicht durch deinen Bewusstseinsfilter durchkommen. Dinge, die du als Mensch nicht auszudrücken vermagst.

Du meinst also die Erinnerungen und Erfahrungen vergangener Inkarnationen?

Ja, genau.

Du hast vorhin gesagt, dass ich in dem Moment, als ich den Schreck bekam, die Kommunikation mit dir unterbrochen habe. Ist das gut oder schlecht?

Der menschliche Körper ist ein Wunder der Natur. Es ist gut, dass solche Pausen eintreten. Der Körper braucht in dem Moment sein ganzes Potential, um sich zu schützen. Es dauert aber nur den Bruchteil einer Sekunde, bis die Kommunikation wieder da ist. Angst ist also natürlich oder unnatürlich. Ist sie natürlich, dann ist sie sowieso da, und das muss auch so sein, ohne dass man darüber zu reden bräuchte. Schließlich würdest du sonst einfach über die Straße rennen, ohne nach links und rechts zu schauen. Das kann einmal gut gehen, vielleicht auch ein zweites Mal. Aber beim dritten Mal schwindet die Chance, nicht überfahren zu werden. Die unnatürliche Angst sollte näher betrachtet werden. Dein Beispiel mit dem Gras ist recht gut. Vor Gras braucht man keine Angst zu haben. Dennoch gibt es Menschen, die unter solchen oder ähnlichen Ängsten leiden. Weiter vorne habe ich bereits erklärt, wie man sich der Angst, die einen in die Opferrolle zwingen will, stellen kann. Denn Menschen sind keine Opfer, sie sind Sieger.

Und die Angst vor dem Tod?

Die ist weg, sobald der Mensch tot ist.

Wie beruhigend. Mal im Ernst, wie soll man damit umgehen?

Menschen, die Angst vor dem Tod haben, verhalten sich für gewöhnlich so: Lesen sie etwas darüber, dass die Seele nach dem Tod weiterlebt, dann bezweifeln sie das und nähren ihre Angst damit. Lesen sie aber etwas, dass darauf hindeutet, dass diese Angst berechtigt ist und nach dem Tod alles aus ist, dann stimmen sie dem zu und nähren ihre Angst genauso. Was erkennst du darin?

Selbstkasteiung. Ja, das meine ich ehrlich. Das ist doch eine häufige Form der Selbstzerstörung. Egal was sie machen, sie sorgen dafür, dass sie noch mehr Angst bekommen. Und dann geht es ihnen immer schlechter. Irgendwie traurig.

Ja, sie verletzen sich dadurch selbst, anstatt sich damit näher zu befassen. Es gibt unzählige Bücher zu diesem Thema. Es gibt sogar mittlerweile Wissenschaftler, die das Weiterleben bestätigen. Ich lebe weiter, auch wenn mein Körper eines Tages sterben muss.

Angst vor der Angst?

Das ist in gewisser Weise ein Betteln nach Angst. Habe ich Angst vor der Angst, nähre ich sie ja damit und sie wird auf der Bühne des Lebens erscheinen. Ein Teufelskreis, den man sich selbst erschafft, aber auch selbst wieder zerbrechen kann. Frage dich: „Wovor habe ich eigentlich Angst? Ist da wirklich etwas, wovor man sich fürchten muss?“ Eine Minute bewusstes Lachen. Zähne zusammen, Lippen auseinander und Wangen hochschieben.

Warum ist das ein Betteln nach Angst?

Weil es nur zwei Entscheidungen gibt, nicht mehr. Entweder ich entscheide mich in Liebe oder in Angst. Angst kann nicht Liebe sein.

Aber wenn es eine natürliche Angst ist?

Ich rede von unnatürlicher Angst. Reagiert man bei natürlicher Angst vor einer giftigen Schlange zum Beispiel mit Flucht, dann kann ich das als Liebe zum Körper bezeichnen, wenn du so weit gehen möchtest. Es ist aber eigentlich eine Reaktion des Körpers. Entscheidungen treffen wir mit unserem Bewusstsein, unserem Geist.

Was ist denn besser? Direkte Konfrontation mit der Angst oder langsames Heranführen?

In der direkten Konfrontation tritt sofort Angst auf. Es muss ein wirklich guter Therapeut dabei sein, der weiß, wie er in diesem Moment reagieren muss. Er muss wissen, was er sagen darf und was nicht. Der Patient wird langsam, nach und nach an das Angstobjekt herangeführt. Beim Gras zum Beispiel würde man erst einmal mit Bildern beginnen, einzelne Halme und dann eine Rasenfläche.

Unnatürliche Angst ist also zum einen nur eine Illusion und zum anderen ein Hinweis darauf, dass dahinter etwas ganz anderes steckt?

Ja, das ist richtig. Es kann ein Hilferuf sein. Die Bitte um Aufmerksamkeit und vieles mehr. Es kann auch aus der Kindheit kommen.

Das waren sehr viele Informationen zum Thema „Angst“. Die muss ich erst mal verarbeiten.

Du hattest noch das Thema „Dimensionen“. Magst du dazu jetzt etwas sagen oder soll ich erst meine andere Frage stellen?

Wenn du deine Frage noch einen Moment in deiner Erinnerung halten kannst, schlage ich vor, dass ich erst über die Dimensionen rede.

Kommt darauf an, wie du den Moment definierst.

Der Moment ist dein Sein. Es ist Ich nach dem, was war, und vor dem, was sein wird. Der Augenblick zwischen Vergangenheit und Zukunft. Doch wenn du daran denkst, ist das bereits Vergangenheit, was gerade noch Zukunft war.

Vielleicht sprichst du doch lieber über Dimensionen.

Es dauert auch nicht lange, versprochen. Stell dir vor, es gibt dich in Hunderten verschiedener Ausführungen. Jede Einzelne auf unterschiedlichen Ebenen in unterschiedlichen Dimensionen.

Nee, is klar. Es dauert nicht lange. Es gibt mich in einigen Hundert Ausführungen, wie bei einem Pullover, und das ist in drei Sätzen erklärt.

Ich sprach vor einiger Zeit davon, dass die Millionen Euro auf deinem Konto bereits existieren, dass es sie nur noch nicht gibt. Erinnerst du dich?

Ja, klar erinnere ich mich. Das hatte ich auch verstanden.

Dann lass mich für etwas Verwirrung sorgen. Was du dir vorstellen kannst, existiert auch. Wenn du dir vorstellen kannst, dass du Millionär bist, dann existiert diese Version von dir auch. Wenn du dir etwas wünschst, dann kannst du in diese Dimension wechseln, sofern die Frequenz mit deiner Seelenschwingung harmoniert. Wenn es passt, geht es in Ordnung. Wenn die Dimension deines Wunsches allerdings eine andere Frequenz hat, kannst du nicht einfach wechseln, aber es ist dennoch möglich. In diesem Fall gleichst du deine Frequenz an die der Dimension an, und sobald die Schwingungen harmonieren, kannst du in diese Ebene wechseln. Doch du verfälschst damit die Ursprungsfrequenz deines Seins. Irgendwann wird die Seele ihren Ursprung aber wiederherstellen wollen und geht in die alte Schwingung zurück. Du verlässt also somit auch wieder die Dimension. Das ist der Moment, in dem der Manager merkt, dass es ihm mit dem Geld nicht gut geht, oder er sich verspekuliert.

Meine linke Gehirnhälfte rattert. Das klingt irgendwie logisch und ich habe es verstanden. Ich kann mir zwar nicht vorstellen, dass es mich in so häufiger Ausführung gibt, aber die Idee ist spannend.

Wäre die Seele nun an Raum und Zeit gebunden wie der Mensch, wäre all das nicht möglich. Denn du weißt, dass ich somit auf jeder einzelnen Ebene präsent bin.

Ja, das verstehe ich. Ich stell mir das gerade wie bei einem Fleischwolf vor. Wir haben einen, da kann man Teig durchdrücken für Weihnachtsplätzchen. Vorne gibt es eine Metallschiene, die man hin- und herschieben kann, je nachdem, welche Form man haben möchte. Sagen wir, ich bin in der ersten Form und möchte in die dritte, dann wechsle ich einfach nur das Loch, die Ebene.

Deine Beispiele sind ein kreativer Genuss. Aber du hast recht, so kann man das sagen. Doch lass mich erst einmal zu deiner Frage kommen. Ich merke, dass sie immer mehr in dir brennt. Wir können gerne auf die Dimensionen zurückkommen, wenn es danach verlangt.

Das ist eine tolle Idee von dir.

Meine Frage bezieht sich auf deine Ausführung, dass ich als Seele überall hinkann, ohne körperlich anwesend sein zu müssen. Die erste Frage dazu lautet: Wirkt meine Seele dann überhaupt auf jemanden? Ich meine, so wie bei einem Treffen mit Freunden.

Wie sonst solltest du eine Wirkung haben? Die Antwort lautet: Ja. Du wirkst sogar noch mehr als bei körperlicher Anwesenheit. Wenn du zur Ruhe kommst und mit deinem Geist an einen Ort oder zu einer Person reist, geschieht das auf Seelenebene. Du kannst die Kraft dieses Ortes bzw. die Liebe zu diesem Menschen spüren. Du kannst Dinge sehen, die du mit deinen Augen nicht sehen kannst, Gerüche wahrnehmen, die deiner Nase verborgen bleiben, Klänge hören, die zu wahrhaftig sind für das menschliche Ohr. Du wirst anders schmecken, und die Gefühle durchdringen dein ganzes Sein.

Das bedeutet also, ich kann mit der Seele eines anderen Menschen kommunizieren, auch wenn dieser nicht meditiert?

Du wirst es nicht einfach nur können. Es ist unumgänglich, dass dies geschieht. Deine Anwesenheit wirkt auf die Seele des Menschen, und je stärker deine Intention ist, desto offensichtlicher wirkt es sich auf den Körper des anderen aus.

Meine Anwesenheit verändert den Körper der Person, die ich besuche?

Du wirst den Körper nicht einfach verändern. Wenn du aber als Sein reist, teilst du die Schwingung mit der Seele des anderen Menschen. Seine Seele bekommt einen neuen Impuls des ursprünglichen Seins, und dies bewirkt, dass sein eventuell kranker Körper Heilung erfährt. Die Seele gibt diese neuen Impulse weiter. Sie gehen durch den Geist über Nerven und Zellen und wirken so positiv auf den Körper.

Und es kann nur positiv wirken?

Da dein Sein, dein Ich, deine Seele die Ursprungserinnerung in sich trägt, bedeutet das, dass sie ausschließlich positiv wirkt. Dies ist allerdings wieder eine menschliche Begrenzung. Sie wirkt, und sie wirkt gut auf das andere Sein. Doch musst du daran denken, dass die Seele des anderen ebenso auf dich wirkt. Ihr tauscht euch also aus und stellt so eine neue Ordnung her.

Heilung erfahren bedeutet also, dass eine Ordnung wiederhergestellt wird?

Ich muss nicht erst erwähnen, dass Menschen heilen können. Sobald sie sich ihrer selbst bewusst werden, haben sie die Fähigkeit, heilend auf andere zu wirken. Und sie werden ihrer selbst besonders dann gewahr, wenn sie einem Menschen begegnen, den sie lieben. Ein Blick, eine Umarmung hat schon oft wundersame Heilungen erbracht. Ich spreche nicht von der partnerschaftlichen Liebe, ich spreche von ihrem Fundament. Dies ist die Achtung vor einem jeden Menschen. Sobald du ihn achtest, kann Heilung **trotz** *deines Bewusstseins geschehen. Denn die Achtsamkeit, diese Form der Liebe, ist ein Schlüssel, der dir hilft, in dieser Begegnung deiner Seele bewusst zu werden. Dann empfängt die Seele des anderen diese Schwingung und beginnt zu wirken.*

Also ist es eigentlich die Seele des anderen und nicht meine, die wirkt.

Auch, ja. Du darfst nicht vergessen, dass es im Sein keine Separation gibt. Wir sind alle eins. Wenn du den anderen siehst, siehst du dich. Spürst du seine Präsenz, hast du ein Gefühl für deine Seele. Das ist etwas, was man täglich spürt, aber nur selten beachtet. Fühlst du dich nicht verbunden, dann separierst du dich und legst den Grundstein zur Angst und somit zum Leid.

Und wie kann ich mich wieder verbinden? Wie stelle ich meine eigene Ordnung wieder her?

Gehe in dich. Meditiere und spüre in dich hinein. Werde dir deines Seins bewusst. Stell dir vor, wie du mit allem, was ist, verbunden bist. Eine sehr schöne und beruhigende Technik ist, dir die Erde vorzustellen, von oben betrachtet. Du siehst viele Menschen und auch dich selbst. Du siehst, wie im Inneren der Menschen ein Licht zu leuchten beginnt. Es wird immer größer und größer und breitet sich um jeden Einzelnen herum immer weiter aus, bis alle miteinander verbunden sind. Dann siehst du aus der Erde selbst ein Licht erstrahlen, das sich mit dem Licht der Seelen vereint. Dies stellt deine eigene Ordnung wieder her, da du dich an die Verbundenheit mit allem erinnerst.

Du weißt, ich mache Reiki, eine Technik, mit der man Menschen helfen kann, gesund zu werden. Man legt die Hände auf und lässt die Energie fließen. Es gibt auch die Möglichkeit des Fernreiki, also Fernheilung. Ich habe tolle Sachen damit erlebt. Basieren diese Erfolge auch auf der Seelenwirkung?

Ja, denn es gibt keine andere Möglichkeit der Wirkung. Ein Mensch kann nur gesunden, wenn die Seele gesund ist. Dennoch ist Reiki eine sehr gute Möglichkeit. Die Menschen lernen, mithilfe von Symbolen Energie an andere zu geben. Es ist die Energie des ***Einsseins****, denn keine andere würde so wirken. Da alle mit allem verbunden sind, haben wir ständig Zugriff auf die Energie, die Ordnung des Ursprungs des Seins. Diese Energie, diese Erinnerung nutzen wir, um sie an jemanden weiterzugeben, der gesund werden möchte. Durch die Symbole beim Reiki bekommen die, die diese Technik ausüben, einen Schlüssel,* *um die Energie leichter zu finden und diese Ordnung dem zu behandelnden Menschen zu vermitteln. Im Laufe der Zeit – wenn man lange genug mit Reiki gearbeitet, es nicht nur angewendet, sondern auch erlebt hat – kann man wahre Meisterschaft erlangen, wie es manche so gerne ausdrücken. Dann stellt man fest, dass man keine Symbole mehr benötigt. Man stellt fest, dass es ganz einfach ist.*

Willst du damit sagen, dass eine Einweihung in Reiki unnötig ist? Es gibt immerhin die Einweihungen in die einzelnen Grade, wofür man zum Teil sehr viel Geld bezahlen muss.

Du hast dich auch einweihen lassen. Sagst du heute, dass diese Einweihungen unnötig waren?

Nein, eigentlich nicht. Durch die Einweihungen und die Arbeit mit dieser Technik bin ich dahin gekommen, wo ich jetzt bin. Es war eher ein Meilenstein auf meinem persönlichen Weg, und die Technik des Handauflegens war ein praktischer Nebeneffekt, mit dem ich bis heute vielen Menschen helfen konnte.

Jeder wählt seinen Weg. Dies war deiner und es war gut. Hättest du dich damals nicht einweihen lassen, wer weiß, wo du heute wärst, welchen Weg du stattdessen genommen hättest.

Du?

Vielleicht ja, vielleicht nein. Es gibt Dinge, die kannst du nicht wissen, und es gibt Dinge, die darfst du einfach noch nicht wissen. Wüsstest du, welches Ziel du im Leben hast, was hätte es noch für eine Bedeutung für dich? Wüsstest du, welchen Weg du gehst und welche Abzweigung in deiner Vergangen-

heit gut war und welche schlecht, wäre das Leben glücklos.

Warum glücklos? Was ist Glück?

Darüber spreche ich später. Ich möchte noch einmal sagen, dass die Erinnerung der Seele an das pure Sein mit anderen geteilt wird, und dadurch entsteht Ordnung. Wird Ordnung hergestellt, sprichst du von Heilung. Begegne jemandem in Achtung und du kannst Heilung erwirken. Lerne eine Technik wie Reiki und sie wird dir helfen zu wirken. Doch denke daran, dass du in erster Linie dir selbst damit hilfst. Bist du in Ordnung, kannst du andere in Ordnung bringen.

Das wäre also die einfache Erklärung zu: Heile erst dich selbst und dann die anderen.

Jepp.

Du sagst damit auch, dass die Lebensenergie, die überall vorhanden ist, die Verbundenheit mit allem, was ist, verkörpert?

Ja, du kannst es auch, um es dir besser vorstellen zu können, als große Seele bezeichnen.

Dass ich darüber einige Zeit nachdenken muss, verstehst du sicher.

Wir lassen das Thema ruhen und kommen später noch einmal darauf zurück. Man muss es verstehen, und gerade wenn man sich noch nicht mit Heilung auseinandergesetzt hat, ist das sehr schwer.

Lass mich darum zu einem anderen Thema kommen, das ich gerne besprechen möchte. Du hast vorhin gefragt, was Glück ist. Wollen wir jetzt darüber reden?

Ja, natürlich. Leg los. Es muss ja interessant sein, wenn du gerne darüber sprechen möchtest.

Es ist wichtig für mich. Darum möchte ich wissen, was Glück für dich ist.

Glück ist etwas Wunderbares. Wenn ich glücklich bin, dann fühle ich das. Es ist wie ein Kribbeln, das aus dem Bauch heraus entsteht und dann über den Brustbereich bis in den Kopf steigt. Glück ist etwas, wovor scheinbar viele Menschen Angst haben, da sie sich Glück als etwas vorstellen, für das sie kämpfen und es suchen müssen, um es zu erfahren.

Sehr schön erklärt. Aber Glück ist noch viel mehr. Es stimmt, dass viele Menschen Angst davor haben. Sie denken, dass es ihnen Glück bringt, wenn sie etwas Seltenes wie ein vierblättriges Kleeblatt finden. Aber es ist die Hoffnung auf Glück, die sie diese Glücksbringer erst erschaffen lässt. Die Angst liegt eher darin, das Glück wieder zu verlieren, sobald man es hat. Glücksbringer sind sehr wichtig und fast alle Menschen kennen sie. Das Kleeblatt, den Marienkäfer, den Schornsteinfeger, das Hufeisen und einige mehr. Und da für so viele Menschen diese Dinge Glück verheißen, liegt darauf eine starke Energie, die so wirksam ist, dass sie tatsächlich Glück bringen. Das geschieht natürlich durch bestimmte körperliche Reaktionen. Man hat also dann das Gefühl von Glück. Aber wahres Glück, das tief aus deinem Inneren kommt, funktioniert anders. Der einzige Glücksbringer ist dein bewusstes Sein, deine Kommunikation mit der Seele. Ich gebe dir ein Beispiel: Stell dir vor, du bist in einer Beziehung mit jeman-

dem. Du, also deine Seele wäre diese Beziehung aber nicht eingegangen, weil es nicht für deinen Seelenweg bestimmt ist. Im Laufe der Zeit merkst du, dass etwas nicht stimmt. Vielleicht merkst du, dass dir diese Beziehung nicht gut tut. Gut für deine Seele wäre es, wenn du dich von deinem Partner trennst. Dann kann sie ihren Weg wieder einschlagen. Du beendest die Beziehung. Der Wunsch der Seele wurde erfüllt und du erfährst wahres Glück. Ebenso kann es sein, wenn du mit einem Menschen in eine Beziehung gehst, dem du bestimmt bist. Vielleicht wünscht sich deine Seele, dass du gerade jetzt ein Glas Wasser trinkst und du gehst dem Wunsch nach. Dann erfährst du Glück.

Das bedeutet also, wenn ich dem Wunsch meiner Seele entspreche, dann ist das Glück?

Ja. Deine Seele ist dann glücklich und das bedeutet, du bist glücklich. Es können große Dinge sein, aber auch ganz kleine. Ist es der Wunsch deiner Seele, dem du entsprichst, dann ist es Glück.

Das erklärt dann auch, warum die Millionen Euro auf meinem Konto zwar existieren, es sie aber noch nicht gibt. Es ist nicht der Wunsch meiner Seele, oder?

Du solltest dich eher fragen, ob du glücklich bist mit diesen Millionen oder nicht.

Na ja, sicher, ist doch gar keine Frage.

Doch, es ist eine wichtige Frage. Bist du wirklich glücklich mit dem Geld? Oder wäre das nur von kurzer Dauer, weil du dann plötzlich ganz viele Freunde hast und bald viel weniger Geld? Bist du vielleicht sogar unglücklich, weil du mit dem Geld nicht das machen kannst, was du möchtest?

Du hast ja recht. Dennoch würde ich sofort antworten, dass ich mit dem Geld glücklich wäre. Erst wenn ich intensiver darüber nachdenke, merke ich wahrscheinlich, dass dem nicht so ist. Aber es wäre eine Möglichkeit zu erfahren, ob ich mir gerecht werde oder nicht. Also wenn ich glücklich bin, mit allen dazugehörigen Gefühlen, dann weiß ich, dass sich meine Seele freut, weil ich ihrem Wunsch gefolgt bin. Wenn ich aber etwas tue und kein Glück empfinde, dann sollte ich darüber nachdenken, was ich hätte anders machen sollen?

Geh mal davon aus, deine Seele hat den Wunsch, einem Obdachlosen zu helfen. Du spürst das, weil du ja inzwischen auf dich hörst. Du gibst ihm zehn Euro und gehst weiter. Aber das Gefühl des Glücks fehlt. Wie kann das sein? Du hast doch eben etwas Gutes getan, warum fühlst du dich dann nicht auch gut? Jetzt musst du beginnen, noch tiefer in dich zu gehen und auf deine Gefühle zu achten. Stell dir vor, statt ihm die zehn Euro zu geben, setzt du dich neben ihn und beginnst ein Gespräch. Nach einer Weile verabschiedet ihr euch und du fühlst dich viel besser als vorher. Folgendes ist geschehen: Die zehn Euro aus der ersten Szene hat er zwar genommen, doch sein Alltag ging danach unverändert weiter. Etwas aus eurem Gespräch in der zweiten Szene aber ließ ihn Kraft tanken, sodass er neuen Lebensmut fasste und sich entschloss, neu zu beginnen.

Das war ein schönes Beispiel. Das also ist Glück. Wird es denn je eine Zeit geben, in der meine Seele so zufrieden ist, dass sie keine Wünsche mehr hat?

In unserem Gespräch sagte ich bereits einmal, dass die Seele immer wieder inkarniert, bis sie sich dafür entscheidet, sich nicht mehr zu verkörpern. Wenn sie also das letzte Mal ein menschliches Leben beginnt, beginnen auch ihre letzten Wünsche. Dann ist alles erfüllt, alles erlebt, alles getan. Dann ist die Seele bereit.

Bedeutet das nicht auch, dass ich dann nicht mehr glücklich sein kann? Wenn keine Wünsche mehr da sind, kann ich nicht mit der Seele harmonieren.

Im Gegenteil. Wenn es so weit ist, bist du ein glücklicher Mensch. Dein Ich kennt den Weg, den Einklang mit dir, deiner Seele. In keinem Moment gehst du nicht ihren Weg. Besser gesagt: In jedem Moment gehst du den Weg der Harmonie. Dieses Glück ist so kraftvoll, dass du als erleuchtest gelten würdest, falls andere dein Glück erkennen und du es mit ihnen teilst.

Ich bin jedenfalls glücklich, wenn du schreibst. Das klingt so schön.

Wir sind ja auch in Harmonie.

Wie bitte? Soll das heißen, dass ich mein letztes Leben lebe?

Du lebst nur ein Leben in verschiedenen Inkarnationen. Doch weiß ich, was du damit meinst, und ich werde dir darauf keine Antwort geben. Erlebe einfach dein Sein.

Das mache ich auch, so gut ich kann. Ich bin ja schließlich nicht erleuchtet, kein Guru oder so was. Ich denke, ich habe noch einige Inkarnationen vor mir.

Wenn ich mir nun wünsche, mal ein Leben als Weltstar zu führen und von allen geliebt zu werden, bedeutet das, dass ich so eine Person noch nie war, oder erinnere ich mich nur nicht daran?

Solltest du schon einmal ein von allen Menschen geliebter Weltstar gewesen sein, dann lässt du diese Erinnerung nicht in dein Bewusstsein, weil sie dich in diesem Menschenleben beeinflussen würde, und der Weg deiner Seele würde verfälscht werden. Wenn du noch keiner warst, erfüllt sich dieser Wunsch in einer späteren Inkarnation, sofern es harmoniert.

Du hast vorhin geschrieben, dass sich meine Seele freut, wenn ich mit ihren Wünschen harmoniere. Nun frage ich mich allerdings etwas, was vorher nie ein Thema für mich war: Worin unterscheiden sich Glück und Freude?

Was Glück bedeutet, haben wir geklärt. Freude ist ein Applaus am Wegesrand, wenn du den richtigen Weg eingeschlagen hast, der dich zum Glück führt. Hast du ein Ziel im Sinn, möchtest du zum Beispiel einem Obdachlosen helfen und freust dich bei deinen Bemühungen, dann ist das ein Zeichen dafür, dass du auf dem richtigen Weg bist. Spürst du aber zwischendurch, dass die Freude schwindet, gehst den Weg aber dennoch weiter, wird das Glück nur von kurzer Dauer sein. Du erinnerst dich an das Beispiel mit den zehn Euro und dem Gespräch.

Wenn ich mich also freue, dann ist das ein Zeichen dafür, dass ich die richtigen Entscheidungen treffe.

Ja, es ist ein Zeichen deines Selbst, dass du die

richtigen Entscheidungen getroffen ***hast.*** *Es zeigt dir aber nicht, ob du die richtigen Entscheidungen treffen* ***wirst.*** *Denn der Moment ist wichtig, nicht die Zukunft, die mit jedem Moment verändert werden kann.*

Durch Entscheidungen?

Ja, richtig. Doch auf dieses Thema muss ich später eingehen, dafür ist es noch nicht an der Zeit.

Das lässt mich hoffen, dass unser Gespräch noch eine Zeit lang dauern wird.

Dein Leben lang.

Nein, ich meinte dieses Gespräch hier, also das, was ich schreibe.

Dies ist nur ein Ausschnitt dessen, was ich in deinem Leben sage.

Ein kleiner Zeitabschnitt?

Ja, so ist es. Hab Geduld, wir werden über Zeit und Raum sprechen.

Dann möchte ich jetzt zu etwas anderem kommen. Eine Frau hat seit vielen Jahren eine Beziehung mit einem Mann. Dieser Mann scheint sie aber überhaupt nicht mehr zu bemerken. Etwas Liebevolles zeigt er nicht mehr. Außer wenn seine Freunde anwesend sind. Dann ist er der freundlichste Mensch, denn sie sind ihm offensichtlich sehr wichtig. Zwei Jahrzehnte kann man aber nicht einfach abhaken, oder?

Es geht ihr aber offensichtlich allgemein gut und sie macht auch Reiki, so wie du?

Ja, sie macht Reiki und allgemein geht es ihr offensichtlich gut. Damit meine ich, dass man als Außenstehender nicht gleich sieht, was los ist.

Das ist sehr persönlich. Möchtest du das wirklich auf diesen Seiten besprechen? Ich frage dich, um sicherzugehen, dass du die Person auch meinst, an die du denkst.

Aber anhand der Informationen weiß niemand, wen ich meine. Da gibt es in meinem Umfeld mehrere Kandidaten. Du kannst es auch gerne verallgemeinern. Die Hauptsache ist doch, dass es hilft.

Da es dir sehr wichtig ist, gerne.

Selbstverständlich ist es das. Es handelt sich um einen der wichtigsten Menschen in meinem Leben und außerdem gibt es noch viele andere, denen es ebenso geht.

Dann werde ich darüber sprechen. Erst mal muss ich ein wenig hart sein. Es gibt Menschen, die sind ein paar Tage zusammen und sprechen von einer Beziehung. Das ist in einigen wenigen Fällen auch tatsächlich so, aber meistens eben nicht. Eine Beziehung zwischen zwei Menschen baut sich erst im Laufe der Zeit auf. Die Frequenzen gleichen sich im Laufe der Jahre an, bis sie schließlich auf einer Wellenlänge schwingen. Im besten Falle bedeutet die Beziehung zweier Menschen die Verbindung beider Ichs zu einem Sein. Und obwohl ihre Seelen auf einer Frequenz schwingen, hat dennoch jeder von ihnen auch seine eigene, seine individuelle Frequenz. Vor nicht allzu langer Zeit wurden Menschen miteinander verheiratet, die sich vorher gar nicht kannten. Das ist in einigen Regionen der Erde noch immer so. Im Laufe der Jahre gleichen sie sich an und leben viele Jahre miteinander und sind froh damit. Geht es nun nach fast zwei Jahrzehnten jemandem in einer Beziehung schlecht, dann weißt du, dass es auch dem anderen schlecht geht. Was würdest du tun, wenn du in so einer Situation wärst?

Ich würde dafür sorgen, dass es mir gut geht, damit sich die Schwingung auf den Partner überträgt und es ihm ebenso wieder gut geht.

Das wäre die einfache Form, was allerdings wieder eine gewisse Zeit dauern würde. Der Schwingungsausgleich ist in der Zeit gefangen durch die Menschlichkeit, die hier eine große Rolle spielt. – Wie gesagt, auf Seelenebene gibt es keine Zeit.

Na dann muss ich dich halt bitten, damit du mal rüberhüpfst zur Partnerseele und dich darum kümmerst.

Und wie machst du das?

Wenn ich nicht gerade mit meiner Seele ein Buch schreibe, dann durch Meditation?

Ja, das ist richtig. Durch diese Stille in der Meditation kann man viel bewirken. Wenn du über deinen Partner meditierst, ihn dir also vorstellst, seinen Namen denkst und siehst, dass er lacht und gesund ist, Dinge macht, die er aufgrund seiner körperlichen Beschwerden vielleicht gar nicht machen kann, dann verändert das die Frequenz. Beherrscht man dazu noch eine Technik wie zum Beispiel Reiki, dann kann man das sehr gut nutzen und die Wirkung noch verstärken. Hier würde ich aber Fernreiki empfehlen, da das in diesem Fall effektiver ist.

Das hört sich schon ein wenig nach Werbung für Reiki an.

Das ist Unsinn. Es ist eine tolle Technik und sie ist sehr effektiv. Aber niemand ist gezwungen, das zu lernen. Warum sie gut ist, habe ich weiter vorne bereits erklärt.

Dann erklär doch mal, wie ich mit Fernreiki helfen kann. Und bitte auch, wie ich ohne Reiki helfen kann.

Beim Fernreiki oder einer anderen Methode der Fernheilung sollte man sich wirklich eine Zeit der Ruhe gönnen. Wenn du den ganzen Tag über keine Zeit hast, kannst du das abends im Bett machen. Zur Ruhe kommen ist wichtig. Dann konzentrierst du dich für einen Moment auf den Partner. Nun beginnst du mit Fernreiki. Das machst du ein paar Minuten. Du sendest das erste Mal 3 x 3 Verstärkersymbole, also das erste Symbol, das man beim Reiki lernt. Langsam und mit Gefühl. Danach sendest du Worte der Liebe und Achtung, die du jeweils mit einem Verstärkersymbol auf die Reise schickst. Du sendest zum Beispiel: Liebe – Symbol, Gesundheit – Symbol, Harmonie – Symbol und anderes mehr. Du kannst im Geist das Wort vor dir sehen, es durch deine Hand losschicken und dann ein Symbol hinterher. Danach sendest du noch zweimal 3 x 3 des ersten Symbols. Dies machst du an drei aufeinanderfolgenden Tagen und achtest darauf, was geschieht. Immer wenn du deinen Partner siehst, denkst du sofort an das Wort **Liebe**. *Stell dir vor, wie es in ihn hineingeht, und sende das erste Symbol hinterher.*

Und ohne Reiki?

Ohne wird es für einige Menschen etwas kitschi-

ger, aber dennoch kraftvoll. Eines der wunderschönsten und energiegeladensten Symbole der Menschheit ist der Regenbogen. Wer sich an ihm nicht erfreuen kann, kann keine wahre Freude empfinden und muss erst einmal zu sich selbst finden. Auch diese Methode kann man sehr gut abends im Bett machen. Entspann dich und komm zur Ruhe. Lass deine Gedanken kommen und gehen und achte nicht darauf. Lass sie vorbeiziehen wie Wolken am Himmel. Dann konzentriere dich auf deinen Partner und stell dir vor, wie aus deiner Brust ein wunderschöner Regenbogen herausstrahlt. Er tritt in die Brust deines Partners ein und erfüllt ihn von innen heraus mit seinen wunderwirkenden Farben, bis er davon ganz umhüllt ist. Nun stellst du dir Worte der Liebe und Achtung vor und sendest sie über den Regenbogen hinüber zu deinem Partner. Dies machst du so lange, bis du das Gefühl hast, dass es für heute reicht. Auch das machst du an drei aufeinanderfolgenden Tagen. Und immer wenn du deinen Partner siehst, stellst du dir zwischen euch von Herz zu Herz einen Regenbogen vor, auf dem du das Wort ***Liebe*** *von dir zu ihm sendest.*

Für mich hört es sich so an, als ob dem nichts hinzuzufügen wäre.

Dem ist auch momentan nichts hinzuzufügen. Selbstverständlich ist es viel umfangreicher, als ich es erklärt habe, aber das ist jetzt nicht wichtig. Nach drei Tagen wartet man wenigstens einen Tag und dann kann man das gesamte Ritual noch einmal wiederholen. Es sind tolle Techniken und sie sind geeignet, um sie im Leben zu integrieren.

Aber warum machst du alles mit der Drei?

Die Zahl drei wurde über eine lange Zeit hinweg von vielen Menschen mit einer großartigen Energie aufgeladen. Sie ist so kraftvoll, dass niemand je in der Lage sein wird, ihr diese Kraft zu nehmen, ihre Wirkung zu zerstören. Die Drei ist für den Menschen heilig, sie ist das Göttliche in dir, dein Sein. Sie ist das Symbol deines Wachstums aus dem Ursprung heraus und sie lässt dich erkennen, dass dir mächtige Seelen ***bei deiner Absicht der Liebe*** *zur Seite stehen und helfen.*

Außer Reiki gibt es noch viele andere Heiltechniken. Man kann darüber lesen, sie sogar kostenlos im Internet ansehen und sich selbst darin einweihen. Ist das alles Humbug oder sind da auch wirksame Methoden dabei?

Jede Einzelne ist wirksam, selbst wenn sie von einem Menschen nur entwickelt wurde, um sich zu präsentieren. Es kommt auf deine Intention an. Stell dir vor, es gäbe eine solche Methode kostenlos im Internet, die sich „Das Tintenwunder" nennt. Es gibt sie nicht wirklich, sie dient uns nur zur Erklärung. Dieses „Tintenwunder" besagt, dass du an den Menschen denken musst, dem du Heilung zukommen lassen möchtest. Du nimmst einen Kugelschreiber und denkst weiter nur an diesen Menschen. Nun musst du den Kugelschreiber so oft auf den Boden fallen lassen und wieder aufheben, bis du das Gefühl hast, dass es reicht. Ob du es glaubst oder nicht, diese Technik funktioniert. Doch nur, wenn du diesem Menschen in

Achtung begegnest und ihm in dieser Achtung Heilung zukommen lassen möchtest. Fehlt die Achtung, dann wird es nicht klappen. Dann werden sogar solche Techniken wie Reiki erschwert.

Warum schreibst du „sogar solche Techniken wie Reiki"? Ich denke, das ist alles vergleichbar.

Ja, es ist alles vergleichbar, doch du musst bedenken, dass man beim Reiki mit Symbolen arbeitet, die bereits seit sehr langer Zeit benutzt werden. Sie sind mit einer großen Energie aufgeladen. Und sie sind ein Schlüssel. Selbst wenn keine Technik funktioniert, kannst du beim Reiki immer noch die Symbole anwenden. Sobald du beginnst mit ihnen zu arbeiten, helfen sie dir sogar, Achtung zu empfinden, falls es dir daran mangeln sollte.

Verstanden.

Was hat es eigentlich mit der Akasha-Chronik und der geheimen Bibliothek unter der Sphinx auf sich? Kann man Zugang zu diesen geheimen Wissenskammern bekommen?

Wenn Menschen von der Akasha-Chronik sprechen, meinen sie eine Art Aktenschrank, in dem alles Wissen der Welt aus allen Zeiten gespeichert ist. Diese Chronik wird als übersinnlich bezeichnet, weil sie mit den menschlichen Sinnen und derzeitigen wissenschaftlichen Testmethoden nicht gemessen und nachgewiesen werden kann. Einige Menschen haben es geschafft, in der Akasha-Chronik zu lesen. Es waren aber zu wenige, als dass man sie in der Öffentlichkeit wahrgenommen hätte. Wenn der Mensch bereit dazu ist, wird die Zahl derer größer, und das Wissen wird mit der Zeit offenbart werden. Nun stell dir vor, es gibt unter der Sphinx tatsächlich eine Bibliothek, worauf ich nicht näher eingehen werde. Was sollte darin enthalten sein? Alte Schriftrollen oder Felsenmalerei? Woher kommt dieses Wissen denn? Alles Wissen stammt aus den Erfahrungen und dem Erlebten, das in der Akasha-Chronik zu finden ist. Man wird dort somit nichts Neues finden, sondern höchstens die eine oder andere Information, die es in diesem Moment nicht auf der Erde gibt, die aber dennoch existiert. Diese Schriften müssten entschlüsselt und entsprechend interpretiert werden, sodass mit großer Wahrscheinlichkeit etwas anderes dabei herauskommen würde, als im Ursprung gemeint war. Auch wenn der Sinn vielleicht erhalten bleibt. Und da diese Schriften so gut versteckt wurden, wird die Öffentlichkeit nichts davon erfahren.

Gibt es Informationen, egal von welcher Stelle, die der Öffentlichkeit vorenthalten werden?

Ja, die gibt es. Bei einigen ist es auch gut so, da die meisten Menschen nicht bereit dafür sind, und die, die davon wissen, wissen auch damit umzugehen. Bei anderen ist es das Ego, das sie zurückhält, obwohl diese Dinge für die Menschheit sinnvoll wären.

Ein Beispiel?

Das wäre wiederum nicht sinnvoll. Es gibt genug sogenannte Verschwörungstheorien, die diese Informationen enthalten. Zu diesem Thema gibt es mittlerweile so viele Bücher, dass wir uns darüber nicht zu unterhalten brauchen.

Aber ich weiß doch nicht, was davon stimmt und was nicht.

Das wirst du früh genug herausfinden. Aber erwarte nicht ***zu*** *viel. Wenn ich mich an dieser Stelle ausführlicher darüber äußern würde, wäre es für die Menschen nur ein weiterer Fundus an Informationen und Fragen. Weder steigt damit der Wahrheitsgehalt dieser Verschwörungstheorien, noch fällt er. Das wäre hier einfach fehl am Platz.*

Und was ist mit dem restlichen Buch hier anders. Warum sollte ausgerechnet das jemand glauben?

Weil hier Wahrheit geschrieben steht, die jeder Mensch in seinem Sein spüren und annehmen kann. Sie existiert und es gibt sie in seiner Ich-Erinnerung.

Dann zu etwas anderem. Mir wurde vorhin am Telefon zum Thema „Freude“ eine Frage gestellt, mit der ich mich identifizieren kann und die ich an dich weitergeben möchte. Ich nehme das Beispiel Schuhe. Ich blättere einen Katalog durch oder stöbere im Internet nach Schuhen und finde auch genau die, die ich haben möchte. Ich bestelle sie und bin voller Vorfreude. Dann kommt das Paket an und die Freude ist weg. Und auf eine sonderbare Art und Weise sind mir die Schuhe inzwischen egal. Wenn Freude den Weg zum Glück symbolisiert, was ist dann hier geschehen?

Siehst du, das ist doch mal eine sinnvolle und tiefgründige Frage. Stell dir einen Luftballon vor, der dich, also deine Seele, symbolisiert. Er ist aufgeblasen, aber nach und nach verliert er Luft und wird langsam schrumpelig. Du musst aber dafür sorgen, dass er groß bleibt und seine glatte und straffe Oberfläche behält. Also bläst du ihn wieder auf, wenn du hörst, dass das Gummi ein Geräusch macht. Der Luftballon ist die Seele, die Luft ist das Glück, das ihn füllt. Dein Atem ist die Freude. Das Geräusch des Gummis ist ein Rufen deiner Seele. Wenn du dir lange nichts Gutes mehr getan hast, dann meldet sich deine Seele so stark, dass du sie beachten musst, weil du etwas fühlst. Das Gefühl in deinem Beispiel ist der Wunsch nach den Schuhen. Die Vorstellung, sie zu besitzen, erweckt Freude in dir. Dieses Gefühl möchtest du natürlich aufrechterhalten und denkst, das geschieht dadurch, indem du dir die Schuhe bestellst. Deine Seele freut sich, wenn du Freude zulässt. Sie wächst, der Luftballon füllt sich. Dann aber ist die Bestellung abgeschlossen und du weißt, dass die Schuhe eintreffen werden. Die Situation, dir die Schuhe zu wünschen, und wie es wäre, sie zu haben, ist vergangen, denn nun sind sie schon auf dem Weg zu dir. Dann kommen sie an und es entsteht eine vollkommen neue Situation. Es ist kein Wunsch mehr, denn er wurde durch die Schuhe manifestiert. Du kannst sie nun greifen und nutzen. Doch in dem Moment erinnerst du dich an die Freude beim Suchen und Bestellen und als du das erste Mal den Wunsch verspürtest, diese Schuhe zu kaufen. Du merkst, dass es nicht mehr dasselbe Gefühl ist. Die Natur des Menschen versucht nun, dieses Gefühl erneut zu erschaffen, aber das funktioniert nicht ohne Weiteres. Wenn ein Mensch etwas versucht und es nicht schafft, ist er enttäuscht, und diese Enttäuschung wird auf die Schuhe projiziert. Beachte aber, dass dies alles innerhalb von Bruchteilen einer Sekunde geschieht.

Ich bin sprachlos. Woher weißt du so was alles nur?

Schon vergessen? Ich bin der mit den schlauen Texten.

Hihihi ... ja, das stimmt. Aber Moment. Um dein Wirrwarr mit dem Ich-bin-ich-und-du-bist-du-und-bist-ich-und-Du und so aufzunehmen ... dann bin **ich** ja der mit den schlauen Texten.

Ich sagte doch, ich bin das.

Und wer schreibt das hier?

Du!

Ich?

Ja, ich.

Witzpille gefuttert, was?

Ja, so ist das eben, wenn du dich auf dich einlässt. Ein Späßchen zur rechten Zeit vertreibt Kummer und gibt Heiterkeit.

Oh, dichten kannst du auch noch.

Na ja, du hast schließlich gesagt, dass du früher mal Heinz Erhardt warst.

Nein, das war nur ein Beispiel. Das habe ich nie behauptet.

Ich weiß, ist doch nur Spaß gewesen.

Deine Späße zwischendurch lockern alles ein wenig auf. Dennoch möchte ich auf unser Gespräch zurückkommen.

Ich habe da noch etwas auf meinem sensiblen Herzchen. Du hast ab und an – oder etwas öfter – von Frequenzen und Schwingungen gesprochen. Ich möchte nun nicht wissen, was das alles im Detail bedeutet, aber eine Frage stellt sich mir doch. Im jeweiligen Kontext war immer die Rede von Liebe, Harmonie und Trallala. Aber laufe ich nicht auch immer Gefahr, Negatives anzuziehen? Und wenn ja, wie kann ich das abwehren?

Was meinst du mit „Negatives"?

Ich kann dir nicht alles aufzählen, was ich als negativ bezeichne. Das sieht schließlich jeder anders. Aber lass uns doch mal über Krankheit oder böse Menschen reden. Ich denke, da geben mir alle recht, dass das negativ ist.

Habe ich nicht so ausführlich über Krankheiten gesprochen, dass es verständlich war?

Wir haben so weit über Krankheiten gesprochen, dass wir das Thema vorerst beenden konnten. Dennoch werde ich eine Menge weiterer Fragen dazu haben. Aber du hast recht, dann nehmen wir die bösen Menschen.

Deine vielen Fragen über Krankheit kannst du gerne stellen, doch haben sie mit Schwingung in dem Sinn nichts zu tun.

Darum werde ich das auch nach hinten verschieben. Also, was nun, böse Menschen?

Du kannst durch negative Gedanken keine Seelenharmonie erreichen. Du musst wissen, dass du positive Gedanken brauchst, um zu erkennen, ob das, was du wünschst, mit dir harmoniert. Das ist mit negati-

ven Gedanken unmöglich. Sie verfälschen aber. Du könntest glauben, dass etwas deinem Frieden dient, was aber nicht der Fall ist. Das bedeutet zwar nicht, dass du bewusst Negatives anziehst, aber du denkst, es ist gut für dich. Und wenn es für dich ja offensichtlich gut ist, warum solltest du dann davon ablassen, nicht darauf reagieren? Begegnet dir nun ein böser Mensch, reagierst du auf ihn und merkst nicht, dass er dir schadet. Versuchst du nun, dich gegen negative Dinge zu wehren, stellst du dich wieder auf diese Schwingung ein und erreichst eben dieses. Also musst du es zulassen, annehmen und so besiegen.

Zulassen, annehmen, besiegen?

So habe ich es gesagt. Lass es zu, wenn du diesem Menschen begegnest. Akzeptiere es, dass er auf einer negativen Frequenz schwingt, und bleibe deiner positiven treu. Es dauert eine gewisse Zeit, bis ihr beide merkt, dass ihr nicht auf einer Ebene seid, und der Kontakt löst sich wieder.

Und wie kann es dann passieren, dass sich zwei Menschen prügeln?

Nun, vielleicht ist der böse Mensch neidisch, dass du in der Seelenharmonie bist, was er natürlich innerlich spürt. Und wenn beide Menschen auf einer negativen Frequenz schwingen, ist Aggressivität schnell entfacht und kann so zu körperlicher Gewalt führen. Wenn der Mensch glaubt, dass ihm dieses Negative gut tut, und er jemandem begegnet, der ebenso schwingt, dann versucht er diese Schwingung aufrechtzuerhalten, und so können die Fäuste fliegen.

Die Antwort war gut. Das war nicht zu lang und

trotzdem verständlich. Wenn ich aber den ganzen Tag nur noch lachend durch die Gegend laufe, sperrt man mich irgendwann ein.

Das Gegenteil wird der Fall sein. Lachen steckt an. Lach doch mal jemanden auf der Straße an. Er wird vielleicht im ersten Moment komisch schauen, aber kurz darauf muss er selbst lachen oder wenigstens lächeln. Hast du eine Ahnung, welche Wirkung das hat?

Ich kann es mir vorstellen, aber du wirst mich bestimmt jetzt gleich aufklären.

Stimmt.

Wahres Lachen von innen heraus beginnt in deinem Sein. Echtes Lachen erkennt man. Wenn du jemandem begegnest und ihn anlachst, geht diese Schwingung auf den anderen über. Seine Seele schwingt mit und zeigt dies dann auch im Außen. Der Mensch muss lachen oder lächeln. Das wiederum steckt die Menschen an, die ihn lächeln sehen, und auch sie müssen lachen. Eine wundervolle Kettenreaktion durch ein Lächeln. Stell dir vor, du begegnest Herrn X und lachst ihn an. Herr X ist auf dem Weg zum Flughafen. Da er in Eile ist, hat er dich zwar wahrgenommen, reagiert aber nicht gleich auf dein Lachen, da sein Bewusstsein zu sehr den Weg zur Seele versperrt. Dann sitzt er im Flugzeug nach Paris. Er landet und schreibt sich im Hotel ein. Er kann nun für einen Moment entspannen, und dann kommt irgendwann das Bild von dir und deinem Lachen und er muss nun selbst lächeln. Das sieht Frau Y, die gerade das Hotel verlässt, um zurück nach Hause zu fliegen, nach Hongkong. Auf dem Flug muss sie lächeln, weil sie sich an Herrn X erinnert. Und durch ihre Freude, wieder nach Hause zu kommen, intensiviert sich ihr Lachen und hält an, bis sie zu Hause ist. Auch ihre Familie steckt sie damit an. Erkennst du, was ich sage? Du lachst in Deutschland jemanden an und wirkst damit bis nach China.

Aber du übertreibst maßlos damit, das musst du doch zugeben.

Ich untertreibe, mein Freund. In Wahrheit ist die Wirkung sogar noch weitaus größer. Das Wichtige daran ist aber nicht, dass so viele Menschen lachen, sondern dass du mit einem Lächeln begonnen hast und seine heilende Wirkung viele Menschen erreicht.

Diese Vorstellung ist wirklich sehr schön.

Es ist wichtig, dass du darüber nachdenkst, dass du es dir vorstellst. Dann wirst du merken, dass es gar nicht so unwahrscheinlich ist. Mach bitte eine Pause und danach spreche ich über Zeit und Raum.

Oh, endlich. In Ordnung, ich nehme dich beim Wort.

Einverstanden.

So, nun war ich vier Stunden draußen, habe darüber nachgedacht und stimme dir vollkommen zu. Ja, es klappt. Es kommt mir inzwischen sogar logisch vor, dass es funktioniert.

Siehst du, wenn man es das erste Mal liest bzw. gesagt bekommt, dann erscheint es einem sehr fragwürdig, weit hergeholt. Nimmt man sich aber eine

Auszeit und denkt darüber eine Zeit lang nach, erkennt man es.

Apropos Zeit! Du wolltest mit mir über Zeit und Raum sprechen. Jetzt aber los, das finde ich spannend. Über Zeit haben wir inzwischen ein paarmal gesprochen, über Raum fast gar nicht.

Womit möchtest du beginnen?

Mit dem Raum.

Dann nenne alles, was dir zum Thema Raum einfällt.

Badezimmer, Schlafzimmer, Wohnzimmer, Kino, Theater. Meinst du das?

Das sind alles Zimmer, Räumlichkeiten. Nenne mir Räume, ich meine damit Begrenzungen.

Um ehrlich zu sein, habe ich erst jetzt darüber nachgedacht, was keine Begrenzung hat, und mir fällt nicht viel ein. Gefühle sind grenzenlos, also nicht greifbar.

Zugegeben, es ist unmöglich, in Verbindung mit dem Menschen etwas Grenzenloses zu finden. Es gibt grenzenlose Möglichkeiten und Gefühle. Doch wenn etwas aus der Seele des Menschen in seinen Geist tritt, in sein Bewusstsein, erfährt es eine Begrenzung. Auf Seelenebene zum Beispiel gibt es das nicht. Raum existiert hier nicht. Hier ist ebenso dort, wie dort hier ist. Du kannst es damit vergleichen, dass du an deinem Schreibtisch sitzt, sobald du an ihn denkst. Denkst du an deinen Geburtsort, dann bist du schon dort, bevor du den Gedanken beendet hast. Hier ist überall und überall ist hier.

Ich kann mir bildhaft eine herumfliegende Seele vorstellen, die von hier nach da springt, ohne über Raum nachdenken zu müssen. Aber es ist sehr schwer für mich als Mensch, das wirklich zu begreifen.

Ja, und es ist auch schwer mit Worten zu erklären. Die Seelenebene ist ein energetischer Seinszustand. Im Laufe unseres Gesprächs werde ich noch über den Begriff Raum reden, und dann werde ich weitere Informationen geben, die das Bild etwas mehr abrunden. Ist das in Ordnung?

Ja, das ist in Ordnung. Das würde jetzt sonst zu viel werden. Ist es sinnvoll, über Zeit zu reden, oder willst du das lieber verschieben?

Ich habe dir gesagt, dass ich über Raum und Zeit spreche, also werde ich das auch machen.

Zeit kann nur im Raum existieren. Da sie eine Abfolge von Ereignissen darstellt, existiert sie auch nur im menschlichen Bewusstsein. Zeit folgt immer einer Richtung und erschafft somit Vergänglichkeit. Alles auf der Welt ist vergänglich, das mit dem Menschsein in Berührung gekommen ist.

Das hört sich wie ein Vorwurf an.

Niemals. Was wäre die Menschheit ohne Vergänglichkeit? Das ist nahezu unvorstellbar.

Da gebe ich dir recht. Aber die ganze Welt ist doch mit dem Menschsein in Berührung gekommen, einschließlich der Erde selbst. Also ist der gesamte Planet vergänglich?

Alles ist vergänglich, ja, das stimmt. Aber du brauchst keine Angst zu haben. Wovor du Angst haben solltest, ist, dass Menschen die Zeit missbrauchen, um Stress zu entwickeln. Stress macht krank. Dadurch, dass alle in Eile sind, achten sie immer weniger auf ihren Körper und ihre Seele. Sie werden krank und nehmen dagegen Medikamente, die sie noch kränker machen.

Wollten wir nicht erst einmal über Zeit sprechen?

Das mache ich doch. Stress ist Zeit, Eile ist Zeit. Sag doch mal jemandem, der Stress und angeblich keine Zeit hat, dass er sterben wird, wenn er sich die Zeit nicht nimmt.

Das wäre aber hart.

Aber wahr.

Ja toll, sterben muss der Mensch doch sowieso irgendwann.

Aber mit Stress geht es schneller. Das ist eben einer dieser negativen Aspekte, über die wir bereits gesprochen haben.

Mit Stress geht es schneller, weil man seine Seele verkommen lässt. Stimmt das?

Ja, das stimmt. Durch Stress konzentriert sich der Mensch nur noch auf Zeit. Zeit, Zeit, Zeit. Zeit ist alles, wofür er sich interessiert. Hat er gerade einen Termin, ist er gedanklich schon beim nächsten, also bereits wieder bei der Zeit. Er zwingt sie sogar seinem eigenen Sein auf. Er verletzt seine Seele, weil er sie mit Vergänglichkeit konfrontiert. Wenn er sich keine Auszeit nimmt, um zu regenerieren, ist es für die Seele schnell an der Zeit, den Körper zu verlassen.

Das klingt aber extrem.

Das ist auch extrem. Natürlich ist das bei einem

Menschen, der täglich nur einen Termin hat und dann so tut, als wäre er den ganzen Tag beschäftigt, nicht der Fall. Aber es gibt viele Menschen, die sehr viel zu tun haben und sich über Jahre hinweg unter Zeitdruck stellen. Die meisten erkennen es früh genug und nehmen sich eine Auszeit.

Und wie kann man das erkennen?

Indem man auf seinen Körper achtet. Es ist doch nicht zu viel verlangt, dass man sich untersuchen lässt, wenn es einem schlecht geht. Es gehört aber auch viel Selbstachtung dazu, sich erst einmal einzugestehen, dass man eine Auszeit braucht.

Aber die wenigsten Menschen zeigen so viel Selbstachtung.

Ihr Ego verbietet es ihnen. Sie glauben, ohne sie würde die Wirtschaft dieser Welt zusammenbrechen und sie seien die Einzigen, die Ahnung vom Fach haben.

Nun kommst du aber raus mit deinen Lästereien.

Ich lästere nicht, es ist die Wahrheit. Ich kann nicht lästern, ich bin die Liebe.

Na klar, du hast ja auch die beste Ausrede von allen: „Ich bin die Liebe." Moment, du bist die Liebe? Du bist reines Sein. Aber die Liebe?

Liebe ist reines Sein, reines Sein ist Liebe. Wahre Liebe, die ein Mensch empfinden kann, ist die stärkste Erinnerung an sein wahres und reines Sein.

Manchmal könnte ich dich knuddeln für das, was du sagst.

Ich hab dich doch auch lieb.

Vielleicht stört es dich, aber ich möchte über die

Zeit noch etwas nachdenken. Stattdessen möchte ich dir eine andere Frage stellen.

Haben Blumen oder besser gesagt Pflanzen eine Seele?

Das ist eine sehr schöne Frage. Doch möchte ich zuerst lesen, was du dazu meinst.

Wenn ich eine Meinung hätte, hätte ich dich nicht gefragt.

Aber du hast Gedanken zu dem Thema, und ich möchte, dass du sie mir mitteilst.

Du weißt, dass ich sehr sensibel bin, was feinstoffliche Dinge angeht. Wenn ich eine Blume betrachte, dann scheint es mir, als habe sie eine Seele. Aber dennoch fühlt es sich anders an als zum Beispiel bei einem Menschen. – Warum antwortest du mir meist einfach auf meine Fragen und kommst dann plötzlich mit solchen Gegenfragen?

Es ist manchmal wichtig, dass du dir erst einmal dessen bewusst wirst, was **du** *über bestimmte Themen denkst. Darum stelle ich dir ab und zu deine Frage als Gegenfrage. Auch hier ist es wichtig, denn dann verstehst du eher, was ich dir sagen werde. Blumen haben eine Seele, das stimmt tatsächlich, aber es ist anders als beim Menschen. Pflanzen und ganz besonders Blumen verzaubern die Menschheit seit Anbeginn des Bewusstseins und der Mensch begegnet ihnen mit Achtung und Liebe. Du weißt, dass dann ein Austausch der Schwingungen stattfindet. Pflanzen entstehen aus einem Samenkorn, in dem die gesamte Lebensenergie enthalten ist, ein Stückchen Seele des großen Ganzen, ohne dem Leben nicht möglich ist.*

Die Menschen sind seit jeher durch ihre Achtung und Liebe mit den Pflanzen auf eine Frequenz gegangen. Mit Pflanzen geht das sehr gut. Dadurch wuchs ihre Energie stetig an. Wenn man heute eine Blume betrachtet, spürt man regelrecht, wie ihre Schönheit verzaubert, und dass etwas in ihr sein muss, das sie lebendig macht. Aus diesem Grunde ist es auch kein Hirngespinst, wenn man sagt, dass es positiv wirkt, mit Blumen zu sprechen. Auch das Umarmen eines Baumes ist ein tolles Gefühl.

Mir fällt nichts mehr ein.

Zu diesem Thema oder allgemein?

Zu diesem Thema. Das habe ich noch nie so betrachtet. Es ist schön, wie du das beschrieben hast. Manchmal machst du mich einfach sprachlos.

So sprachlos wie beim Betrachten einer Blume?

Ja, ich glaube schon.

Schreib ruhig, worüber du gerade nachdenkst.

Ob ich das Thema noch weiter anspreche oder – was mir lieber wäre – so stehen lasse und zu etwas anderem komme, das mir auch noch wichtig ist.

Dann denk an beide Möglichkeiten, eine nach der anderen, und spüre in dich hinein, womit es dir besser geht.

Wenn ich danach gehen soll, dann würde ich viel lieber noch etwas ganz anderes ansprechen. Aber gleichzeitig denke ich auch, dass sich die Leserinnen und Leser vielleicht wünschen, ich wäre auf die Themen, die wir einfach pausieren, näher eingegangen.

Aber du gehst doch auch noch auf andere Themen

ein. Ich rede noch über die Liebe, Kreativität, Heilung, Verändern der Zukunft, Beziehungen, Krankheit, Raum und Zeit und viele andere Dinge.

Das klingt gerecht. Aber nun hast du mir meine Frage gestohlen, die ich eben noch stellen wollte. Durch deine Aufzählung bin ich davon abgekommen.

Dann lass mich kurz etwas erläutern. Du hast eben geschrieben, dass du denkst, die Menschen, die das lesen, hätten es vielleicht lieber gesehen, du wärst auf bestimmte Themen näher eingegangen. Das zeigt, dass du etwas sehr Wichtiges noch nicht verstanden hast.

Und das wäre? Meinst du jetzt wieder die Angst?

Ich spreche hier nicht über Angst. Sie ist in diesem Fall nebensächlich, ein Produkt dessen, was du nicht verstanden hast.

Na, dann sag es mir doch einfach, damit ich es verstehe.

Wenn ich über ein Thema spreche und es dann pausiere, um später darauf zurückzukommen, oder wenn du eine Frage stellst und diese beantwortest und das Thema damit abschließt, dann ist es für dein Ich wertvoll und richtig, dass es genau so geschieht. Wenn es für dich in dieser Abfolge richtig und wertvoll ist, dann ist es ebenso für jede Leserin und jeden Leser richtig und wertvoll. Warum ist das so? Weil alle mit allem verbunden sind. Du erinnerst dich daran, um es mal bildhaft zu sagen, dass alle Seelen miteinander verbunden und eins sind.

Also ist es unnötig, mir darüber Gedanken zu machen. So wie es ist, ist es richtig.

Ja, genau so ist es richtig und auch wertvoll. Und weil es ebenso wichtig für alle ist, erinnere ich dich nun an die Frage, die du vergessen hast.

Aber die ist mir doch eh gerade wieder eingefallen.

Ich weiß.

Ach so, oh, in Ordnung, danke.

Das ist zwar ein harter Themenwechsel, aber was muss, das muss. Meine Frage folgt jetzt: Ich stehe morgens auf und stoße mir am Bett oder an der Kommode den Zeh. Es schmerzt höllisch. Der ganze Tag ist gelaufen, denn jetzt bleibt nicht nur das Duschwasser kalt und die Marmelade vom Frühstück landet auf meinem Hemd, sondern ich stehe auch noch im Stau, und auf der Arbeit ist auch alles nicht so, wie es soll. Was geschieht da? Ist es der Tag, der von Beginn an eine schlechte Energie hat, oder ist es der linke Fuß, mit dem ich zuerst aufgestanden bin?

Ein Tag hat niemals eine schlechte Energie. Ein Tag existiert nur durch menschliche Begrenzung. Du erinnerst dich an Raum und Zeit.

Ich glaube nicht, dass je ein Mensch der Sonne gesagt hat, dass sie auf- und untergehen soll.

Du beschreibst Aufgang und Untergang der Sonne. Sie kann aber nur aufgehen, wenn man ihr einen Raum gibt, in dem sie erscheinen soll. Und sie kann nur untergehen, wenn man ihr einen Raum gibt, aus dem sie wieder fortgehen soll. In Wahrheit geht sie aber nicht auf oder unter, denn wenn sie bei dir untergeht, erfreuen sich andere an ihrem Aufgang. Doch lass mich jetzt auf deinen Zeh zu sprechen kommen.

Nein, einen Moment bitte noch. In der Bibel steht geschrieben: „Gott sprach: Es werde Licht! Und es ward Licht. Und Gott sah, dass das Licht gut war. Da schied Gott das Licht von der Finsternis und nannte das Licht Tag und die Finsternis Nacht.“[2]

Wenn die Erde tatsächlich eine Scheibe ist, dann mag das so stimmen. Da sie aber eine Kugel ist, stimmt es eben nicht. Schließlich hast du selbst geschrieben, dass der Gott, an den du glaubst, nicht getrennt ist, sondern eins. Und in dem Text, von dem du sprichst, steht nichts davon geschrieben, dass er sich gerade irgendwo auf der Erde befand, um eine derartige Begrenzung festzulegen. Er hat somit alles überblickt und hätte dann – wie ich – davon gesprochen, dass das Licht von einem Ort zum anderen wandert und jeweils die Finsternis ablöst, so wie die Finsternis dann das Licht ablöst. Und dass die, die sich am Licht erfreuen, nun den Tag bewundern und die, die sich in der Finsternis zur Ruhe legen, die Nacht erleben. Und er würde es als großartig bezeichnen, dass beides zur selben Zeit stattfindet.

Ein sehr heikles Thema. Vielleicht komme ich darauf zurück, wenn ich mich traue. Erzähle mir nun erst mal was über meinen Zeh und den schlechten Tag, bitte.

Damit bin ich einverstanden. Wenn du am Morgen aufstehst und dir den Zeh stößt, hast du Schmerzen. Das ist in dem Moment schlimm und negativ für dich. Du bist durch deinen menschlichen Filter nicht

---

2 1. Mose 1,3-5

in der Lage, das Wirkliche zu erkennen, und denkst fortan negativ. Und das so lange, bis dir etwas Positives begegnet. Durch das negative Denken fällt dir nun alles Negative, was vorher auch schon da war, ganz besonders auf, und das Positive übersiehst du. Du kennst das auch. Wenn du dir ein Auto in einer bestimmten Farbe kaufst, dann siehst du plötzlich Unmengen von diesen Autos in eben dieser Farbe. Vorher waren die auch schon da, du hast nur nicht darauf geachtet. Du stehst also auf und stößt dir den Zeh. Negatives Denken fängt an. Das Duschwasser ist kalt, das passiert aber mindestens einmal im Monat. Die Marmelade landet auf deinem Hemd, weil du gesehen hast, dass dir durch den Stress die Zeit abhandengekommen ist, und nun versuchst du, dich zu beeilen. Da du inzwischen ein paar Minuten zu spät dran bist, gerätst du in den morgendlichen Berufsverkehr, den du sonst nicht erwischst, weil du früher losfährst. Auf der Arbeit geht dein Stress weiter, weil du ihn ja nicht einfach so abschalten kannst. Soll ich noch weitermachen?

Ich denke, das reicht. Wenn ich mir also den Zeh stoße, dann sollte ich mir ein paar Minuten nehmen und darüber lachen, dass ich so tollpatschig bin. Dann wird der Tag auch gut.

Ja, das kannst du machen. Wenn du morgens über dich lachst, dann wird es auch weiter gut gehen. Wenn dir aber etwas Negatives begegnet, überwiegt das erst mal. Wenn du dir den Zeh stößt, dann setz dich hin und konzentriere dich auf den Zeh. Sage dir: „Ich habe mir nur den Zeh gestoßen, es geht mir gut." So weißt du durch und durch, dass nichts Schlimmes passiert ist.

Aber mal ehrlich. Wenn ich das mache, dann verliere ich ja auch wieder Zeit.

Aber längst nicht so viel wie in dem anderen Fall, und außerdem passieren dann nicht so viele negative Dinge.

Das stimmt auch wieder. Ich möchte nun aber zu etwas anderem kommen. Das fiel mir ein, als du vorhin noch mal von der Verbindung mit allem gesprochen hast.

Gibt es eine Aura, und wenn ja, was ist das?

Ja, es gibt eine Aura, und das ist ein sehr gutes Beispiel dafür, dass das menschliche Denken alles begrenzt. Die Aura wird als Energiefeld des Menschen bezeichnet. Das stimmt so weit auch, aber sie ist ein Teil der Seele. Die Aura symbolisiert sozusagen, wie sehr sich der Mensch seines Körpers und seiner Seele bewusst ist. „Du strahlst heute so" sagt man, wenn jemand das Glück nach außen bringt. Je bewusster das eigene Sein ist, desto größer strahlt die Seele. Ebenso strahlt der Körper durch das eingehauchte Leben eine Energie aus, die man in der Aura sehen kann. Sie strahlt umso stärker, je bewusster man sich seines Körpers ist.

Und was hat das nun mit Begrenzung zu tun?

Die Aura wird aufgeteilt in mehrere Schichten. Ätherischer Körper, Astralkörper, Mentalkörper und so weiter. Die äußere Schicht stellt die eigentliche Aura dar. Das ist natürlich nur ein Teil der Wahr-

heit, aber zum einfacheren Verständnis ganz gut. Bedenke aber, dass diese Energie keiner Begrenzung unterliegt. Um deiner nächsten Frage zuvorzukommen, ja, die Aura hat auch Farben. Diese Farben sind aber nicht so, wie man sie von Bildern oder Fotos her kennt. Sie sind viel schöner und beeindruckender. Die Farben auf den Bildern kommen ihr aber sehr nahe. Alles in allem ist das, was du über die Aura lesen kannst, richtig. Du musst nur daran denken, dass die Wahrheit noch viel umfangreicher ist.

Warum entspricht das, was ich über die Schichten der Aura lesen kann, nicht der Wahrheit, ist aber dennoch richtig?

Es kann ja nicht falsch sein, wenn es für das Verständnis gut ist. Es gibt in der Aura, im Energiefeld Schichten. Allerdings nicht als begrenzte Bereiche. Sie gehen ineinander über und sind untereinander verbunden.

Und die Beschreibungen der Schichten sind so weit auch korrekt?

Selbstverständlich sind sie korrekt, denn wenn du in der Aura arbeitest, dann wirkt das. Deine Absicht ist hier der Schlüssel. Du wirkst in der richtigen Ebene, auch wenn du woanders ansetzt. Deine Absicht entsteht in deinem Sein, denn sonst könntest du nicht wirken. Ist die Absicht da, wirkst du.

Und was ist mit Farben? Haben Farben tatsächlich eine Wirkung? Auch auf die Aura?

Farben haben eine Wirkung, ja. Jede Farbe hat ihre eigene Frequenz, nur dadurch kannst du sie se-

hen. Rot erkennst du, weil Rot bestimmte Wellen hat, die Blau nicht hat. Das ultraviolette Licht kann das menschliche Auge nicht wahrnehmen, weil der Frequenzbereich unter dem für den Menschen sichtbaren Spektrum liegt. Die eigentliche Wirkung der Farben aber entsteht durch die Frequenz der Wellen. Wellen reagieren auf Wellen, und so ist es verständlich, dass auch die Aura durch Farben beeinflusst wird. Außerdem können Farben durch extra Licht noch verstärkt werden – also wenn du zum Beispiel farbige Glühbirnen benutzt.

Super, das habe ich mir so auch fast gedacht. Hat denn jede Farbe eine andere Wirkung?

Da jede Farbe eine andere Schwingung hat, hat auch jede Farbe eine andere Wirkung. Es gibt aber viele Farben mit ähnlichen Wirkungen. Auch hier kann man auf sein Gefühl achten, welche Farbe in dem Moment gut ist und welche nicht. Es gibt unzählige Farben, die der Mensch nicht wahrnehmen kann und deshalb noch nicht kennt.

Davon habe ich schon in Büchern gelesen, in denen Menschen von Nahtoderfahrungen sprechen. Darin beschreiben sie wunderschöne Farben, die sie auf der Erde – im Leben – nie gesehen haben.

Siehst du, ich bin nicht der Einzige, der davon spricht. Du kennst Bilder von Nordlichtern. Stell sie dir um ein Hundertfaches schöner, beeindruckender und wundervoller vor. Und das ist nur im Ansatz die Wahrheit.

Um aber noch einmal auf die Aura zurückzukommen, ich möchte gerne wissen, was Chakras sind. Man sagt immerhin, dass Chakras die Verbindung in die Aura darstellen.

Lass mich in diesem Zusammenhang von Energiewirbeln sprechen, statt von Chakras oder Chakren. Es gibt Energiebahnen im Körper, man nennt sie Nadis. Sie sind wie Venen oder Adern, nur eben für Energie. An den Stellen, wo sich mehrere dieser Energiebahnen treffen, entstehen größere Energieansammlungen, die nach außen strahlen. Fließt die Energie im Gleichgewicht, dann drehen sie sich harmonisch im Kreis wie ein Rad oder ein Wirbel. Diese Energiewirbel strahlen durch die gesamte Aura und sind sehr hilfreich bei der Arbeit mit ihr.

Und die Energiewirbel haben auch die entsprechenden Farben?

Ja, aber in ihrem Kern sind sie weiß.

Aber es ist doch möglich, mit den dazugehörigen Farben zu arbeiten, oder?

Ja, selbstverständlich. Allein die Absicht reicht aus, um effektive Arbeit zu leisten. Und die Farben helfen den Menschen dabei.

Reden wir genauer über die Lage und die Farben oder wird das zu umfangreich?

Ich würde sagen, dass ich es bei diesen Informationen belasse. Es existieren so viele Energiewirbel, auch noch unentdeckte. Schon das wäre es wert, ein eigenes Buch darüber zu schreiben. Und Bücher gibt es genug. Ebenso frei zugängliche Informationen in unterschiedlichen Medien.

Es gibt aber bestimmt Menschen, die gerne einen kleinen Einblick hätten und sich nicht gleich ein gesondertes Buch darüber kaufen wollen. Kannst du nicht einen kurzen Überblick über die sieben Hauptchakren geben?

Na klar. Doch sollten sich alle bewusst machen, dass es keine große Rolle spielt, diese Energiewirbel einzeln und speziell zu behandeln. Es reicht, Folgendes zu wissen: Die Beine und der Unterleib haben die Farbe Rot, der Wirbel sitzt zwischen Genitalien und Anus. Hüfte und unterer Bauch haben die Farbe Orange und der Wirbel liegt etwas unterhalb des Bauchnabels. Der Bauch hat die Farbe Gelb und der Wirbel liegt etwas oberhalb des Bauchnabels beim Solarplexus. Brust und Arme haben die Farbe Grün und der Wirbel liegt inmitten der Brust. Hals und Kiefer haben die Farbe Hellblau und der Wirbel liegt in der Mitte des Halses. Der restliche Kopf hat die Farbe Indigo und der Wirbel liegt auf der Stirn am dritten Auge. Der oberste Kopfpunkt hat die Farbe Violett und der Wirbel liegt am obersten Punkt im Scheitelbereich. Alle Energiewirbel liegen auf einer Linie mit der Wirbelsäule. Wenn man damit arbeiten will, sollte man sicher sein, dass die eigenen Energiewirbel in Einklang miteinander stehen, denn auch an den Händen sind sie vorhanden. Hier ist es allerdings ein geteilter statt zwei getrennter Wirbel. Das bedeutet, dass in den Handinnenflächen jeweils ein Wirbel vorhanden ist, diese aber in direkter Verbindung miteinander stehen. Was in der rechten Hand geschieht, geschieht zeitgleich auch in der linken.

Dankeschön für diese kurze Einführung. Wir sollten es dabei belassen, sonst wird es zu viel. Diese grundlegenden Informationen reichen aus, um damit ein wenig zu arbeiten.

Wie gesagt, es würde zu umfangreich werden, wenn ich ausführlich darüber rede. Und für jemanden, der sich damit nicht auskennt, wäre es viel zu kompliziert.

Dann habe ich abschließend noch eine Frage. Wie kann man seine eigenen Chakren harmonisieren?

Indem man sich bei der Meditation die oben beschriebenen Körperbereiche in den entsprechenden Farben vorstellt. Man kann aber auch tanzen gehen.

Tanzen gehen? Ist das dein Ernst?

Ja, tanzen bringt die Energie in Schwung und schafft somit einen Ausgleich. Wenn man dazu noch mit einem Partner tanzt, wirkt die Berührung zusätzlich heilend. Solche Tänze wie Walzer sind am wirksamsten. Tänze zu rockiger, poppiger oder Techno-Musik sind eher nicht geeignet und können sogar eine Disharmonie bewirken.

Aha, darüber habe ich noch nie nachgedacht.

Hast du schon mal einen Menschen gesehen, der sich vor Glück fast überschlägt? Er singt und tanzt und dreht sich im Kreis.

Ja, das stimmt tatsächlich. Allerdings kenne ich diese Darstellung von totalem Glück nur aus Filmen. Wenn ich mir so eine Szene vorstelle, muss ich sofort schmunzeln.

Das freut mich. Schmunzelst du, dann schmunzle ich.

Kannst du noch ein bisschen mehr zum Thema Zeit sagen. Das hast du vorhin nur kurz angerissen.

Ich habe erklärt, dass Zeit nur im Raum existieren kann, und Raum existiert nur im menschlichen Bewusstsein. Und erst durch Bewegung entsteht Zeit. Wenn du bei der Seelenebene bleibst, dann weißt du, dass es auf dieser Ebene keine Zeit geben kann, denn hier gibt es keine Bewegung. Die Seele ist eins mit allem und sie ist hier ebenso, wie sie dort ist, und so ist sie überall.

Also jetzt habe ich das wirklich verstanden. Ehrlich, ich hab's begriffen ... Juhuuu ... Das mit der Bewegung war es, glaube ich, was gefehlt hat.

Dann solltest du nun deine Frage stellen, ehe du das Ganze noch kompliziert machst.

Welche der vielen Fragen meinst du?

Die, die im wahrsten Sinne des Wortes in dir brennt.

Witzbold, das war gut. Du bist ja ein richtiger Schelm. Du kannst ja nur eine Frage meinen. Aber brechen wir das Thema dann nicht wieder viel zu schnell ab?

Du weißt, dass es so, wie es ist, gut ist.

Nun, dann hier also meine Frage: Gibt es eine Hölle?

Da sich die Hölle auch außerhalb der Religionen einen Ruf gemacht hat, gehe ich darauf ein. Ja, es gibt die Hölle in all ihren dämonischen Dimensionen.

Du solltest zu einigen deiner Antworten Herztropfen reichen. Aber nun mal raus mit der Sprache. Da kommt doch noch was, oder?

Du weißt doch genau, dass die Antwort nicht endgültig war. Ja, die Hölle existiert genau so, wie sie sich die Menschen vorstellen. Wenn du mehrere Menschen um eine Beschreibung der Hölle bittest, bekommst du auch mehrere Darstellungen. Alle sind korrekt, denn die Hölle existiert nur in ihren Köpfen. Die Hölle ist die Ausrede für die Nicht-Verbundenheit mit dem Ich. Die Religionen würden sagen, dass es die Ausrede für die Trennung von Gott ist. Es ist ein negatives Denken, ein Zeichen für Disharmonie mit der Seele. Es ist der Weg zur Angst und somit zum Leid. Wenn jemand leidet, durchlebt er oft die Hölle. Sie ist aber keinesfalls übertragbar auf jemand anderen. Wünschst du jemandem die Hölle, legst du den Grundstein dafür, sie selbst zu erleben.

Ich hätte ein paar Seiten als Antwort auf meine Frage erwartet. Aber das war wirklich gut und verständlich. Warum hält sich der Glaube an die Hölle ausgerechnet bei so vielen nicht-religiösen Menschen am Leben – im Gegensatz zu Gott?

Menschen suchen gerne einen Schuldigen, wenn etwas Negatives in ihrem Leben geschieht. Der Teufel ist geeignet und seit eh und je vorhanden. Geschieht aber etwas Gutes, muss nicht unbedingt Gott dafür verantwortlich sein. Meistens ist es dann das Schicksal, das es gut mit ihnen meint. Dabei wissen sie gar nicht, dass sie selbst der Teufel sind, so wie sie Gott sind.

Thema abgeschlossen, Punkt daneben, Strich drunter, Unterschrift. Kaum vorstellbar, dass es so schnell ging. Aber toll, einfach toll.

Eine Frage stellt sich mir dazu aber doch noch. Wenn es das Gute gibt, muss es dann nicht auch automatisch das Schlechte geben, so wie es hell und dunkel, oben und unten gibt?

Ich habe ausführlich darüber gesprochen, was es bedeutet, negativ zu sein. Es ist eine Disharmonie mit deinem Sein. So wie du im Kern gut bist, so kann dein Denken negativ, also schlecht sein.

Aber wie ist es möglich, dass sich ein Mensch, der eigentlich gut ist, verleiten lässt, Böses zu tun?

Auch das habe ich dir bereits erklärt. Wenn ein Mensch etwas Negativem begegnet, kann es sich als mit ihm harmonisch darstellen, ihn also täuschen. Wenn er sich seines Seins nicht bewusst ist, kann er Freude fühlen, obwohl es nicht gut für ihn ist. Dann versucht er, dieses Gefühl der Freude zu verstärken, da sie ja den Weg zum Glück kennzeichnet. Und so kann er von dem anderen beeinflusst werden, Böses zu tun. Du kennst sicher die Vorstellung von Engelchen und Teufelchen auf der rechten und der linken Schulter. Sie werden in der Regel als ein Abbild der entsprechenden Person dargestellt. Und das ist auch korrekt. Beides, das Gute wie das Böse, ist der Mensch selbst. Durch das Böse kann er das Gute in sich erkennen, so wie er das Licht nur erkennen kann, wenn er sich der Dunkelheit bewusst ist.

Also hat das Böse auch seine guten Seiten?

Stell dir vor, du empfindest nie wieder Neid, Hass, Angst, Sorge. Du bist Liebe durch und durch. Dein Sein ist in Wahrhaftigkeit im Außen. Weißt du, was dann geschehen ist?

Keine Ahnung. Alle knien vor mir nieder und nennen mich Meister?

Um das zu erreichen, brauchst du gar nicht so weit zu gehen. Dafür genügen ein paar gut verpackte Wahrheiten. Es geschieht, dass nichts mehr geschieht. Du **bist** *nur noch. Verstehst du? Negatives ist ein Zeichen dafür, dass du nicht in Kontakt mit deiner Seele bist. Hast du aber nur noch Positives, bist du deine Seele im Sein. Durch Negatives erkennst du, dass du etwas für dich selbst tun musst. Bist du nur noch Seele, brauchst du den Körper nicht mehr. Als Mensch ist das Negative ein Produkt des Bewusstseins des Geistes. Stell dir vor, du begegnest einem Menschen und wärst nur noch die Liebe in Person. Natürlich lachst du diesen Menschen an, redest mit ihm und schenkst ihm absolutes Vertrauen. Deine Menschenkenntnis gibt es nicht mehr, denn sie entsteht im Bewusstsein und ist ein Teil des Negativen, denn in ihr ist Misstrauen enthalten. Spätestens das Messer in deinem Bauch bringt dich zurück zur Negativität.*

Das habe ich verstanden. Aber dafür hast du einiges, von dem ich dachte, ich hätte es verstanden, zunichte gemacht. Ich denke, wir sollen im Einklang mit unserer Seele sein. Also in Harmonie mit dem Ich, dem Sein. Da wäre doch dann gar kein Platz bzw. keine Möglichkeit mehr für das Negative.

Du bist nur in Harmonie mit deinem Sein, wenn du den Weg erkennst, der dich dorthin führt. Wenn du nicht weißt, was negativ ist, dann könntest du sogar bei dem Messer im Bauch denken, dass es dir Freude bereitet und der Weg zum Glück ist.

Also ist unsere Menschlichkeit doch nicht so schlecht für unser Sein, wie ich dachte?

Im Gegenteil. Die Menschlichkeit ist doch das, was dich als Person ausmacht. Und du, also deine Seele, kannst dich durch den Menschen, der du bist, ausdrücken. Sonst wäre der Seele doch nicht so viel daran gelegen, den Körper zu schützen. Engelchen und Teufelchen auf deinen Schultern symbolisieren deine Seele und dein menschliches Denken. Sie gehören zusammen. Darum bekriegen sie sich auch nie, sondern ärgern sich nur.

Vielleicht übertreibe ich jetzt, aber du sagst, dass die Hölle und somit auch der Teufel nur in uns, also im Menschen, existieren. Dann existieren doch Engel auch nur in uns, oder? Sind wir, also unsere Seelen, selbst die Engel, die wir anrufen?

Die Engel, die ihr anruft, existieren in euch und um euch. Ich bin ein Engel. Alle Menschen sind Engel in ihrem Sein. Ihre Seelen sind Engel. Ich habe bereits geschrieben, dass sich Seelen, die alles erlebt, erfahren und getan haben, dafür entscheiden können, dem Menschen als Führer zu dienen. Da alle Seelen miteinander verbunden sind, sind auch die Seelen, die als Engel oder spirituelle Führer zu den Menschen kommen, mit der Seele eines jeden Menschen verbunden. Sie helfen dir, wenn du sie in ihrer Existenz annimmst, an sie glaubst und sie um Hilfe bittest. Engel preisen dich in deinem Sein, also die Seele in deinem Körper. Da der Körper aber ein Ausdruck deines Seins ist, preisen sie dich als Mensch, denn dadurch preisen und achten sie sich selbst.

Engel gibt es also tatsächlich. Durch deine Erklärung bekomme ich nicht nur eine Gänsehaut, sondern auch die Gewissheit, dass sie bei mir sind und ich kein Spinner bin. Die nächste Frage mag wohl etwas naiv klingen, aber dennoch … Ich muss es wissen … Haben Engel Flügel?

Engel haben Flügel, wenn du sie dir mit Flügeln vorstellst und diese Vorstellung dich froh macht und beruhigt. Wie könnte jemals ein Engel ohne Flügel deine Aufmerksamkeit und Achtung erlangen, wenn er nicht so in Erscheinung treten würde, wie du ihn liebst. Engel sind reine Energiewesen in Vollkommenheit. Ihre Erscheinung ändert sich erst, wenn du sie als Seele mit deiner Menschlichkeit wahrnimmst. Eine Form stellt eine Begrenzung dar, eine Begrenzung stellt Raum dar. In einem Raum ist Bewegung und sie bedeutet Zeit. Das alles ist ein Ausdruck des Menschen, und aus diesem Grunde haben Engel eine Gestalt für dich.

Ich könnte heulen, so schön beschreibst du das. Das ist so beruhigend, das klingt so wahr – bringt mich aber auch gleich zu einer neuen Frage. Engel helfen, wenn ich sie darum bitte. Was ist denn mit meinem Schutzengel, muss ich ihn auch bitten? Gibt es ihn überhaupt?

Schutzengel sind ebenso Engel, wie wir alle Engel sind. Einen Schutzengel kannst du als einen besonderen Freund betrachten, der dich in deine Inkarnation, also in dein neues Leben begleitet und dir stets zur Seite steht. Er ist ein Freund aus der Seelenebene, aus der du kamst, bevor du neu empfangen und geboren wurdest. Ich sage „Freund", denn dadurch ist das Folgende besser zu verstehen. Dein Schutzengel ist immer an deiner Seite und er darf dir helfen, ohne dass du ihn darum bitten musst. Doch solltest du daran denken, dass er sich freut, wenn du ihn wahrnimmst, ihm dankst und mit ihm spielst. Bittest du einen anderen Engel um Hilfe bzw. rufst du einen bestimmten Engel an, kommt der eigentliche Ruf von deinem Schutzengel. Er weiß, welcher Engel die Energie besitzt, um genau in diesem Fall zu helfen. Du musst wissen, dass sich Engel zwar auf einer Ebene befinden, einer Dimension, aber trotzdem hat jeder eine eigene Frequenz. Und bitte sei dir gewiss, dass die Engel immer helfen. Leider nimmst du die Zeichen nicht immer wahr. Sie können dich nicht einfach durchschütteln oder dir eine Bedienungsanleitung für dein Leben geben. Dafür bist du als Mensch selbst mit deiner freien Entscheidung verantwortlich. Ihre Zeichen sind so wahrhaftig wie sie selbst. So ist es ein Buch, das dir in die Hände fällt, ein Mensch, der dir begegnet, ein Blatt, das vom Baum fällt, oder ein Regenbogen, den du bewunderst.

Ich sitze hier und merke gar nicht, wie du schreibst. Ich lese mit und du bewegst mich durch und durch. Das ist so schön ... Warum können manche Menschen diese Zeichen erkennen und andere nicht?

Warum erkenne ich ein Blatt, das von einem Baum gefallen ist, als Antwort auf eine Frage, und warum sieht der andere einfach nur ein Blatt?

Weil du das Blatt in der Stille des Geistes betrachtest und der andere nach einer Antwort in ihm sucht.

Aber es heißt doch: „Suchet, so werdet ihr finden."[3]

Ja, das stimmt auch, aber meistens findet man doch erst, wenn man aufgehört hat zu suchen.

Ja, aber eben nur in den meisten Fällen.

Eben. Und die Menschen, die in dem Blatt keine Antwort finden, berichten dann irgendwann beeindruckt, dass ihnen etwas begegnet ist, was sie als Antwort auf ihre Gespräche mit den Engeln ansehen.

Mann, bist du gut. Gibt es eigentlich irgendetwas, worauf du keine Antwort hast? War nur ein Witz. Wie kann denn die Person in dem Blatt die Antwort finden? Und du weißt, dass das Blatt in diesem Fall nur ein Platzhalter ist, ein Beispiel.

Durch die Stille des Geistes. Betrachte etwas in deiner Umgebung für einen kurzen Moment. Denk darüber nach, wie es sich anfühlt, welche Temperatur es hat, wenn du es berühren würdest. Dann schließ die Augen und lass einen Moment deine Gedanken kommen und gehen. Und dann frage dich, was nun passiert. Nach dieser Frage stellst du dir ein Licht vor. Eine Lichtkugel zum Beispiel. Und du siehst, wie sie immer weiter fortgeht und immer kleiner wird. Dann wird sie so klein, dass sie irgendwann nicht mehr zu sehen ist. Vielleicht nur eine Sekunde später sind deine Gedanken wieder da. Doch diese Sekunde nach dem Verschwinden der Lichtkugel ist die Stille des Geistes. Übe das, und du wirst die Welt anders betrachten und auch in einem Blatt vielleicht die Antwort auf eine dir wichtige Frage erkennen.

---

3 Matthäus 7,7

Das muss man ausprobieren. Ich möchte jetzt aber nicht näher darauf eingehen.

Nun denkst du schon so lange darüber nach, was du als Nächstes schreiben sollst, dass dir kein Thema einfällt, was dich momentan wirklich interessiert. Das ist ein gutes Beispiel dafür, dass du in dieser Gedankenverkrampfung keine Antwort findest.

Da ist so einiges, worüber ich noch gerne sprechen würde. Nur hat das nichts mit dem vorherigen Thema zu tun.

Wenn aber ein Thema abgeschlossen ist oder pausiert, dann ist es doch verständlich, dass ein anderes Thema folgt. Sei nicht immer so besorgt.

Eigentlich bin ich noch viel zu beeindruckt von den Engeln. Ich habe aber vor ein paar Tagen etwas gesehen, das ich mir sogar notiert habe, um dich darauf anzusprechen. Als ich aus dem Fenster sah, habe ich gegenüber auf dem Parkplatz einen Mann und eine Frau beobachtet, die auf dem Dach ihres noblen Autos einen Fleck entdeckten, vielleicht hatte dort ein Vogel sein Geschäft erledigt. Der Mann holte ein paar Tücher raus, um den Fleck zu entfernen, und warf danach die Tücher ins Gebüsch. Keine zwanzig Meter weiter stehen mehrere Mülleimer. Warum gibt es so unachtsame Menschen, die den Müll einfach in die Natur werfen, und wieder andere, die lieber hundert Meter zum nächsten Mülleimer laufen.

Es gibt eben Menschen mit Verstand und Menschen ohne Verstand.

Entschuldige bitte, mein Freund. Ich habe vorhin

geschrieben, dass du gerne lästerst. Das nehme ich zurück, du lästerst nicht, du urteilst.

Weder lästere ich, noch urteile ich. Ich weiß, und das Wissen ist in deinen Antworten.

Es gibt also Menschen mit und ohne Verstand. Ich kenne dich inzwischen, also sollte ich deine Antworten genauer betrachten. **Verstand** kommt von **verstehen**. Ist etwas positiv, dann verstehe ich den Wunsch meiner Seele, ist etwas negativ, dann verstehe ich den Wunsch nicht. Meine Seele wünscht sich also, dass ich Papier in den Mülleimer werfe?

Du solltest immer daran denken, dass jede meiner Antworten, und sei sie noch so klein oder unscheinbar, eine Bedeutung hat. Du hast es sehr gut ausgeführt, was ich mit Verstand meine. Es ist allerdings nicht der Wunsch deiner Seele, das Papier in den Müll zu schmeißen. Es ist der Wunsch deiner Seele, dass du der Natur Achtung entgegenbringst. Die Natur ist der Raum, in dem du dich als Mensch bewegen darfst. Zerstörst du die Natur, stirbst du und sterben alle, die in diesem Raum leben.

Das ist natürlich extrem übertrieben von dir. Nur wegen einem kleinen Stückchen Papier wird die Natur nicht zerstört. Ich weiß aber wohl, was du meinst.

Genau, das kleine Stück Papier zerstört die Welt nicht. Aber dieser Mann war nicht der Einzige, der in genau diesem Moment Müll in die Natur geworfen hat. Und das geschieht in jedem einzelnen Moment. Wer also Müll einfach in der Natur entsorgt, ist egoistisch. Und das Beruhigende für dich daran ist, dass es ihm eines Tages deswegen schlecht gehen wird. Vielleicht hört sich das an, als hole ich das von weit her ohne jegliche Grundlage, doch du musst mir vertrauen, so ist es.

Ich vertraue dir nicht nur, ich hoffe, dass es genau so ist. Vielleicht klingt das hart von mir, aber ich gehöre zu denen, die noch weiter als hundert Meter laufen würden, um Müll zu entsorgen.

Danke schön! Damit tust du dir gut.

Und allen anderen auch? Ich vermute, dass viele glauben, sie könnten als einzelne Person nichts ausrichten.

Das ist doch naiv. Aber ich weiß, dass das wirklich viele glauben. Wenn niemand damit beginnt, wird es niemand nachmachen. Wenn aber nur einer anfängt, werden viele diesem Beispiel folgen, und es werden immer mehr begreifen, was geschieht. Und dass du nicht nur dir etwas Gutes tust, sondern auch allen anderen, sollte inzwischen klar sein, denn schließlich sind alle miteinander verbunden.

Das war wieder so ein Thema, zu dem es wohl nichts weiter zu sagen gibt. Ich denke, wenn man das nicht versteht, sollte man es noch einmal lesen und sich durch den Kopf gehen lassen.

Durch den Kopf und durch das Sein. Wenn ein Mensch Müll in der Natur entsorgt, kann er sich nicht gut dabei fühlen. Es sei denn, er ist auf dem falschen Weg und lässt sich von negativen Dingen täuschen, die ihm vorgaukeln, positiv zu sein.

Nun zu einer anderen, vielleicht etwas persönlichen Frage. Du hast weiter vorn erwähnt, dass ich in Harmonie mit dir bin, während ich hier schreibe. Warum hatte ich dann vorhin solche Magenschmerzen. Da passt doch irgendetwas nicht, oder?

Es passt alles zusammen. Deine Magenschmerzen haben dir gezeigt, dass etwas nicht stimmt. Du hast in den letzten zwei Tagen viel zu viel Schokolade und Chips gegessen und dein Körper hat dir zu verstehen gegeben, dass das nicht so gut für ihn war.

Musst du hier in aller Öffentlichkeit schreiben, dass ich eine Naschkatze bin? Ja, ich habe beides gegessen, aber bis jetzt hatte ich doch auch keine Probleme damit.

Weil du sonst auch auf deinen Körper gehört hast. Wenn du gemerkt hast, dass er Schokolade oder Chips braucht, dann hat er das bekommen. Stell dir einen Tank vor, den du auffüllst. In den letzten Tagen hast du den Tank aber überfüllt.

Ja, ist ja schon gut. Also ist es tatsächlich auch bei solchen Sachen so, dass der Körper mir sagt, was gut für mich ist und was nicht?

Bei allen Dingen sagt dir dein Körper, was gut oder schlecht ***war****. Was gut für dich* ***ist****, sagt dir deine Seele. Das Wort „war" setzt eine Zeit voraus, in diesem Fall die Vergangenheit. Du weißt aber, dass es für die Seele keine Zeit gibt, und somit kann sie dir nur sagen, was ist.*

In Ordnung. Aber wenn ich durch einen Supermarkt laufe, dann kann ich schlecht alles probieren und kosten, um zu wissen, was gut für mich **ist**. Ich muss es kaufen, um zu erfahren, ob es gut für mich **war**.

Das ist richtig. Doch wenn du dir zum Beispiel ein Glas Marmelade kaufen möchtest, und es gibt sie von verschiedenen Anbietern, dann kannst du das richtige Glas wählen, indem du auf deine Intuition achtest. Nimm doch verschiedene Gläser in die Hand und spüre, bei welchem Glas es dir besser geht. Wenn es die ersten Male noch nicht klappen sollte, darfst du nicht aufgeben. Mit etwas Übung schafft man es. Es kann nicht passieren, dass es nicht funktioniert. Es kommt nur darauf an, wie gut man auf sich selbst achtet und auf seine Seele hört.

Klingt zwar etwas abgedroschen, aber du bist der Meister. Und mal ganz ehrlich, das Prinzip kenne ich.

Natürlich kennst du das, ich habe es dir ja gezeigt.

Das war ja wieder klar.

Gibt es eigentlich irgendetwas, was du mir nicht gezeigt oder beigebracht hast? Ich meine, habe ich auch mal irgendwas alleine entdeckt?

Du hast alles alleine entdeckt. Verstehst du? Als Mensch hast du aber immer die freie Entscheidung, diese Eingebungen nicht anzunehmen und deinen Geist walten zu lassen.

In Ordnung, ich hab mal wieder vergessen, dass wir eins sind.

Und eins mit allem.

Du bist im Moment sehr unkonzentriert. Sag, was dir auf dem Herzen liegt. Das wird auch anderen helfen.

Ich habe mir eben einen Film angesehen – mit glücklichem Ende. Einige Male hätte ich weinen können, obwohl es gar nicht so sentimental war. Während ich das hier schreibe, könnte ich schon wieder anfangen. Woran liegt das nur?

Das liegt daran, dass tief in dir etwas ist, was geheilt werden muss. Solche Filme helfen dir, diese Sorgen und Probleme zu beweinen. Das wird auch weiterhin so sein, bis du es geheilt hast. Ich habe dir die meditative Übung mit dem Kino gegeben, nutze sie.

Über das heilungsbedürftige Problem in mir will ich an dieser Stelle nicht sprechen. Das ist mir zu persönlich. Wir sollten das Thema allgemein halten.

Das verstehe ich. Niemand kann von dir verlangen, etwas Privates in die Öffentlichkeit zu tragen. Schließlich spreche ich dann über jede einzelne Seele, mich inklusive.

Müssen es denn immer irgendwelche Probleme sein, die einen zum Weinen bringen? Kann man nicht einfach nur nahe am Wasser gebaut sein?

Selbstverständlich kann man auch einfach nur nahe am Wasser gebaut sein. Man muss darauf achten, woher die Gefühle kommen, die einen zum Weinen bringen. Kommen sie aus dem Bauch, dann sind es glückliche Tränen. Kommen sie aus der Brust, sind es traurige Tränen. Das merkst du ja auch. Bei denen aus dem Bauch kribbelt es, die aus der Brust tun weh. Siehst du etwas Romantisches, also etwas Schönes, und musst weinen und diese Tränen bringen Schmerz mit, dann liegt tief in dir ein Problem. Vielleicht ein Problem mit der Liebe.

Wenn mir also die Tränen kommen, dann mache ich die Übung mit dem Kino. Finde ich eine Szene mit einem Problem, dann heile ich sie. Finde ich kein Problem, bin ich nur nahe am Wasser gebaut.

Das ist eine gute Möglichkeit. Aber du darfst dich nicht durch deine Angst täuschen lassen. Du musst an deine Probleme neutral herangehen und darfst keine Angst haben, ein Problem zu heilen.

Das war verständlich und angenehm zu begreifen. Es erinnert mich aber auch an etwas, worauf ich noch genauer eingehen wollte.

Du hast geschrieben, dass die Seele mit der Zeit verkümmert, wenn man nicht auf sie achtet. Du erinnerst dich an den Luftballon, der verschrumpelt. Wenn nun eine Seele überhaupt nicht beachtet wird und irgendwann so verschrumpelt, dass sie kaum noch atmen kann – um mal bei der bildhaften Darstellung zu bleiben –, was passiert dann? Eine Seele kann ja deiner Aussage nach nicht sterben.

Je weniger eine Seele beachtet wird, je mehr sie also verschrumpelt, desto eher zeigt es sich im Außen. Der Körper wird krank. Wird der Körper behandelt, doch es liegt keine Intention zur Genesung vor, dann wird er nicht gesunden. Er wird immer kränker und irgendwann stirbt der Mensch. Stirbt der Mensch, verlässt seine Seele den Körper. Beginnt der Mensch also durch die Erkrankung auf seinen Körper zu achten, auf sein ganzes Wesen, kann er auch gesund werden. Die wahre Genesung nach einer Erkrankung beginnt innen. Ist die Seele gesund, so ist es auch der Körper.

Du sagtest, wenn sich zwei Menschen begegnen,

kann durch den Austausch von Energie und Schwingung bereits Heilung stattfinden. Du sagtest auch, dass ich jedem Menschen in Achtung begegnen soll.

Wie aber kann ich einer Person Achtung entgegenbringen, die ich noch gar nicht kenne? Wie begegne ich dem Busfahrer, der Frau an der Supermarktkasse oder den neuen Nachbarn in der Achtung, von der du sprichst?

Wenn sich zwei Menschen begegnen, geschieht etwas auf Seelenebene. Es wird Energie ausgetauscht. Wenn beide ebenso Energie geben, wie sie nehmen, kann das für beide gut sein. Wenn aber nur einer Energie gibt und der andere diese aufsaugt, ist es für den einen nicht so gut. Du musst wissen, dass jeder Mensch, dem du begegnest, Teil deiner Geschichte ist, ein Teil deiner Biografie. Jeder Mensch ist wichtig für dich. Aus diesem Grunde musst du ihn achten. Und wenn du erkennst, dass er zu deiner Geschichte gehört, in dein Leben, dann wird dir das leichtfallen. Bedenke aber, dass ein kranker Mensch gerne Energie saugt. Darum ist es von Vorteil, wenn er sich bewusst ist, was eure Begegnung bewirken kann. Wenn du diesen Weg wählst, ihm also sagst, was mit euch passiert, kannst du Wunder wirken.

Und ohne sein Wissen können keine Wunder geschehen?

Doch, aber dann bedarf es einer vollkommenen Absicht deinerseits. Du kannst spüren, dass er Energie zieht, und dein Körper wird darauf reagieren. Dein Gegenüber weiß nicht, was mit dir passiert.

Wenn er es aber weiß, kann er zur Ruhe kommen. Du kannst wirken und mit ihm arbeiten, während er seinen Körper entspannt.

Nun gut, gehen wir einmal davon aus, diese Person ist bei mir zu Hause. Er ist krank und weiß, dass ich ihm mit einer Art Energiearbeit helfen kann. Was muss ich nun machen?

Setzt euch gegenüber und kommt zur Ruhe. Bitte ihn, die Augen zu schließen und einfach zu entspannen. Sage ihm, dass er sich keine Sorgen machen muss. Wenn du merkst, dass er nervös ist, frage ihn, was ihm Angst bereitet. Am besten fasst ihr euch an den Händen, um Körperkontakt herzustellen. Du musst dir deines Seins bewusst sein. Gehe in die Stille des Geistes. Stell dir vor, wie ein Licht in deinen Kopf eintritt. Es kann weiß sein, golden oder beides oder es wird intuitiv eine Farbe haben. Dieses Licht fließt von deinem Kopf in deine Schultern und durch deine Arme in deine Hände. Nun fließt es in die Hände der Person, die dir gegenübersitzt. Es geht über seine Arme in seinen Körper. An dieser Stelle hilft es dir, wenn du seinen Körper als einen Behälter siehst, den du mit diesem Licht füllst. Das Licht fließt über die Arme in ihn hinein und sammelt sich zuerst in seinen Füßen. Je mehr Licht du einströmen lässt, desto höher steigt es in ihm, bis hinauf in den Kopf. Dann, wenn sein Körper damit gefüllt ist, strahlt es nach außen und umhüllt ihn mit einer wunderschönen und schützenden Aura.

Welcher Art ist dieses Licht?

Das Licht ist Teil des reinen Seins.

Also ist es ein Teil der Kollektivseele bzw. des Seelenbewusstseins?

Ja. Es ist ein Teil des reinen Seins. Nur in dieser Energie steckt das Wissen aller Dinge. Nur durch diese Energie kann Heilung geschehen.

Ich dachte, dass die Schwingung meiner Seele dazu beiträgt. Du hattest doch geschrieben, dass wir Energie austauschen.

Indem du dieses Licht durch dich hindurchfließen lässt, nimmt es die Schwingung deines Seins auf, die Schwingung deiner Seele. Vergiss nicht, dass alle Seelen miteinander und mit allem, was ist, verbunden sind.

Du weißt, dass ich bei der Energiearbeit sehr gerne mit dem Tensor arbeite. Schon einige Male fand ich meine Ergebnisse durch Ärzte bestätigt. Kann man das, was du eben beschrieben hast, damit messen?

Ja, du kannst es messen. Nachdem ihr diese Energiearbeit gemacht habt, kannst du mit dem Tensor erkennen, ob die Person in einem Heilungsprozess steckt. Je nach Bewusstseinsstand des kranken Menschen findet die Heilung entweder sofort statt oder ihr müsst noch weiter Energie fließen lassen.

Danke für die Antwort. Ich möchte nun aber etwas zu den Lesern direkt sagen: **Energiearbeit, egal in welcher Form, ersetzt nicht den Besuch bei einem Arzt!**

Es ist sogar ratsam, einen Arzt aufzusuchen, denn was kann schöner und beruhigender sein, als einen Fachmann sagen zu hören: „Herzlichen Glückwunsch, Sie sind gesund.“

Das hast du aber schön gesagt.

Ich will einen Gedanken von eben aufgreifen. Du sagtest, dass alle Menschen, die mir in meinem Leben begegnen, zu meiner Geschichte gehören. Das hört sich nach Schicksal an. Was ist mit seltsamen Begebenheiten? Was ist mit diesen sogenannten sonderbaren Zufällen? Ich verpasse zum Beispiel morgens den Bus und muss den nächsten nehmen. Ausgerechnet in diesem Bus treffe ich eine alte Freundin wieder, die ich seit 15 Jahren nicht mehr gesehen habe.

Schicksal ist nur ein anderes Wort für Seelenweg, und Zufall ist das, wofür der Mensch keine Erklärung hat. An diesem Tag hast du deiner Seele zugehört. Vielleicht hattest du das Gefühl, noch einmal in die Wohnung zu müssen, und bist dem nachgegangen. Dadurch hast du den Bus verpasst und musstest den nächsten nehmen. Hier nun begegnet dir die seit 15 Jahren verschollene Freundin. Doch sie begegnet dir nicht einfach so. Vielleicht ist es der Wunsch eurer Seelen, dass ihr euch wieder annähert und ein Paar werdet. Oder es ist nur ein einziger Satz, den sie zu dir sagt und der bald dein Leben verändern wird. Achte auf die Zeichen.

Von welchen Zeichen redest du? Wie soll ich einen bestimmten Satz erkennen, um bei dem Beispiel zu bleiben?

Ein Zeichen ist die Freude am Wegesrand. Den Satz erkennst du, wenn es Zeit dafür ist.

Wenn ich darüber nachdenke, dass jeder Mensch, dem ich begegne, zu meiner Geschichte gehört, dann erinnere ich mich an vieles von früher. Warum sind Menschen aus der Vergangenheit so wichtig? Sagtest du nicht, dass der Moment wichtig ist?

Der Moment ist wichtig, genau. Aber wenn du dich an einen Menschen aus der Vergangenheit erinnerst, dann holst du ihn ja in den Moment. Und eben dann wird dir vielleicht etwas klar. Vielleicht dauert es viele Jahre, bis du dich erinnerst, aber eben dann ist es gut und dir wird bewusst, dass die Begegnung wichtig war.

Also ist meine Vergangenheit nicht unwichtig und ebenso wichtig für den Moment wie für meine Zukunft?

Wäre die Vergangenheit nicht wichtig für dich, warum solltest du sie erlebt haben? Du erlebst den Moment nur, weil du eine Vergangenheit hast und eine Zukunft haben wirst. Deine Zukunft basiert auf dem Moment. Doch wo ist die Zukunft, wenn sie doch jetzt bereits wieder Vergangenheit ist? Sie ändert sich mit jedem Moment.

Jetzt gehst du aber ans Eingemachte.

Wenn die Zukunft auf dem Moment basiert, der ja inzwischen wieder Vergangenheit ist, so wie er gerade noch Zukunft war, dann kann man doch seine Zukunft selbst gestalten. Denke ich da richtig?

Wer sonst sollte deinen Weg gestalten, außer du selbst?

Aber wann ist denn der Moment gekommen, wie lange dauert er? Wie lange kann ich die Zukunft gestalten?

Der Moment dauert nur einen Moment. Es ist eben dieser Moment zwischen Vergangenheit und Zukunft, es ist die Stille des Geistes der Zeit. Einen Moment kannst du nicht messen. Darum musst du dir in jedem Moment dieser Wahrheit bewusst sein, damit du mit Freude in deine Zukunft gehen kannst.

„Der Moment dauert nur einen Moment." Das hätte von mir sein können.

Das war von dir.

Ja, ist mir auch gerade aufgefallen. Es bringt also nichts, über das nachzudenken, was ich **nicht** will, weil ich sonst die Zukunft, also den nächsten Moment, mit diesen Gedanken nähre. Wenn ich aber meiner Seele bewusst bin und ihren Weg zu gehen versuche, indem ich auf die Freude in meinem Leben achte, dann wird der nächste Moment ebenso mit Freude erfüllt sein. Und da ich das dann in jedem einzelnen Moment mache, habe ich das Gefühl für Freude bald intus und erkenne meinen Weg automatisch. Mann, das war gut, oder?

Das war sogar sehr gut. Nun weißt du, warum das Gesetz der Harmonie so wichtig ist. Hier redest du nämlich nicht davon, was du nicht möchtest, sondern ausschließlich davon, was du möchtest. Harmoniert der Moment, harmoniert die Zukunft. Je länger du diese Wahrheit lebst, desto eher und bewusster wird sie in dein Denken und dein Handeln gelangen, und dem Glück steht nichts mehr im Wege.

Da ja nun jeder Mensch seinen eigenen Moment lebt und somit auch gestaltet, was bedeutet das für die Gemeinschaft, also die gesamte Gesellschaft? In meiner Zukunft spielen doch schließlich auch andere Menschen eine Rolle und in deren Zukunft wieder andere.

Herzlich willkommen im Kampf zwischen Gut und Böse, Licht und Dunkel, Liebe und Angst. Denn nichts anderes ist damit gemeint und aus nichts anderem ist es entstanden.

Das beruhigt mich nun ungemein, dass du das Wort „Kampf" benutzt. Ich verstehe nicht ganz, was das mit den unterschiedlichen Moment-Entscheidungen zu tun hat.

Es gibt nur zwei Entscheidungen. Entweder ich entscheide mich in Liebe oder in Angst. Eine andere Möglichkeit gibt es nicht. Verstehst du nun?

Moment, ich muss erst mal darüber nachdenken, ob ich auch anders entscheiden kann.

In Ordnung, lass dir Zeit.

Du hast gewonnen. Mir fällt nichts ein. Man trifft andauernd die eine oder andere Entscheidung, aber mir fällt nichts weiter ein.

Die einen entscheiden sich also für eine – um es mal auf den Punkt zu bringen – negative Zukunft, die anderen für eine positive. Beide können nicht in Harmonie miteinander leben, denn es sind unterschiedliche Schwingungen, die sich begegnen. Und so gibt es drei Möglichkeiten des Aufeinandertreffens. Die erste Möglichkeit ist, dass sich positive und negative Schwingungen treffen. Das geschieht überall, wo Menschen sind, jeden Tag. Darum wird dir auffallen, dass in einer Stadt, wo viele Menschen leben, alle getrennt scheinen. Sie **sehen** *sich nicht und es kann zu Aggressionen kommen. Treffen nun, als zweite Möglichkeit, nur negative Schwingungen aufeinander, wird es ungemütlich. Diese Menschen sehen und beachten sich sehr wohl. Es kommt zu Aggressionen und sogar zum Krieg. Es gibt keinen Krieg des Friedens wegen. Die dritte Möglichkeit ist die, dass positive Schwingungen aufeinandertreffen. Hier entsteht ein Feld der Harmonie, aus dem sich die Menschen nähren. Und Wackelkandidaten aus der negativen Schwingung laufen über ins Positive. Es gibt Orte, an denen sich Menschen treffen, um zu meditieren oder zu beten. Wenn du solch einen Raum betrittst, spürst du die wundervolle Energie, die dort herrscht. Betrittst du aber einen Raum mit negativen Schwingungen, fühlst du dich unwohl als jemand, der positiv schwingt.*

Ich bin tief beeindruckt. Wenn ich zu Freunden eingeladen bin und betrete gut gelaunt die Wohnung, kann ich spüren, wenn sich die beiden gestritten haben. Hast du mit dem, was du eben beschrieben hast, auch so etwas gemeint?

Ja, denn Streit entsteht immer aus der Negation heraus. Du bist fröhlich und triffst auf diese negativen Schwingungen, das merkst du natürlich sofort.

Dann ist also die Hoffnung auf Weltfrieden nur eine Illusion? Ein utopischer Gedanke?

Ganz und gar nicht. Weltfrieden existiert, doch es gibt ihn noch nicht. Sehr viele Menschen hoffen auf den Weltfrieden und stellen ihn sich so unterschied-

lich vor, wie ihr Wesen es erlaubt. Doch leider kann es Weltfrieden nicht geben, solange es noch Menschen mit negativen Schwingungen gibt. Menschen, deren Leben auf ihr Ego begrenzt ist, müssen geschult werden. Doch die wenigsten lassen es zu, denn das würde bedeuten, dass jemand etwas besser kann als sie. Und das wiederum bedeutet, dass sie jemandem unterstellt sind.

Aber es muss doch eine Möglichkeit geben, ihnen genau das zu sagen, was du mir sagst. Wenn ich das hier lese, erkenne ich doch darin die Wahrheit.

Du brauchst nicht traurig zu werden. Du und jeder, der es erkennt, kann es anderen berichten. Wenn niemand beginnt, bleibt es so, wie es ist. Wenn nur einer Mut zeigt, kann sich die Welt verändern.

Aber dazu muss mich doch erst mal jemand beachten. Was bringt es, wenn ich freudestrahlend durch die Gegend laufe und niemand weiß, was das bewirken soll?

Aber du wirst doch beachtet. Viele in deinem Umfeld nehmen dein Wesen wahr. Und sie können lernen, ebenso zu denken und zu handeln.

Und wie? Ich kann ihnen schlecht vorschreiben, was sie zu tun und zu lassen haben. Außerdem würde mich jeder für verrückt erklären, wenn ich sage, ich lache des Weltfriedens wegen.

So witzig das klingen mag, aber so ist das nun mal. Was soll sonst den Frieden in die Welt bringen, wenn nicht ein Lächeln?

Vielleicht ein Tritt in den Hintern bei denen, die das nicht kapieren?

Aber ein solcher Tritt ist doch wieder keine Entscheidung aus Liebe. Es ist eine Entscheidung zum Kampf für den Frieden und das existiert nicht.

Das ist das erste Mal, dass du sagst, etwas existiert nicht. Na ja, klingt ja auch unlogisch. Ich kann für den Frieden nicht kämpfen, aber eines kann ich machen. Auch wenn mich der eine oder andere für einen Spinner hält, ich kann alles dafür tun, dass unser Gespräch als Buch veröffentlicht wird. Ich habe anfangs nicht im Traum daran gedacht, wohin das hier führen könnte. Aber die Themen, die wir besprechen, sind so unendlich wichtig.

Ich mag dich, du Spinner. Es ist gesünder, ein Spinner zu sein, der weiß, welchen Weg er geht, als jemand, dessen Weg keine wahre Freude kennt. Doch nun, mein Freund, beruhige dich.

Ich habe mich beruhigt. Mir schießen im Moment nur so viele Fragen durch den Kopf, dass ich sie so schnell gar nicht notieren kann.

Das brauchst du nicht. Ich werde zu gegebener Zeit auf die Fragen eingehen. Du weißt, die Zukunft liegt offen vor dir, jetzt und jetzt und jetzt und ewig.

Dann noch eine Frage zur Zukunft.

Wenn sie jeden Moment gestaltet und verändert wird, wie ist es dann überhaupt möglich, die Zukunft vorherzusagen? Ich rede von Menschen, die anhand ihrer Hellsicht mit Karten und Ähnlichem die Zukunft deuten.

Es gibt viele Menschen, die die Zukunft vorhersagen können. Würden alle auf ihr eigenes Sein hören, könnten das sogar noch mehr. Die Zukunft ist sogar sehr leicht zu deuten, doch diese Vorhersagen entsprechen niemals genau dem, was wirklich eintreffen wird, denn die Zukunft verändert sich, wie gesagt, in jedem Moment. Ein Gedanke, eine Handlung oder ein Wort können ebenso Einfluss darauf haben wie ein Duft, ein Gefühl, ein Geräusch oder ein Bild. Die Vorhersage der Zukunft basiert auf eben diesem Moment, in dem sie gemacht wurde. Und je größer das Objekt ist, für das man etwas prophezeit, desto beständiger ist die Prognose. Eine Vorhersage für Energie kann man nicht treffen, denn sie verändert sich ständig. Eine Vorhersage für die Erde ist schon eher möglich, denn Änderungen an ihr brauchen Jahre.

Also braucht sich ein Mensch die Zukunft nicht deuten zu lassen, da sie sich eh ständig ändert?

Man kann eine Tendenz der Zukunft geben. – Wenn du dies oder jenes machst, dann wird es so oder so geschehen. – Viele Menschen erfahren dadurch neuen Mut und neue Kraft, und das ist wichtiger als jede Vorhersage.

Es gibt aber auch Scharlatane, die entschieden zu viel Geld nehmen oder ihre Macht ausnutzen.

Jeder hat seine freie Entscheidung, ob er für eine Leistung eine bestimmte Summe ausgeben möchte oder nicht. Es gibt auch Hellseher, die nicht so hohe Preise haben. Die Scharlatane unter den Propheten jedenfalls werden eines Tages ihre Gebühr bezahlen müssen, wenn sie nicht damit beginnen, auf ihr Sein zu achten.

Es ist eben nicht alles Gold, was glänzt.

Und so mancher Kieselstein kann wertvoller sein als Gold.

Das hast du aber schön gesagt.

Ich weiß.

Ich möchte dir eine Frage stellen, die die Kirche betrifft. Das hat zwar nichts mit dem zu tun, was wir gerade besprochen haben, aber das ist mir im Moment wichtig. Was bewirkt ein Segen? Bewirkt er überhaupt etwas?

Du musst schon dazusagen, welchen „Segen" du meinst.

Ich meine den Segen „Im Namen des Vaters, des Sohnes und des Heiligen Geistes". Gibt es denn verschiedene?

Natürlich gibt es verschiedene. Nicht die ganze Welt teilt deinen Glauben. Dennoch gibt es überall den Segen. Das hat auch nicht viel mit der Kirche zu tun, nur begrenzt. Der Segen ist etwas sehr Spirituelles, durch viele Menschen mit einer wunderbaren Energie aufgeladen. Wenn du etwas im Namen des Vaters und des Sohnes und des Heiligen Geistes segnest, dann machst du diesen Menschen oder diesen Gegenstand oder was auch immer zu etwas dir Heiligem. Dies geschieht, wenn du dir darüber bewusst wirst, was der Vater, der Sohn und der Heilige Geist für dich ist. Nicht für dich als Mensch, sondern für dich als reines Sein, als Seele. So ist der Vater niemals von dir getrennt, er ist in und eins mit dir, er ist die Seele. Der Sohn ist das, was die Seele dem Menschen mitgibt, nämlich das Wissen, dass sie da ist und verbunden mit allem. Der Heilige Geist ist das Geschenk unseres Seins, das anderen zeigt, dass wir eins sind mit uns. Es ist die Liebe in Wahrhaftigkeit. „Im Namen des Vaters und des Sohnes und des Heiligen Geistes“ ist ein mächtiger, kraftvoller und wirksamer Segen, welcher im Kern bedeutet: Ich segne dich aus meinem vollkommenen Sein durch mein Wissen in unendlicher Liebe.

Ich hatte befürchtet, dass deine Antwort zu kompliziert wird, aber das klang eher wie ein Liebesbekenntnis an Gott. Segnen bedeutet doch, etwas mit einem Zeichen zu versehen. Beim christlichen Glauben ist es das Kreuz. Was meinst du also mit „Segen“?

Wenn ein Christ diesen Segen spricht, dann kann er das Kreuz als Zeichen seines Segens nehmen. Jeder nimmt das Zeichen, dass ihm als Segen dient. Das schönste aller Zeichen aber ist ein Lächeln.

Der Mensch braucht ein größeres Zeichen. Man kann die Person zum Beispiel berühren.

Dann berühre die Person, wenn es sich gut anfühlt. Auch einen Gegenstand kannst du berühren und in den Händen halten.

Und was bewirkt nun solch ein Segen?

Wenn du ihn aus deinem vollkommenen Sein sprichst, dann teilst du deine Schwingung mit deinem Gegenüber. Trittst du ihm also in Achtung entgegen, erinnert sich seine Seele an ihren Ursprung, und dass sein Handeln im Zeichen der Liebe steht. Dadurch findet der Mensch zu dem Wissen zurück, dass ihm andere Seelen auf seinem Weg zur Seite stehen.

Also ist ein Segen eine Art innere Beruhigung?

Einfach erklärt in Bezug auf einen anderen Menschen stimmt das. Doch gibt ihm ein Segen auch Energie, die ihn auf seinem Weg begleitet und ihn die Freude erkennen lässt. Segnest du einen Gegenstand, so lädst du ihn ebenfalls mit Energie auf, die auf Menschen übergeht, die ihn berühren oder in seine Nähe kommen. Diese Energie wirkt zum einen heilend, und zum anderen werden auch sie die Freude auf ihrem Weg wiedererkennen.

Und Freude ist der Wegweiser zum Glück. Einen schöneren Abschluss für dieses Thema kann ich mir nicht vorstellen. Nun hast du mich wieder sprachlos gemacht.

Gibt es eigentlich Menschen, die etwas Besonderes sind? Also, ich meine, gibt es wirklich spirituelle Lehrer? Wenn ja, nennst du mir Namen?

Es gibt keine besonderen Menschen, denn jeder Mensch ist besonders. Es gibt spirituelle Lehrer, doch nur wenige von ihnen wissen, dass sie es sind. Und die, die es wissen, teilen ihr Wissen mit anderen Menschen. Doch werde ich dir keine Namen nennen, denn das würde für Verwirrung sorgen. Unzählige Bücher und Filme wurden von diesen Leuten erschaffen und jeder Mensch wird seinen Weg dahin finden.

Dass du mir keine Namen nennst, verstehe ich ja. Aber jeder Mensch wird seinen Weg dahin finden? Das bedarf einer genaueren Erklärung.

Die Menschen stellen sich oft Fragen, auf die sie keine Antwort erhalten. Sind sie aber bereit dafür, wird die Seele einen Weg finden. So kann es gesche-

hen, dass sich ein Mensch zu einem Buch hingezogen fühlt und in eben diesem Buch die Antwort erkennt. Doch denke nicht, dass es unbedingt ein spirituelles Buch sein muss. Die Antwort kann in jedem enthalten sein, vielleicht ist es auch ein Film. Wenn man sie findet, spürt man Erleichterung und Freude.

Es kann aber auch ein Seminar sein, ein Blatt, das von einem Baum fällt, oder eine zufällige Begegnung?

Das stimmt, die Antwort kann überall verborgen sein.

Worin besteht aber nun der Unterschied zwischen einem **normalen** Menschen und einem spirituellen Lehrer?

Der spirituelle Mensch, es muss ja kein Lehrer sein, hat einen Teil der Wahrheit oder sogar die ganze Wahrheit erkannt. Doch muss ein spiritueller Lehrer nichts mit Spiritualität zu tun haben. Du kannst auch durch Menschen zu besonderen Erkenntnissen gelangen, die überhaupt nichts mit diesem Thema zu tun haben.

Weil ich durch sie etwas erkenne, was mir vorher verborgen war?

Ja, richtig. Jeder Mensch, der dir in deinem Leben begegnet, gehört zu deiner Geschichte und ist wichtig auf deinem Weg. Somit ist eigentlich jeder Mensch ein spiritueller Lehrer. Doch du meinst diejenigen, die aufgrund ihres Lebensweges und ihrer spirituellen Erfahrung als ebensolche Lehrer in der Öffentlichkeit stehen und andere Menschen begleiten. Sie wurden in den letzten Jahren immer populärer, weil immer mehr Menschen nach Antworten suchen.

Diese besonderen Fragen, die sich der Mensch stellt, müssen ja aus seinem Sein entstehen. Wenn mich die Seele also zu den Antworten führt, muss die eine oder andere Frage für meinen Weg wichtig sein. Das bedeutet doch für mich, dass ich nicht einfach nur eine Inkarnation wähle, um als Mensch ein bestimmtes Leben zu leben, sondern dass mir auch Lektionen begegnen. Warum sonst ist die Antwort wichtig? Oder anders gefragt, warum sonst würde ich mir diese Fragen stellen, wenn nicht aus dem Grund, dass ich etwas lernen muss? Es steht mir also nicht frei zu entscheiden, ob ich es lernen möchte oder nicht.

Es gibt keine Lektionen, die der Mensch lernen muss. Das ist falsch und würde bedeuten, dass das Leben aus dem emotionalen Zwang besteht, etwas Bestimmtes erreichen zu müssen. Nein, es gibt keine Lektionen. Müssten die Menschen Lektionen lernen, dann wäre das eine Struktur, die alle auf die gleiche Weise und geordnet auf ein bestimmtes Ziel hinführt. Dem ist nicht so. Jedes Leben bringt neue Erfahrungen. In jedem Leben wächst man – wenn man es zulässt – und gelangt auch nur auf diesem Wege zu Weisheit und vollkommenem Sein. So wie der eine Mensch nur wenige Inkarnationen durchlebt, bis er alles erlebt, erfahren und getan hat, so braucht ein anderer viele Inkarnationen. Doch während der andere die vielen Leben lebt und dann ebenso vollkommen ist wie der Erste, gibt es auf der Ebene des Seins keinen Zeitunterschied. Beide sind zur selben Zeit erleuchtet. Ich nenne es erleuchtet, damit du es besser verstehen kannst.

Um es aber noch genauer darzulegen, muss ich darauf eingehen. Mit „erleuchtet“ meinst du wahrscheinlich den Eintritt ins Nirvana, also das Ende des Kreislaufs der Wiedergeburt. Gehen wir mal von zwei Seelen aus. Die eine Seele inkarniert hundertmal und ist dann erleuchtet. Die andere Seele inkarniert tausendmal und ist erst dann erleuchtet. Wenn ich von einem Durchschnitt von 80 Lebensjahren für einen Menschen ausgehe, dann ist die zweite Seele erst 72.000 Jahre, also 720 Jahrhunderte bzw. 72 Jahrtausende, später erleuchtet. Und dennoch sind es beide auf der Seelenebene zur selben Zeit? Dass es da keine Zeit gibt, verstehe ich ja, aber ist das nicht etwas zu weit hergeholt?

Es ist interessant, wie du mit deinem Verstand etwas zu erklären versuchst, was mit dem Verstand nicht erklärt und begriffen werden kann. Wenn Zeit nicht existiert, wie kann dann etwas früher oder später geschehen? Je länger du darüber nachdenkst, desto mehr holst du es in deinen Geist und somit auch in die Menschlichkeit. Hier wird es begrenzt und verfälscht. Es gibt Dinge, über die kann ein Mensch nicht nachdenken, er muss sie mit seinem Sein begreifen, in der Stille. Es spielt absolut keine Rolle, ob eine Seele vor 5.000 Jahren erleuchtet wurde oder ob es erst in den nächsten 20 Jahren so weit sein wird. Es geschieht zur selben Zeit.

Um Kopfschmerzen vorzubeugen ... Du meinst, auf Seelenebene geschieht es zur selben Zeit, auf menschlicher Ebene aber mit einem Unterschied von 5.020 Jahren?

In deinem Bewusstsein, ja. Und dennoch gibt es dir nicht das wieder, was wirklich geschieht.

Aber es kann doch nicht sein, dass irgendein Pharao vor 5.000 Jahren im selben Moment erleuchtet wurde wie ich in vielleicht 50 Jahren oder schon morgen.

Aber so ist das nun mal. Wenn du darüber nachdenkst, wirst du es nicht verstehen. Dein Geist filtert und kann nur das Wissen durchlassen, das du auch verarbeiten kannst. Erst durch die Stille, wenn du deinen Geist öffnest, kannst du einen Einblick in diese Dimensionen erlangen. Doch niemals wirst du als Mensch die Wahrheit in Vollkommenheit begreifen, dafür sorge ich. Denn das wäre für deinen Weg nicht gut.

Aber man kann die Seelenebene und die Menschheit doch auch nicht getrennt betrachten. Du hattest geschrieben, dass alles hier ist, nur auf anderen Ebenen, anderen Dimensionen. Und wenn ich das eben nicht so getrennt betrachte, müsste das ja bedeuten, dass genau **jetzt** die Pyramiden in Ägypten gebaut werden.

Da es keine Zeit gibt, stimmt das. Doch da Zeit für den Menschen von enormer Wichtigkeit ist, wurden die Pyramiden vor langer Zeit gebaut. Doch stell dir eine Seele vor in ihrem reinen Sein, eine Seele, die nicht in einer Inkarnation ist. Zeit wäre für sie ein Hindernis und das Urteil zur Vergänglichkeit.

Ich glaube zwar zu wissen, was du meinst, aber für mein Denken ist das einfach zu viel. Alles müsste innerhalb eines Moments geschehen. Das würde auch bedeuten, dass von der Erschaffung des Menschen bis zu seiner Vernichtung keine Sekunde vergeht. Das kann man sich als Mensch gar nicht vorstellen. Ich erfreue mich lieber an dem Gedanken, dass ich Tausende von Inkarnationen durchlebe und es viele auf der Seelenebene gibt, die das eben nicht mehr tun und mir zur Seite stehen.

So sei es. Und eben das ist auch die Wahrheit. Kümmere dich nicht um nicht vorhandene Zeit, denn dies wirst du noch oft erleben. Du bist ein Mensch, für den Zeit lebenswichtig ist. Erst durch Zeit kannst du erleben, erfahren und handeln. Durch Zeit kannst du denken und entscheiden. Zeit erlaubt es dir, zu lieben und dir deiner Selbst bewusst zu werden.

Ich denke aber schon, dass ich noch einmal auf dieses Thema zu sprechen komme.

Ich war eben draußen und habe an deine Worte gedacht, dass Zeitloses in der Stille wahrgenommen werden kann. Ich habe mich hingesetzt und eine Blume angesehen, eine Wicke. Ich habe sie einfach nur beobachtet und alles um mich herum vergessen. Dann sah ich auf einmal eine Art Wolke um diese Blume herum, erfüllt mit Farben. Das war natürlich sehr beeindruckend und ich empfand Freude. In dem Moment verstärkte sich diese Wolke und auch die Intensität der Farben nahm zu. Was ist da passiert? Die Wolke war übrigens nicht zu vergleichen mit einer Wolke am Himmel. Es sah eher aus wie auf Fotos aus dem Universum, auf denen zum Beispiel der Pferdekopf-Nebel zu sehen ist. Erklär mir das bitte.

Ich habe dir bereits erklärt, dass Pflanzen eine Seele haben und somit auch Energie besitzen. Ohne dem könnten sie nicht leben. Wie der Mensch strahlen auch Pflanzen eine Aura ab. Durch dein Beobachten und Zur-Ruhe-Kommen hast du dich auf die Stille eingelassen und mehr gesehen, als das menschliche Auge zu sehen vermag. Du hast die Wandlung gesehen, die stattfindet, wenn man einer Pflanze mit Achtung und Liebe begegnet. Diese Wolke hat sich verändert, weil du der Blume Energie gegeben hast. In der Wolke erkennst du sozusagen die Stimmung der Blume. Da du eine Wolke mit runden Formen und wunderschönen Farben gesehen hast, die du nicht so einfach zu deuten vermagst, war es eine gute Stimmung, die du durch deine Energie noch verstärkt hast. Und so kannst du einen ganzen Garten erblühen lassen, auf dass er andere Menschen verzaubert.

Die Schönheit eines Gartens hat also nichts mit besonderer Pflege zu tun, sondern damit, wie ich ihm begegne? Ich glaube, nicht alle, die ihren Garten lieben, kennen sich mit Energie aus.

Wenn ein Mensch seinen Garten pflegt, macht er das, weil er ihn achtet und liebt und weil er ihn sich wunderschön wünscht. Das reicht schon aus, um den Pflanzen Energie zukommen zu lassen. Jede Rose wird beachtet und gepflegt, jede Blume betrachtet, die Erde aufgelockert, gegossen und es wird gelächelt. Viele Menschen reden mit den Pflanzen und schenken ihnen so ihre Aufmerksamkeit, Achtung und Liebe. Je bewusster man dies macht, desto klarer erkennt man die Wirkung. Auch hier kann man der Pflanze sehr bewusst Energie zukommen lassen. Man kann sich, wie ich es bereits erklärt habe, Licht vorstellen, das man der Pflanze sendet. Eine positive Energie erkennt man daran, dass man sich gerne in diesem Garten aufhält. Auch darüber sprachen wir bereits. Wenn man den Garten lange Zeit nicht pflegt, bekommt man bald das Gefühl, dass man etwas tun muss. Man glaubt, dass man sich dort nicht mehr wohlfühlt, liege am Aussehen, dabei ist es die Energie, die das bewirkt. Kümmert man sich aber wieder um die Pflanzen, merkt man schnell, wie schön doch alles ist. Auch wenn man erst angefangen hat, die Energie des Gartens verändert sich sofort, und das ist spürbar.

Das klingt wirklich schön, und ohne darüber nachdenken zu müssen, glaube ich, dass man das einfach erleben und ausprobieren muss. Doch eines ist mir aufgefallen. Du schreibst, dass man sich in seinem Garten, wenn man ihn länger nicht beachtet hat, nicht mehr so wohl fühlt. Soll das bedeuten, dass die Pflanzen eine negative Schwingung aussenden, die zu meiner positiven nicht passt. Oder habe **ich** in dem Moment eine negative Schwingung und passe nicht zur positiven der Pflanzen?

Wenn man den Garten länger nicht beachtet, verlieren die Pflanzen die Energie wieder, die sie vorher durch deine Achtung bekommen haben. Man spürt, dass alles nicht mehr so leuchtet. Das macht den Menschen traurig und Trauer ist keine positive Schwingung. Pflanzen sind aber positiv und darum hast du das Gefühl, dass dir der Garten nicht mehr gefällt.

Im Frühling kannst du überall Menschen beobachten, die ihren Garten herrichten. Er sieht nach dem Winter einfach nicht mehr so strahlend aus, denn er hat Energie verloren. Sobald man aber hineingeht, sich um ihn kümmert, die Pflanzen beachtet und pflegt, dann steigt die Energie wieder und es wird zu einer Wohltat, sich dort aufzuhalten. Je bewusster man die Pflanzen beachtet und je mehr Liebe man ihnen gibt, desto größer strahlt ihre Energie. Darum spürt man regelrecht, wenn es hinter diesem oder jenem Haus einen wunderschönen Garten gibt, obwohl man ihn von der Straße aus nicht sehen kann.

Bevor man also im Frühling an den Rosen herumschnibbelt oder irgendwas anderes macht, sollte man den Garten erst wieder bewusst zur Kenntnis nehmen?

Ja, das ist sehr wichtig. Es gibt den Pflanzen neue Energie, sich zu entfalten und zu erstrahlen, und es gibt dir Energie, die Pflanzen besser wahrzunehmen. Einfach in den Garten setzen und ihn beachten. Es gibt Menschen, die tun das mehrere Stunden. Ganz gemütlich beobachten sie die Blumen und alle anderen Pflanzen und lauschen in sich hinein. Sie beginnen zu fühlen, wie die Energie fließt, und genießen es, ein Teil davon zu sein. Erst dann beginnen sie zu handeln und widmen sich jeder einzelnen Pflanze zur Pflege.

Aber Bäume ausschneiden, ebenso wie Rosen oder alte Blätter oder Blüten entfernen, das darf man doch? Oder tut das der Pflanze weh?

Wenn du die Energie dabei sehen könntest, wüss-

test du, was du zu tun hast. Das Entfernen der alten Blüten ist für die Pflanze wichtig. Abgestorbenes kann sie nicht mehr verwenden. Einige Pflanzen müssen ausgeschnitten werden, damit sie weiter wachsen und sich entfalten können. Doch macht man es einfach so, verliert die Pflanze vorerst einen Teil ihrer Energie. Angenehmer für sie ist es, wenn du sie ansiehst und einen Moment in Ruhe bei ihr verbringst. Es müssen keine Stunden sein, eine Minute reicht schon. Und während du dastehst, stellst du dir vor, was du tun willst. Dass du das Abgestorbene entfernen möchtest, damit die Pflanze ihr Wasser nicht mehr unnötigerweise dorthin bringen muss. In dem Moment könntest du sehen, wie die Blume, der Baum oder welche Pflanze auch immer einen Großteil der restlichen Energie aus diesem abgestorbenen Teil herauszieht und anderweitig in sich verteilt. Die kleine Wolke verschwindet und die Pflanze ist bereit für deine Pflege.

Du schreibst so schön über Gärten, ich kann es mir richtig vorstellen, wie all die Pflanzen ihr Licht verströmen. Und während ich das lese, überkommt mich eine innere Ruhe, die mich an einen anderen Garten erinnert. Der Zen-Garten ist sehr bekannt, kannst du mir sein Geheimnis offenbaren?

Der Zen-Garten trägt kein Geheimnis in sich. Wenn du ihn siehst, wirst du es wissen. Ein Zen-Garten besteht einzig aus Kies, Steinen und vielleicht Moos. In den bekannten Gärten siehst du große Kiesflächen mit einigen großen Steinen, die wahllos verteilt sind. Der Kies wird geharkt, sodass der Ein-

druck von Wasser entsteht. Ein Zen-Mönch, der sich in einen solchen Garten begibt, arbeitet in tiefer Meditation. So kann er stundenlang jeden Tag in diesem Garten harken und dabei meditieren. Jeder einzelne Kiesel findet dabei durch die Stille des Geistes seine Aufmerksamkeit und teilt mit ihm Energie. Wenn du nun einen solchen Garten besuchst, spürst du tiefe Ruhe und Liebe. Die Energie eines solchen Gartens ist unbeschreiblich. Zum Teil werden sie seit einigen Hundert Jahren gepflegt und als Ort der Stille genutzt. Obwohl es auch hier so ist – je größer der Garten, desto eher spürst du die Energie. Aber auch die Zeit spielt eine Rolle. Wird ein kleiner Garten seit 100 Jahren als Ort der Stille meditativ gepflegt, wirst du mehr spüren als in einem großen, den es erst seit zehn Jahren gibt. Aber in allen meditativen Gärten herrscht eine wirklich wundervolle Energie.

Kann man einen solchen Garten auch selbst anlegen?

Ja, doch brauchst du dafür keinen Steingarten. Du kannst deinen Garten mit all seinen Pflanzen nutzen. Wenn du zur Ruhe, zur Stille kommst und in dieser Ruhe im Garten arbeitest, hast du deinen eigenen Zen-Garten der etwas anderen Art. Andere werden dich darum beneiden. Aber vergiss nicht, ihnen dein Geheimnis zu offenbaren, wenn sie dich danach fragen.

Sollte ich irgendwann einmal gefragt werden, werde ich das tun, das verspreche ich dir.

Wieder mal durch ein Telefonat bin ich heute auf eine weitere Frage hingewiesen worden. Mal abgesehen von den Pflanzen, warum ist es so schön und friedlich, sich einfach in den Garten zu setzen, den Vögeln und dem Wind zu lauschen und einfach man selbst zu sein.

Tatsächlich kann ich hier von den Pflanzen absehen, obwohl es schade ist. Doch ich habe ausgiebig darüber gesprochen. Wenn der Mensch dem Wind lauscht, bringt ihn das zur Ruhe, denn sein Tanz lädt uns ein, mit der Natur eins zu werden. Der Gesang des Vogels dringt aus seinem reinen Sein, denn sein Gesang ist reines Sein. Er ist unverfälscht und erinnert den Menschen an seine Seele. Stell dir vor, deine Seele beginnt mit ihm zu schwingen. Er kann dich beruhigen, zum Tanzen bringen, zum Weinen oder zum Lachen. Er heilt dich. Du kannst ihm auch etwas Gutes tun, indem du dem Gesang folgst. Stell dir vor, wo der Vogel sein könnte, auf welchem Baum, an welcher Tränke. Stelle ihn dir vor, wie er beim Singen aussehen mag, und lächle ihn an. Sende ihm Licht und schenke ihm Achtung und Liebe. Du wirst merken, dass die Energie stärker wird und eine Freundschaft zwischen euch beginnt.

Bitte lass uns noch ein anderes Buch schreiben: „Kolbes Tierwelt". Das hast du sehr schön beschrieben und ich kann es mir richtig bildhaft vorstellen. Einfach schön. Zu schade, dass das Stadtmenschen nicht so erleben können wie die Menschen auf dem Land. Aber man kann sich ja auch mal seine Lieben schnappen und rausfahren. Doch wir haben jetzt darüber gesprochen, was der Gesang eines Vogels bewirken kann. Stell dir vor, einer hat vielleicht zehn Hühner und einen Hahn. Er findet es schön, sie zu beobachten, abends in den Stall zu holen, morgens rauszulassen und zu füttern. Das ist mit dem Gesang eines Vogels nicht vergleichbar.

Jeder Vogel hat seinen eigenen Gesang. Das Huhn oder der Hahn gackert vor sich hin und auch das hat seine Bedeutung. Doch hier ist es primär die Anwesenheit, der Kontakt zu den Tieren, der diese Empfindungen hervorbringt. Sie sind reine Wesen und diese Energie strahlen sie auch aus. Gibst du ihnen deine Aufmerksamkeit, nimmst du teil an dieser Energie, und auch hier kannst du ihnen Licht senden. Ihr Wesen ist rein und das ist der Grund, warum selbst so scheinbar nervöse und gackernde Hühner Ruhe und Frieden geben können.

Sagst du damit, dass es nur liebe Tiere gibt, rein in ihrem Sein? Es gibt keine bösen Tiere?

Du magst mir im ersten Moment widersprechen, wenn ich sage, dass es keine bösen Tiere gibt, aber so ist es. Sobald Tiere dem Menschen unterworfen werden, können sie böse werden, doch sind sie dennoch rein in ihrem Sein. Es gibt viele Tiere, die giftig sind, Tiere, die beißen oder durch den Biss sogar töten. Doch das sind alles keine bösen Taten, sondern einfache Schutzinstinkte oder dienen dem Zweck der Ernährung. Denk an die Schlange, die ihre Beute umschlingt. Erst durch den Menschen kann ein Tier seine Reaktionen verändern und somit auch unberechenbar werden. Doch fern davon ist jedes Tier rein und greift nur an, verletzt oder tötet zum Schutz oder aus Hunger.

Das klingt logisch. Warum sollte ich mich auch einem Löwen nähern? Dazu habe ich keinen Grund, und wenn ich es trotzdem mache, brauche ich mich nicht zu wundern, wenn er mich anfällt und tötet. Na ja, dann werde ich mich auch nicht mehr wundern. Und wenn eine giftige Spinne angreift, dann nur zu ihrem Schutz. Sie fühlt sich selbst angegriffen. Ein Hund greift an, weil der Mensch es ihm gezeigt hat bzw. weil er ihm nicht gezeigt hat, dass dieses Terrain nicht nur ihm gehört.

So ist das. Und daran wird sich niemals etwas ändern, sosehr andere Menschen auch etwas anderes behaupten mögen.

Ich möchte nun auf etwas zu sprechen kommen, dass mir einfiel, als du vorhin über Gärten geredet hast. Als ich dir von der Lichtwolke erzählte, sagtest du, es war gut, dass ich eine runde Wolke gesehen habe. Was ist daran gut? Hat die Form eine Bedeutung? Wenn ja, dann bitte ich dich, auf Formen einzugehen, schließlich sind wir täglich davon umgeben.

An der Form erkennst du die Art der Energie. Energie fließt, wenn sie gut ist. Bei den Energiewirbeln am menschlichen Körper dreht sie sich im Kreis. Wenn du an einer Pflanze eine Energiewolke mit runden Formen wahrnimmst, dann weißt du, dass es harmonisch ist. Wenn aber die Wolken verzerren oder die Oberfläche eine raue oder sogar grobe Form aufweist, dann kannst du davon ausgehen, dass die

Energie in einer Disharmonie ist. Wenn ein Mensch lügt oder sich in einer negativen Schwingung befindet, dann sieht seine Aura ebenso aus. Doch denke daran, dass ich hier von der menschlichen Wahrnehmung spreche, durch die die Wolken und die Aura begrenzt sind. Runde Formen sind positiv und verzerrte, grobe Formen deuten auf etwas Negatives hin. Das menschliche Auge kann so etwas sehr leicht wahrnehmen. Sehr viele Menschen beginnen zu zeichnen, zu kritzeln, wenn sie telefonieren. Schau dir die Zeichnungen nach dem Telefonat mal genauer an. Hast du mit jemandem telefoniert, mit dem du harmonierst, findest du runde Formen, geschwungene Linien, eben harmonisches Gekritzel. Telefonierst du aber mit jemandem, mit dem du nicht harmonierst, findest du eckige Formen, gerade oder gezackte Linien. Geh durch die Straßen und achte auf die Formen, die dir begegnen, und beobachte, wie es dir bei den unterschiedlichen Formen geht. Es gibt eine neue Idee der Architektur. Sie besteht aus runden Formen, geschwungenen Linien und erzeugt beim Anblick bereits ein Gefühl der Verbundenheit.

Ich weiß, was du meinst. Du meinst diese futuristischen Gebäude bzw. ganze Städte. Ob nun ein Gefühl der Verbundenheit entsteht, kann ich nicht sagen, aber ich würde am liebsten sofort in diese Gebäude einziehen, sie erleben und genießen. Es ist einfach herrlich, sie zu betrachten. Ich habe vor einigen Wochen Bilder eines solchen Projekts von Architekten aus Großbritannien gesehen. Es war eine in sich gestaltete Stadt mit allem, was das Herz begehrt. Es scheint, als würden die Formen ineinander übergehen, und wenn eine Linie endet, taucht sie woanders wieder auf.

Diese Architektur ist ein Genuss für die Seele, denn sie hilft der Energie, in Schwingung zu bleiben. Doch würde ich dies nicht „futuristisch" nennen. Das würde bedeuten, dass es die Architektur der Zukunft ist, und das wird sie dann auch stets bleiben. Nenne sie ***neue Architektur****, denn sie ist in diesem Sinn neu. Es gibt sie in den Köpfen vieler Menschen schon seit einigen Jahrzehnten, und auch auf dem Papier wurde sie oft skizziert. In frühen Filmen, in denen es um fremde Welten geht, kannst du diese neue Architektur erkennen. Endlich ist sie auf der Erde angekommen, aus ihrer Existenz heraus erschaffen worden. In den nächsten Jahren wird sich diese Art des Bauens noch weiterentwickeln. Architekten werden den seelischen Aspekt noch genauer integrieren, sie werden mit Klängen arbeiten, und auch Farben werden eine große Rolle spielen. Dies wird der Moment sein, in dem Farben eine neue Form der Darstellung bekommen. Gärten werden nicht nur visuell und emotional zu erleben sein, man wird sie hören können. Und dann wird der Mensch bewusster werden.*

Wenn ich das noch erleben darf, dann freue ich mich auf die Zukunft. Das klingt wirklich schön und ich kann es mir auch vorstellen, da es ja bereits Bilder von diesen Ideen gibt. Wenigstens von den Ideen der Architekten. Doch wie sollte man Blumen hören können?

Diese Idee existiert bereits. Wir haben davon ge-

sprochen, dass Blumen ein Energiefeld haben. Du selbst hast die Wolke um die Blume gesehen. Dieses Energiefeld trägt Farben in sich und diese können als Klang dargestellt werden. Die Idee ist da, wurde aber noch nicht realisiert. Die Umsetzung wird dann erfolgen, wenn man die Farben in eine Darstellung bringt. Dies wird mit Wasser geschehen, durch kleinste Wassertropfen bzw. Wassermoleküle – Nebel und Dampf. Man wird herausfinden, dass Farben klingen, und man entdeckt die Möglichkeit, sie für die Menschen zugänglich zu machen.

Du kannst mir doch jetzt erklären, wie das geht. Dann mache ich bestimmt viele Menschen glücklich und mich gleich mit.

Wie gerne würde ich dir das erklären, doch dein Verständnis dafür reicht nicht aus. Und es ist noch nicht an der Zeit, dies in die Welt zu bringen. Aber es wird zur rechten Zeit geschehen. Vielleicht sind es diese Zeilen hier, die jemanden auf die Idee bringen, und es wird schon bald so weit sein. Vielleicht entdecken die Menschen diese Technik aber auch erst in vielen Jahren, sodass du es als der, der du jetzt bist, nicht mehr erlebst.

So schön das alles auch klingt, es macht mich irgendwie traurig. Diese neue Architektur mit ihren Formen, Farben und Klängen ist in der Tat noch zu neu, als dass sie tatsächlich von allen angenommen würde. Ein Bauunternehmen wird sicher keinen Sinn darin sehen, diese runden Formen ins Programm zu nehmen, da es wahrscheinlicher ist, dass die Menschen weiterhin ihrem Stil treu bleiben und eckige

Häuser bevorzugen. Und wenn dann doch jemand ein rundes Haus möchte, also runde Formen, dann wäre es wohl sehr teuer, und das können sich eben nur Menschen mit viel Geld leisten. Das macht mich traurig, doch bin ich mir sicher, sollte ich einmal ein Haus kaufen wollen, dann werde ich lieber ein paar Jahre länger sparen, um mir ein solches harmonisches Haus leisten zu können.

Wenn sich der Mensch nicht auf einen neuen Stil einrichten könnte, würdet ihr heute noch in Lehmhütten wohnen oder sogar in Höhlen. Vertraue darauf, dass ihr euch entwickelt. Eines Tages, es wird nicht mehr lange dauern, kann jeder Mensch solch ein Gebäude besichtigen. Und dann wird er spüren, wie gut es ihm geht, und sein Denken wird sich ändern. Das Erlebnis dieses Hauses wird in seiner Erinnerung bleiben und ihn auf seinem Weg begleiten. Und irgendwann wird die Nachfrage so groß sein, dass alle Bauunternehmen diese Architektur anbieten und die Preise immer weiter runtergehen, sodass sie mit heutigen Preisen vergleichbar sind.

Aber auch ein **normales** Haus können sich nur die wenigsten leisten. Wenn ich ein Haus betrete, dann finde ich fast immer viereckige Räume vor. Du sagst, dass das für die Energie nicht so gut ist, doch was kann ich machen? Gibst du jedem das Geld, um sich ein neues Haus bauen zu lassen?

Ich bin ohne Geld sehr glücklich. Ich habe ein Haus, nämlich diesen Körper. Niemand muss sein Haus umbauen lassen. Jeder, egal ob er in einem Haus wohnt oder in einer Wohnung, kann seine

Räume so herrichten, dass sie harmonisch sind. Man muss sich seinen Gefühlen einfach nur bewusst werden. In diese Ecke kommt eine große Grünpflanze, dort hinten stelle ich das Bücherregal hin, dorthin kommt das Bild, und das Sofa gefällt mir hier auch nicht. Man muss einfach nur seine Räume erleben, sie zu energetisieren versuchen, also Harmonie schaffen, damit man sich wirklich wohlfühlt.

Das hört sich für mich sehr nach Feng-Shui an, die chinesische Lehre für ein harmonisches Leben. Wir sprechen sehr viel über solche Sachen. Chakras, Zen-Gärten, Feng-Shui. Hat das einen besonderen Grund oder ist die Wirkung einfach nur gut?

Nur weil es aus dem chinesischen Raum kommt, bedeutet das nicht, dass es auch chinesisch ist. Die Menschen hatten früher viel mehr Sinn und Verständnis für diese wirklich wichtigen Dinge. Und weil sie wahr sind, haben sie sich bis heute gehalten und werden auch weiterhin genutzt. Du kannst es nennen, wie du möchtest, es geht mir nicht um einen Titel für etwas, es geht mir einzig und allein um die Wirkung und somit um das Seelenheil eines jeden Menschen. Ist die Seele heil, ist der Mensch heil.

In Ordnung, das kann ich verstehen und finde es auch gut.

Du sagtest, dass jeder seine Räume harmonisch gestalten kann. Doch nur wenige wissen, wann sie sich gut fühlen und wann nicht. Für die meisten bedeutet „Ich fühle mich gut“, wenn ihnen nichts weh tut. Bitte nenne mir ein Beispiel, wie ich einen Raum als für mich harmonisch erkennen kann. Und bitte sag mir auch, woher ich weiß, was in diesem Raum nicht harmonisch ist. Es kann ja nicht alles disharmonisch sein.

Stell dich in einen Raum und schließe deine Augen. Komm zur Ruhe und gehe in dich. Achte einfach auf deine Gefühle und Empfindungen. Bleibe für ein paar Minuten so stehen. Dann schaust du mit geschlossenen Augen durch den Raum und beobachtest, was sich verändert. Es ist wichtig, dass die Augen dabei geschlossen sind. Du wirst erkennen, dass sich dort, vielleicht in der Ecke, irgendetwas nicht gut anfühlt. Dann öffne die Augen, geh hin und ändere es so, dass es für dich harmonisch wird. Und das machst du mit jedem Raum. Und ehe du jetzt meckerst, dass es Ewigkeiten dauert, alle Räume auf diese Weise durchzugehen, möchte ich dir eines sagen: Es ist sinnvoller, sich einen Tag dafür Zeit zu nehmen, um der Seele in Zukunft in jedem Raum etwas Gutes zu tun, als dass man in Disharmonie lebt und sich irgendwann fragt, warum es einem schlecht geht oder man immer wieder diese oder jene Krankheit bekommt.

Das klingt sehr spannend, ich werde es ausprobieren. Kann man wirklich krank werden, wenn ein Raum disharmonisch ist?

Selbstverständlich. Denn es bedeutet, dass deine Energie einfach abprallt, du harmonisierst nicht mit dem Umfeld. Und in deiner Wohnung oder deinem Haus hältst du dich schließlich sehr oft auf. Man sollte immer mit den Räumen beginnen, die man am meisten nutzt. Das sind die Küche, das Schlafzimmer und das Badezimmer. Es gibt viele Menschen, die über Jahre oder sogar Jahrzehnte hinweg immer wieder eine Krankheit bekamen ohne ersichtlichen Grund. Die Harmonisierung der Räume war einer der berühmten letzten Strohhalme. Und danach ging es ihnen so gut wie lange nicht mehr. Es ist so einfach, etwas für sich zu tun, doch leider denken die meisten Menschen, dass etwas sehr kompliziert sein muss oder sehr teuer, damit es wirkt.

Sollte man auch hier mit Farben und Klängen arbeiten?

Die Arbeit mit Farben ist etwas sehr Schönes und Beruhigendes. Doch sollte man gerade beim Gestalten von Räumen aufpassen. Nur weil eine Farbe jetzt für dich harmonisch erscheint und du mit ihr im Einklang bist, muss das nicht bedeuten, dass es morgen auch noch so ist. Vielleicht hast du gerade heute diese Farbe benötigt, damit es dir besser geht, morgen aber ist eine ganz andere Farbe für dich wichtig. Räume, in denen man sich oft aufhält, muss man mit Farben gestalten, die eine aufmunternde, beruhigende oder einfach frohe Wirkung haben. Eine rote Küche muss nicht bedeuten, dass das Essen stets lecker und feurig wird. Rot kann auch bedeuten, dass du an einigen Tagen zu nervös wirst und dir das Essen misslingt. Ein rotes Schlafzimmer kann dafür sorgen, dass du nicht einschlafen kannst. Doch ist das Schlafzimmer in einem schönen warmen Blau gehalten, wirst du gut schlafen können. Ist die Küche weiß oder saftig grün, blau oder gelb, ist es angenehm, darin zu ar-

beiten. Ist das Badezimmer braun, wäschst du dich ohne Freude. Ist es aber gelb, hellblau oder orange, wirst du munter in den Tag starten. Verstehst du? Es ist immer wichtig, welche Räume man mit welchen Farben gestaltet. Es gibt Menschen, die streichen ihr Wohnzimmer orange und wundern sich, dass es ihnen schon am nächsten Tag darin schlecht geht. Man muss sich einfach eine gewisse Zeit damit auseinandersetzen, bis man verstanden und gelernt hat, es zu fühlen. Wenn das eigene Wohlergehen an erster Stelle steht, dann findet man auch die Zeit dafür, dies zu tun. Es dient nicht nur der Gesundheit, sondern auch dem eigenen Glück. Je harmonischer das Umfeld, desto eher und besser erkenne ich die wahre Freude und damit auch den Weg zu vollkommenem Glück.

Kann ich denn auch Farben kombinieren? Also kann ich zum Beispiel in ein braunes Badezimmer eine blaue Garnitur legen oder in einem roten Schlafzimmer einfach einen blauen Streifen an die Wand malen?

Damit kannst du durchaus beginnen, doch das ist noch nicht die Lösung für ein harmonisches Leben. Du wirst aber merken, dass du dich durch den blauen Badewannenvorleger im Badezimmer wohler fühlst. Nach und nach werden im Badezimmer ganz intuitiv immer mehr blaue Akzente ihren Platz finden. Ein blauer Streifen an der Wand im roten Schlafzimmer weckt die Aufmerksamkeit und lenkt etwas vom Roten ab. Auch das ist nur ein erster Schritt. Doch jeder Weg beginnt mit dem ersten Schritt und dieser ist nun einmal besser, als gar nichts zu tun.

Und wenn ich nun mehrere Farben kombiniere? Küchenschränke mit den Farben des Regenbogens zum Beispiel.

Natürlich ist auch das eine wunderbare Idee. Die Farben des Regenbogens passen gut zusammen, sie sind perfekt. Wenn du dich an der Natur orientierst, welche Farbe mit dir harmoniert, wirst du dich daran erfreuen. Wenn du aber mit dem Verstand Farben kombinierst, kann es zu einer nervösen Verbindung kommen. Du verstehst, was ich meine. Nimmst du die Natur als Vorbild, dann passt es zusammen.

Da wir beim Thema „Wohnen“ sind, möchte ich über einige Dinge sprechen, die mir in diesem Zusammenhang einfallen. Ich denke dabei an Hygiene, Bekleidung, Nahrung und Kochen.

Wie wäre es, wenn wir mit der Hygiene beginnen? Ich möchte nicht darüber sprechen, ob es richtig oder falsch ist, sich zu waschen, darüber sind wir uns wohl alle einig. Ich möchte viel eher wissen, was man sich noch Gutes tun kann, wenn man badet oder duscht. Tipps und Tricks, die jeder anwenden kann. Ich gehe davon aus, dass man Seife, Duschgel, Haarwaschmittel und Ähnliches nach dem gleichen Prinzip auswählen kann, wie du es bereits mit Lebensmitteln beschrieben hast. Also in die Hand nehmen und abwarten, bei welchem Produkt es sich besser anfühlt. Hast du auch noch andere Ratschläge?

Die Auswahl der Produkte kann genau so vorgenommen werden, wie du es beschrieben hast. Tipps und Tricks gibt es, doch muss ich hier auf die Ebene der Energie gehen, um dir das zu erklären. Bei vorherigen Themen haben wir bereits über Energiearbeit gesprochen, das Senden von Licht und Worten der Achtung und Liebe. Auch bei der Hygiene kann man damit wirklich wundervolle Ergebnisse erzielen. Man muss nicht einmal überteuerte Produkte zur Verjüngung kaufen, man kann sich sogar noch wirkungsvollere selbst herstellen. Doch erst einmal spreche ich über das Baden. In der Regel lässt man sich Badewasser ein und gibt einen Badezusatz hinzu. Wenn die Wanne voll ist, setzt man sich hinein und genießt. Es ist für das ganze Sein aber um ein Vielfaches schöner, wenn man das Wasser vorher energetisiert. Wenn das Wasser eingelaufen ist und der Schaum auf der Oberfläche knistert und duftet, kannst du weißes Licht oder die Farben des Regenbogens in das Wasser schicken. Entweder nehmen die Farben in deinem Herzen ihren Ursprung oder aber sie kommen vom großen Sein, treten in deinen Kopf ein und fließen durch deine Arme in deine Hände und dann in das Wasser. Nach ein paar Minuten spürst du, dass es nun bereit ist und du das Wasser genießen kannst. Du kannst mit dem Licht und den Farben auch noch Worte der Liebe und Achtung in das Wasser senden, denn es reinigt dich und bringt dir Ruhe, Erholung und Entspannung. Wenn du dann in der Badewanne liegst, kannst du dir vorstellen, wie die Farben um dich herum und durch dich hindurchfließen. Es wird ein Genuss für dich werden und ein Badeerlebnis der energetischen Art. Beim Duschen lässt sich das Wasser natürlich vorher nicht so einfach aufladen, daher gibt es hier einen Trick, den viele lieben. Egal ob du die Brause in der Hand halten musst oder ob sie fest montiert ist und du darunter stehst, es wird funktionieren. Stell dir während des Duschens vor, dass mit dem Wasser ein weißes oder goldenes Licht herabfällt. Jeder Tropfen ist mit einer kraftvollen Energie aufgeladen, die sich an deinen Körper schmiegt und ihn durchdringt. Das ist eine schöne Methode, um auch negative Energiewellen aus deinem Energiefeld zu beseitigen. Probier es einmal aus und du wirst begeistert sein.

Das klingt wirklich sehr einladend und jeder kann das durchführen, egal wo er duscht oder badet. Doch kann man das auch machen, wenn man vorher noch nie etwas mit Energien zu tun hatte bzw. gar nicht daran glaubt? Und warum goldenes Licht?

Es spielt keine Rolle, ob man schon einmal mit Energien gearbeitet hat und daran glaubt oder nicht. Energie wirkt, und daran kann niemand etwas ändern. Der Mensch kann es sich gar nicht aussuchen, ob Energie zum Einsatz kommt, denn das macht sie ganz automatisch. Aber er kann die Energie beeinflussen, indem er mit Licht und Farben arbeitet, was alles noch verstärkt und in positive Schwingungen versetzt. Ich habe von einem goldenen Licht gesprochen und du fragst, warum ausgerechnet Gold. Darauf möchte ich noch eingehen, bevor ich erkläre, wie man Pflegeprodukte sinnvoll nutzen kann. Es gibt eine Frequenz, die als Farbe existiert, doch die aufgrund ihrer Schönheit, Ewigkeit, Kraft und Vollkommenheit mit Worten nicht zu beschreiben ist. Es gibt Menschen, die diese Farbe gesehen haben, und alle haben sie unterschiedlich beschrieben, doch sie haben immer das Wort **Gold** *benutzt. In Wahrheit ist sie Hunderte Male schöner als Gold, sie glitzert um ein Vielfaches stärker als Diamanten im Sonnenlicht und dennoch blendet sie nicht. Sie ist ergreifender als alles je Dagewesene und ihr Anblick lässt sie verehren. Es gibt alte Bilder, auf denen Menschen mit Heiligenschein dargestellt sind. Bei einigen ist der Schein golden, denn sie hatten diese heilige Aura, die so stark war, dass sie von manchen Menschen visuell wahrgenommen und von anderen gespürt werden konnte. Dieses goldene Licht hat den Quell in der Seele eines jeden Menschen und es wächst und wächst, je bewusster man sich seines Weges wird und je näher man an die Quelle des Seins kommt.*

Ich sitze hier mit weit geöffneten Augen, offenem Mund und versunken in Ehrerbietung in deiner Beschreibung dieser Farbe. Doch wenn es nur im Ansatz dem Gold ähnelt, das wir kennen, was bringt es dann, sich Gold vorzustellen? Hat es nicht eine andere und nicht so enorme Wirkung?

Nicht ohne Grund wird diese Farbe von den Menschen, die sie wahrgenommen haben, mit Gold dargestellt. Doch sie ähnelt ihr nur, in Wirklichkeit ist sie viel beeindruckender. Die Vorstellung von goldenem Licht kommt der Frequenz aber nahe und darum ist die Wirkung ähnlich, wenn auch nicht exakt dieselbe. Würdest du diese Farbe sehen, würdest du das Duschen vergessen, in Ehrfurcht auf die Knie gehen, beginnen zu weinen und zu danken. Denn in diesem

Licht, dieser Farbe steckt die Wahrheit des vollkommenen Seins.

Während du das geschrieben hast, war ich versunken in meiner Stille. Ich glaube, ich habe zwanzig Minuten nur hier gesessen und alles um mich herum vergessen. Selten war ich so beeindruckt. Du warst sehr offen mit etwas, was den Menschen scheinbar nicht offenbart werden soll. Wenn wir diese Farbe auch nicht sehen und die Frequenz nicht wahrnehmen können, ist deine Beschreibung eines der schönsten Geschenke, das du mir in unserem Gespräch gemacht hast. Ich hoffe, jede Leserin und jeder Leser ist davon ebenso beeindruckt wie ich. Ich danke dir. Gestern dachte ich noch, dass unser Gespräch bald beendet sein wird, weil mir einfach keine Fragen mehr einfielen. Dann keimten neue Fragen in mir auf – und dann plötzlich eine solche Erfahrung.

Die neuen Fragen und Themen haben dich gefunden, als du nicht nach ihnen gesucht hast. Erst heute fiel dir eine Frage ein, als du ein Bild gesehen hast, das mit diesem Thema gar nichts zu tun hat. Nimm es so hin, wie es dich erreicht. Irgendwann müssen wir unser Gespräch auf diesen Seiten beenden, doch bis dahin haben wir noch ***Zeit****. Lass mich nun auf die Pflegeprodukte zu sprechen kommen.*

Ich bin zwar noch ziemlich nachdenklich des Goldes wegen, aber du kannst gerne schreiben, während ich noch genieße. Vergiss aber bitte nicht zu erklären, wie man etwas zur Verjüngung herstellt. Das wollen bestimmt einige wissen, und ich bin auch sehr gespannt darauf.

Bevor ich deinen Wissensdurst stille, muss ich dich und einige andere kurz enttäuschen. Es gibt kein Verjüngungsmittel in dem Sinn. Du weißt inzwischen, dass das Menschsein untrennbar mit Zeit und somit mit Vergänglichkeit verbunden ist. Niemand kann diese Richtung ändern. Und dennoch ist es kein Geheimnis, dass es einige Menschen schaffen, plötzlich jünger auszusehen als noch ein Jahr zuvor. Es gibt Cremes, die die Falten glätten und der Haut neue Feuchtigkeit geben. Doch das hat nichts mit einer Verjüngung zu tun. Wenn ich über eine jüngere Haut spreche, eine jüngere Ausstrahlung und agilere Knochen, wenn ich das Wort Verjüngung verwende, dann ist dies auch möglich. Doch das geschieht niemals von außen, sondern immer von innen. Man kann aber Pflegeprodukte jeglicher Art energetisieren und so ein Produkt herstellen, das dabei hilft, jünger, frischer, agiler und mutiger zu wirken und zu werden. Tatsächlich kann man solche Produkte kaufen und viele von ihnen sind wirklich gut. Aber man weiß nicht, welche davon den gewünschten Erfolg bringen. So nimmt man sich lieber eine ganz normale Hautcreme und energetisiert sie. Dies geschieht so: Nimm die Cremedose in die Hand. Öffne sie und halte die andere Hand darüber. Stell dir vor, wie weißes Licht in deine Füße und in deinen Kopf eindringt und wie es durch deinen Körper in Arme und Hände fließt. Aus den Händen geht das Licht weiter in die Creme. Mach das einige Minuten, bis du das Gefühl hast, dass es reicht. Achte auf deine Gefühle. Du kannst dir das Licht auch in einem saftigen Grün vorstellen oder in den Farben des Regenbogens. Du kannst goldenes Licht wählen, wir sprachen eben davon, oder einfach weißes Licht. Du kannst als religiöser Mensch dabei beten, dass dir diese Creme den gewünschten Erfolg bringt, heilend auf deinen Körper und deine Seele wirkt. Du kannst die Engel dabei um Hilfe bitten, deinen Schutzengel oder geistige Führer. Alles ist erlaubt, solange du in der Absicht bleibst, diese Creme zu energetisieren, damit sie dich als ganzes Wesen heilt. Ich höre die Stimmen der Leserinnen und Leser und möchte dich bitten, dass du dir vertraust. Denn wenn du dir vertraust, dann vertraust du auch mir. Dir wurde beigebracht, dass etwas Derartiges nur von besonderen Menschen gemacht werden kann. Doch erinnere dich an meine Worte: Es gibt keine besonderen Menschen, denn alle Menschen sind besonders. In jedem Menschen steckt diese Fähigkeit und deine Absicht ist der erste Schritt auf dem Weg zum Ziel. Du magst denken, dass meine Worte der Fantasie entstammen, doch sind sie die Wahrheit, die du zu erkennen suchst und hier finden kannst. Sei eins, und du wirst Wunder wirken an dir und an anderen.

Ich danke dir für diese ausführliche Beschreibung und die warmherzigen Worte. Wenn ich das nun richtig verstanden habe, dann ist jedes energetisierte Produkt ein Produkt zur Verjüngung. Wenn ich aber die Cremes und Seifen etc. unbeachtet lasse, dann habe ich doch auch schon eine verjüngende Wirkung, und zwar indem ich auf meine Energie achte, sie durch die verschiedenen Übungen oder auch durch das Tanzen in Schwingung bringe. Wenn ich mir deine bisherigen

Worte zu Herzen nehme und befolge, dann werde ich das spüren, und auch andere werden es merken. Nun werden viele sagen, dass sie für diese ganzen Dinge gar keine Zeit haben. Doch ich glaube, wenn jemand etwas Derartiges sagt, dann sollte er alles noch einmal lesen. Ich persönlich habe verstanden, dass Zeit relativ ist. Dass ich trotz Stress immer und überall die Möglichkeit habe, mir meines Ichs bewusst zu werden und meiner Seele damit zu zeigen, dass ich sie nicht vergessen habe. Des Menschen größter Schatz liegt verborgen im Menschen. Erst wenn man aufhört zu suchen, wird man ihn entdecken.

Du findest wirklich sehr schöne Worte in deiner Sentimentalität und Ruhe. Deine Worte werden wirken und ich gebe dir recht. Des Menschen größter Schatz liegt verborgen im Menschen und er wird dir offenbart, wenn du deine Suche beendest. Du hast erkannt, dass dieser Dialog eigentlich kein Dialog ist, sondern ein Monolog. Dennoch sprichst du als du, und du sprichst als ich. Darum akzeptiere ich es seit Beginn dieses Gesprächs, dass ich die Pronomen ich und du verwende. Auch habe ich einige Male wir geschrieben, wenn es nützlich war. Ich, du, er, sie, es, wir, ihr, sie … wir alle sind eins mit allem.

Duhuhuuu?

Jahahaaa?

Das klang irgendwie nach Abschluss. Besonders dein letzter Satz klang sehr wie das Ende unseres Gesprächs. Was hast du vor?

Hab keine Sorge, wir haben noch viel zu bespre-

chen. Ich bin nur auf deine sentimentale Stimmung eingegangen. Das war ein wichtiges Thema und darüber können wir ruhig ein wenig sinnieren. Es ist doch schön zu lesen, dass durch ein Thema wie Hautcreme etwas Wichtiges erkannt wurde. Das Erste, was der Durchschnittsmensch am Tag macht, ist, sich zu waschen. Das Letzte, was er macht, ist, sich zu waschen. Da ist es doch klar, dass ich sogar dazu etwas Nützliches zu sagen habe. Wir brauchen nicht darüber zu sprechen, welche Produkte man verwenden sollte. Das herauszufinden ist sehr einfach und wir haben es besprochen. Doch mit Energie kann sehr viel bewirkt werden und ich hoffe, dass sich niemand, der diese Zeilen liest, von irgendjemandem beeinflussen lässt, der dies alles kritisiert und meint, er wüsste es besser. Denn niemand weiß es besser als das Sein. Stell dir vor, ein Mensch tritt dir gegenüber und lacht dich aus, weil du dieses Buch liest. Er meint, das ist alles Unsinn. Was würdest du machen?

Nach dem, was ich bis jetzt lesen durfte, würde ich ihm Folgendes sagen: „Wenn du meinst, dass dies alles keinen Sinn hat, dann ist es dein Weg. Mein Weg aber führte mich zu diesem Buch und ich bin froh, dass ich es lesen darf. Eines Tages kann ich es dir leihen, denn du wirst es brauchen."

Das hast du sehr überlegt geschrieben. Besonders das Unausgesprochene ist beeindruckend. Und der Satz „Eines Tages kann ich es dir leihen, denn du wirst es brauchen" ist sehr wahr. Eines Tages wird er es brauchen, wenn seine Seele Aufmerksamkeit verlangt und er nicht mehr darum herumkommt, sie ihr zu schenken. Doch eines musst du beachten, du solltest dich danach aus dem Staub machen. Wenn seine negative Schwingung auf deine positive trifft, merkt ihr, dass ihr nicht zueinanderpasst. Vielleicht wird er innerlich sogar neidisch und du weißt ja, was dann geschehen kann. Darüber haben wir so ausführlich gesprochen, dass sogar der Weltfrieden zur Sprache kam.

Oh ja, wie Recht du doch hast.

Doch ehe wir noch weiter sinnieren, wie du sagst, komme ich von der Hygiene zu einem Thema, das gewöhnlich nur einen Raum weiter stattfindet bzw. nebenan hängt. Bekleidung nämlich. Wie soll ich mich am besten kleiden, damit auch das harmonisch ist? Kann ich Bekleidung energetisieren wie zum Beispiel die Pflegeprodukte?

Du kannst deine Bekleidung intuitiv wählen. Wenn du verschiedene Farben zur Verfügung hast, dann wähle daraus. Für viele Menschen ist es oftmals schwer, nicht nach der Mode zu gehen und die Bekleidung nur nach Gefühl auszusuchen. Doch es reicht ja schon, abends zu Hause stimmige Bekleidung zu wählen, um den Tag harmonisch ausklingen zu lassen. Du kannst zum Beispiel an einem Abend ein violettes Hemd anziehen, wenn du diese Farbe an diesem Abend brauchst. Am Abend darauf fühlt sich gelb besser an und du wählst ein Hemd oder einen Pullover in dieser Farbe. Auch bei Hosen kannst du das machen, rote Socken bei kalten Füßen oder sogar eine rote Unterhose bei Blasenproblemen. Es kann aber auch passieren, dass man gerade mal eine halbe Stunde ein violettes Hemd getragen hat und dann merkt, dass es zu viel wird. Man bekommt ein Gefühl, dass etwas verändert werden muss. Dann wählt man ein anderes Hemd in einer anderen Farbe. Was das Energetisieren angeht, so ist dies etwas schwerer als bei anderen Dingen. Für den Moment kann man Bekleidung durchaus mit Energie aufladen, so wie ich es schon mehrmals beschrieben habe. Doch die Energie wird verbraucht. Es ist sinnvoller, sich bestimmter Symbole zu bedienen, die man mit verschiedenen Techniken auf den Bekleidungsstücken anbringen kann. Symbole haben, das weißt du, durchaus eine besondere Energie. Alte, bekannte Symbole ebenso wie neu entdeckte. Es ist kein Irrglaube, dass die Symbole der neuen Zeit wirken. Sieh sie dir an, fühle in sie hinein und du kannst mit ihnen arbeiten. Male sie auf ein Hemd oder auch auf Bettwäsche. Sie wirken, das wirst du spüren. Zusätzlich kannst du natürlich Bekleidung auf dem bekannten Weg energetisieren. Denk aber daran, dass du sie immer wieder neu aufladen solltest.

Sagst du noch ein wenig zu den Symbolen, von denen du eben gesprochen hast?

Das ist unnötig, denn andere haben diese Symbole aus ihrer Existenz in die Welt gebracht und viel darüber geschrieben. So möchte ich nicht fremde Lorbeeren auf mein Haupt setzen. Im Internet, in entsprechenden Katalogen oder Fachgeschäften findet man diese Symbole und auch die entsprechende Literatur. Selbst Bekleidung dazu kannst du finden. Ich habe diesen Tipp gegeben, ich habe es beschrieben und der Rest wird dir begegnen.

Du hast recht. Also gehen wir noch einen Raum weiter, und zwar in die Küche.

Lass uns über Essen sprechen. Über Nahrungsmittel, die Zubereitung des Essens und auch über das Essen selbst, also die Einnahme der Nahrung. Ich halte dieses Thema für sehr, sehr wichtig, denn Nahrung ist für den Menschen lebensnotwendig und wir nehmen uns immer weniger Zeit dafür. Wenige Menschen kochen noch selbst, viele gehen essen, meistens auch noch im Schnellverfahren. Ich persönlich finde, dass dieses Thema in den letzten Jahren besonders von den Medien sehr vernachlässigt wurde. Es gibt zwar sehr gute Kochsendungen im Fernsehen, die auch dazu auffordern, wieder mehr zu kochen, doch das reicht einfach nicht aus, um alle davon zu überzeugen.

Ernährung ist sehr wichtig. Sie verliert aber einen Teil ihrer Bedeutung, wenn alles schnell gehen soll. Selbstverständlich ist die Aufnahme von Lebensmitteln für den Körper unverzichtbar, wenn man mal von ein oder zwei Menschen absieht, die keine Nahrung benötigen. Die Seele profitiert ebenfalls davon, doch nur wenig, wenn schnell gegessen wird. Daran ist aber nicht nur der einzelne Mensch selbst schuld, sondern die Menschheit im Allgemeinen. Es ist immer weniger Zeit vorhanden, um sich eben welche für das Kochen zu nehmen. Das Geld muss verdient werden, denn es ist leider ebenso unverzichtbar geworden. Es wäre perfekt, wenn du die Lebensmit-

tel nach dem Prinzip auswählen würdest, *das ich dir nun schon einige Male erklärt habe. Diese Lebensmittel solltest du dann in aller Ruhe und mit Freude zubereiten. Beim Kochen kann man sich jedem Lebensmittel einzeln zuwenden, es annehmen und mit Achtung verwenden. Es wird ein wahrer Genuss werden, zu Mittag zu essen, wenn man sein Essen auf diese Weise zubereitet. Auch hier kann man wieder mit Energie arbeiten, mit Licht. Nun stellst du dir die Frage, ob es besser ist, nur Produkte aus biologischem Anbau zu dir zu nehmen, oder auch, ob du auf Fleisch verzichten solltest. Ja, Produkte aus biologischem Anbau sind gut, aber nicht gleich besser. Und außerdem können sich viele Menschen diesen Einkauf nicht leisten. Achte im Supermarkt darauf, was sich gut anfühlt, dann ist es auch gut für dich. Und wenn die Wurst abgepackt ist, dann ist sie es eben. Man braucht doch kein Bild von einem grinsenden Schwein auf einem Bioprodukt, damit man weiß, dass es gut ist. Wenn es sich gut anfühlt, dann ist es gut und nicht anders. Auf Fleisch verzichten wäre ein langwieriger Prozess der Umgewöhnung, denn der Körper ist es nun mal gewohnt, Fleisch zu verdauen. Einfach mal eben Vegetarier werden ist möglich, das muss aber jeder einzelne Mensch für sich entscheiden und auch hier darauf achten, ob es sich gut anfühlt. Und sehr wichtig dabei ist, dass man wirklich ehrlich zu sich selbst ist und es nicht nur macht, um anderen irgendetwas zu beweisen. Man steht deswegen nicht besser da, auch nicht naturverbundener. Das Wichtigste aber ist und bleibt, dass man spürt, ob es gut ist oder nicht, und danach entscheidet. Wer sich nicht wenigstens einmal ein paar Minuten Zeit dafür nehmen kann, sollte sein gesamtes Leben überdenken, dann läuft auf jeden Fall etwas schief. Ich spreche hier nicht nur von Nahrung, sondern auch von Pflegeprodukten, Farben, Bekleidung, Tätigkeiten und so vielem mehr.*

Das waren klare Worte zu einem wichtigen Thema. Mir wurden die Augen dadurch nun nicht geöffnet, denn ich bin eh ganz deiner Meinung, doch ich finde, dass es für den einen oder anderen Menschen wichtig war, das einmal zu lesen. Aber es bleiben dennoch Fragen offen. Vor einiger Zeit haben wir auf einem Biohof Quark gekauft. Der schmeckte um Längen besser als der aus dem Supermarkt. Eier vom Biohof oder -markt sind doch auch besser als die im Geschäft, oder? Immerhin sind freilaufende Hühner eher in ihrem Sein als die, die von großen Firmen in engen Gehegen gehalten werden.

Es steht außer Frage, dass Quark, Eier, Gemüse etc. von einem Biohof, Biomarkt oder Biobauern wesentlich besser schmecken als die Produkte aus dem Supermarkt. Doch denke immer daran, dass freilaufende Hühner nicht unbedingt wirklich frei herumlaufen. Das kann auch bedeuten, dass sie nicht in engen Käfigen eingequetscht sind, aber dicht an dicht in einem Gehege irgendwo draußen. Wenn du danach gehst, dann müsstest du erst die Hühner ansehen, die Kühe, die Felder, um am Ende wirklich entscheiden zu können, wo du am besten welches Produkt kaufen solltest. Bist du dir bei einem Produkt, das du bereits gekauft hast, nicht sicher, dann energetisiere es. Damit nimmst du einen großen Teil der negativen Schwingung aus ihm heraus und lädst es positiv auf.

Da muss ich dir recht geben. Danke für den Tipp. Es stimmt ja auch, dass sich viele Menschen Bio-Produkte nicht leisten können. Doch in diesem Zusammenhang muss ich einem berühmten Fernsehkoch zustimmen, der in etwa sagte, dass die Menschen zwar bereit sind, ein Vermögen für ein Auto auszugeben, aber beim Essen sparen, wo sie nur können.

Diese Äußerung hätte von mir sein können. Ehrlich, es ist Wahrheit, und es gibt dazu nichts weiter zu sagen. Es stimmt einfach. Der Mensch nimmt für ein Auto einen Kredit über 30.000 Euro auf, aber für etwas Lebenswichtiges wie Essen ist kaum Geld übrig. Es wird Stunden um Stunden nach dem richtigen Auto gesucht, aber keine fünf Minuten hat man Zeit, sich mit seinem Essen auseinanderzusetzen. Das Argument, dass einen das Auto zur Arbeit bringt und wieder zurück nach Hause, das Essen aber nicht, zählt nicht. Denn auch ein kleines, altes Auto für einige Hundert Euro bringt dich von A nach B. Es gehört schon ein gewisses Maß an Arglosigkeit dazu, so zu denken. Stell dir nur vor, wie es dir Körper und Seele danken würden, wenn du mit diesem Kredit ein Auto für nur 5.000 Euro kaufen und den Rest für gutes Essen ausgeben würdest. Aber hier spielt das Ego wieder eine große Rolle, das sich einschaltet und sagt: „Das Essen esse ich und dann ist es weg. Niemand sieht, dass ich dafür Geld ausgegeben habe. Das Auto sehen alle.“ Und hier sind wir wieder bei der Bewusstwerdung. Doch darauf brauchen wir jetzt nicht noch weiter einzugehen.

Nein, das brauchen wir wirklich nicht. Wir haben darüber so ausführlich gesprochen, dass es gut zu verstehen war. Zum Kochen fällt mir noch ein, dass wir vielleicht noch auf Gewürze eingehen könnten. Magst du dazu noch etwas sagen?

Wir können auf alles eingehen, was irgendwie dazugehört. Sogar auf Töpfe und Pfannen, Gabeln und Messer. Doch das ist wohl nicht so interessant. Kräuter sind gut und auch wichtig für den Körper. Das wissen die Menschen schon seit Tausenden von Jahren. Wir sprechen aber nun nicht darüber, welches Kraut wofür gut ist und welches besser schmeckt als das andere. Ist es wichtig zu wissen, ob Himalaja-Salz besser ist als Kochsalz und noch besser als Salz aus dem Toten Meer? Ist es so wichtig, dass man einen eigenen Kräutergarten hat? Nein, das alles ist unwichtig, denn wenn sich der Mensch wieder mehr mit dem Kochen beschäftigt, dann kommen alle diese Dinge von ganz allein hinzu. Die verschiedenen Salzsorten haben unterschiedliche Schwingungen und auch einen anderen Geschmack. Die Kräuter werden nicht aus Spaß seit so langer Zeit angewandt. Ja, sie sind gesund und man sollte sich wirklich ausführlicher damit befassen. Macht man das Kochen wieder zu seinem Hobby, dann lernt man beim Tun. Und das ist viel sinnvoller, als irgendwelche Bücher auswendig zu lernen. Man muss einfach wieder bewusst an die Sache herangehen, dann merkt man schnell, welchen Spaß das macht.

Du sagst also damit, dass man die Dinge, die einem alltäglich begegnen, wieder bewusster wahrnehmen muss und dass sich das nicht nur auf Kochen, Waschen und Kleiden positiv auswirkt, sondern auch auf Körper, Geist und Seele. Bewusster wahrnehmen bedeutet für mich, dass ich diesen Dingen Zeit widme, sie beachte und auf sie eingehe.

Ja genau, das ist richtig. Und je länger du das machst, desto selbstverständlicher integrierst du es in deinen Tagesablauf, in dein Leben. Und mit der Zeit wirst du immer tiefer in diese Dinge eintauchen und erkennen, welche Ebenen es gibt. Und es wird Spaß machen, denn du wirst spüren, dass es dir immer besser und besser geht. Es wird ein Genuss sein zu erkennen, wie sich alles verändert, wenn man bewusst ist. Sicherlich klingt es im ersten Moment unausführbar, unmöglich. Doch reichen ein paar Minuten aus, um etwas zu erreichen. Man braucht keine Stunden damit zu verbringen, auch wenn alle immer der Meinung sind, dass es teuer sein, ewig dauern oder glitzern muss. Nein, das braucht es nicht. Ein paar Minuten reichen aus und es wirkt.

Und mit diesen Worten haben wir den Themen Hygiene, Kochen, Ernährung und Kleidung ein schmackhaftes Ende bereitet. Du hast es getan, ich, nicht wir. Und ebenso harmonisch, wie du geendet hast, so eckig und kantig möchte ich auf das nächste Thema zu sprechen kommen.

Ich schließe nicht direkt an ein vorheriges an, aber dennoch hat es irgendwie mit allem zu tun, was wir bisher besprochen haben. Auf die Idee hast du mich gebracht und auch meine Erfahrungen draußen beim Schreiben und Beobachten. Und hier habe ich auch schon das Stichwort, nämlich **Beobachten.** Du schreibst oft vom **Bewusstwerden** und eben darum geht es; etwas zu beobachten und mir so dessen bewusst zu werden. Das hat mich auf die Idee gebracht, dass das Beobachten in einem direkten Zusammenhang mit dem Bewusstwerden steht. Und nein, ich rede nicht davon, dass beide Worte mit B beginnen. Ich habe einfach das Gefühl, dass ich mir dessen, was ich beobachte, automatisch bewusst bin. Wenn dem nicht so wäre, dann könnte ich es nicht sehen. Es besteht hier also sogar ein Zusammenhang und eine Zusammenarbeit zwischen Körper, Geist und Seele. Liege ich da in irgendeinem Punkt richtig?

Du liegst in fast jedem Punkt richtig. Das Beobachten steht im direkten Zusammenhang mit dem Bewusstwerden. Wenn du etwas beobachtest, dann wirst du dir dessen bewusst, und du kannst erst etwas beobachten, wenn du dir dessen bewusst bist. Der Punkt, der nicht ganz hinhaut, ist der, dass du sehr wohl Dinge siehst, derer du dir nicht bewusst bist. Dies geschieht unbewusst. Du kannst dich an Menschen und Gebäude etc. erinnern, die du nur in deinen Augenwinkeln gesehen hast. Sobald du etwas ansiehst, findet ein Austausch von Energie statt. Sobald du also etwas beobachtest, nimmst du Energie und gibst auch Energie. Bei einem Lebewesen würdest du sein Verhalten beeinflussen, sobald du es beobachtest. Du als Betrachter veränderst in gewisser Weise das Beobachtete. Natürlich verfärbt sich ein grüner Würfel nicht blau, nur weil du ihn beobachtest, aber seine Schwingung verändert sich. Und je länger du ein Lebewesen, eine Pflanze, einen Gegenstand oder was auch immer beobachtest, desto größer wird euer Energieaustausch. Gibst du bewusst noch Energie hinzu, wird es noch intensiver und du kannst das Beobachtete erfahren. Dass dieser Energieaustausch stattfindet, kannst du schon daran erkennen, dass du den Menschen überhaupt sehen kannst. Denn du weißt, dass erst durch das Licht etwas sichtbar wird. Aber Licht besteht auch aus Wellen. Siehst du ein wildes Tier, das dich nicht sieht, merkt es nichts weiter. Beobachtest du ein wildes Tier, das dich nicht sieht, wird es das spüren.

Das erinnert mich an ein Ereignis aus meiner Jugend. Damals hatte ich noch panische Angst vor Spinnen. Heute habe ich zwar auch noch ungeheuren Respekt, aber nicht mehr diese Angst. Damals lag ich im Bett, es war dunkel ohne jeglichen Lichteinfall. Plötzlich wurde ich wach und hatte dieses Angstgefühl. Ich wusste es einfach – da ist eine Spinne. Vorsichtig habe ich das Licht angemacht und genau neben mir an der Wand saß dieses riesige schwarze Tier, von dem ich jetzt noch Gänsehaut bekomme. Ich konnte es nicht wissen, dass sie da ist. Habe ich es gespürt, weil ich mir der Energie bewusst war, die Spinnen ausstrahlen – weil ich ihnen ja auf andere Art begegnete?

Wenn du eine Spinne gesehen hast, dann hast du mit der empfangenen Energie immer das Gefühl der Angst verbunden. Dies geschah über viele Jahre hinweg. Energie der Spinne = Angst. Dann liegst du in der Dunkelheit im Bett, und natürlich strahlt die Spinne auch Energie ab. Sie war ja schon eine gewisse Zeit da. Aber erst als sie direkt neben dir an der Wand saß, hast du die Energie empfangen und dein Körper reagierte darauf ganz automatisch mit Angst. Es gibt Menschen, die würden sagen, das war hellsichtig. Aber wie du siehst, gibt es dafür eine ganz einfache Erklärung.

Erklärt das auch, warum man manchmal spürt, wenn eine bestimmte Person in der Nähe ist oder auf dem Weg zu einem?

Ja, das ist die Erklärung dazu. Doch kannst du es nur spüren, wenn du dir der Energie dieser Person bewusst bist, sie also kennst, also wenn es sich zum Beispiel um Familienmitglieder oder Freunde handelt. Du bist oft mit ihnen zusammen und nimmst ihre Energie wahr. Und als kleinen Tipp am Rande: Je eher du das spürst, desto größer ist die Energie dieser Person. Fühlt es sich gut an, freut sie sich oder hat dir etwas Schönes zu berichten. Fühlt es sich nicht gut an, ist sie vielleicht traurig, oder aber dein Chef kommt. Wenn du viel mit ihm zu tun hast, spürst du seine Energie natürlich auch. Selbstverständlich war das nur ein Beispiel, dass dein Chef negative Energie hat. Würdest du dich dafür entscheiden, jemanden zu besuchen, der sich seines Seins ebenfalls bewusst ist und dementsprechend lebt, könntest du etwas probieren, bevor du hingehst. Setze oder lege dich hin und beginne zu meditieren. Stell dir die Person vor, die du besuchen möchtest, und sende ihr Freude, Glück, Liebe, Harmonie, Spaß, Worte der Achtung und Liebe. Und wenn du dort bist, frage nach, ob sie etwas gespürt hat. Wahrscheinlich wird sie dir das sogar von alleine sagen. Du kannst das aber auch mit Menschen machen, die nicht so seelenbewusst sind. Auch sie werden etwas spüren, es aber nicht einordnen können. Vielleicht magst du ihnen dann von deinem Experiment erzählen.

Oh, das muss ich wirklich mal ausprobieren. Obwohl ich denke, dass man das unbewusst sowieso schon macht, wenn man jemanden besucht, auf den man sich freut. Doch nun komme ich zu einer anderen Frage, die ich an das Thema anknüpfen möchte.

Wie kann ich einen Menschen lieben lernen?

Gar nicht.

Ach so, in Ordnung, Danke schön. Nein, natürlich nicht! Du willst mir doch nicht sagen, dass das wirklich deine Antwort darauf war. Du redest immer von Liebe und Achtung und dann das?

Aber es stimmt. Du hast gefragt, wie man **einen** *Menschen lieben lernen kann, und das kannst du eben nicht, es sei denn, du möchtest dich und den Menschen belügen. Du kannst lernen, Menschen zu lieben, aber* ***alle.***

Alle Menschen lieben lernen ist also einfacher, als **einen** Menschen lieben zu lernen?

Ja, denn erst wenn du dir darüber im Klaren bist, warum du alle Menschen lieben solltest, kannst du Liebe auch an einen besonderen Menschen auf besondere Weise geben.

In Ordnung. Und wie kann ich lernen, alle Menschen zu lieben?

Indem du ihre Schwächen erkennst und respektierst. Jeder Mensch auf der Welt hat seine Schwächen. Nur wenn du das realisiert hast, bist du auch bereit, sie anzunehmen. Erst dann und wirklich erst dann kannst du jedem Menschen in Liebe und Achtung begegnen. Du musst Liebe vorerst unterscheiden. Die Liebe zu einem Partner erwächst aus der Liebe zum Nächsten. Kannst du jedem Menschen frei von Vorurteilen begegnen, kannst du auch einem Einzelnen eine besondere Liebe schenken. Du darfst niemanden auf seine Krankheiten, Behinderungen, Ansichten, Mentalität, Neigungen oder körperliche Merkmale reduzieren. Wenn du das gelernt hast, kannst du verstehen, dass es jeder einzelne Mensch wert ist, geliebt zu werden. Er wohnt nur in seinem Körper und kann nichts für eine schiefe Nase oder graue Haare. Vielleicht hat er noch nicht gelernt, sich seines Seins bewusst zu sein, und filtert noch zu stark. Auch dafür kann er nichts, denn sein Weg hat ihn noch nicht dorthin geführt. Er ist Seele wie du, und genau aus diesem Grunde ist es ein sehr schönes Motto, wenn du, wie am Anfang bereits erwähnt, sagst: „Ich bin du – bist ich – sind wir!“

Das hast du sehr schön gesagt, wirklich. Niemand darf einen Menschen verurteilen, egal aus welchem Grund. Jeder Mensch ist in seinem Sein gleich. Die Individualität kommt erst durch das Menschsein, und eben das ist es, was wir erkennen müssen. Je bewusster man sich seiner Seele ist, desto mehr Liebe strahlt man aus und ebenso lebt man dann auch danach. Aggressive oder chronisch schlecht gelaunte Menschen zum Beispiel sind sich einfach noch nicht bewusst, wer sie eigentlich sind. Sie müssen noch lernen und das werden sie auch eines Tages. Und wenn ich allen Menschen auf dieser Ebene begegne, dann kann ich auch wahre Liebe zu einem mir besonderen Menschen empfinden.

Du hast es verstanden. Lass uns nun von der partnerschaftlichen Liebe reden, das wird viele interessieren. Diese Liebe nämlich setzt genau da an, worüber wir eben gesprochen haben. Wie könnte ich einen Mann oder eine Frau lieben, ohne seine oder ihre Schwächen zu akzeptieren? Das würde auf die Dauer nicht gut gehen. In der Liebe zu einem dir besonderen Menschen schwingt etwas mit, nämlich das, was du auch bei dir findest. Wenn nur eine dieser Frequenzen übereinstimmt, fühlt man sich angezogen. Stimmen mehrere überein, dann verliebt man sich. Es gibt aber nur wenige Paare, die sich wirklich gefunden haben und auf Anhieb wussten, dass sie zusammengehören. Andere müssen nun nicht glauben, dass sie nicht zusammenpassen, aber die Zeit wird zeigen, ob es so ist. Aus diesem Grunde spricht man auch von dem verflixten siebten Jahr. Dann sind beide wirklich auf einer Wellenlänge in ihrem gesamten Sein. Dann wissen sie, ob sie ihr Leben miteinander verbringen können oder nicht. Es gibt Paare, die sind eine Woche zusammen und sprechen von einer Partnerschaft, aber eine wirkliche Partnerschaft ist das nicht. Es ist eher eine Beziehung zwischen zwei

Menschen, die etwas Gemeinsames bewusst oder unbewusst entdeckt haben. Wahre Liebe erkennst du, wenn du sie spürst. Besonders dann, wenn du in einer anderen Beziehung davor bereits von wahrer Liebe gesprochen hast. Wäre sie es gewesen, dann wäre diese Beziehung nicht zerbrochen. Wenn du die wahre Liebe findest, wirst du es wissen. Leider sind viele Menschen in der heutigen Zeit sehr naiv, was dieses Thema angeht. Sie nutzen das Wort Liebe aus und stehlen ihr somit ihre Besonderheit.

Und genau das erlebt man leider viel zu oft. Man bekommt es andauernd mit. Doch auf die Liebe und ihre Facetten komme ich später noch einmal zurück.

Jetzt möchte ich erst einmal etwas ganz anderes ansprechen. Als ich eben draußen saß, ist mir etwas klar geworden. Jedes Mal, wenn ich Stift und Zettel vergesse, fallen mir prompt Fragen an dich ein, und jedes Mal muss ich flitzen, um sie zu notieren. Nehme ich aber Zettel und Stift mit, dann kommen keine Gedanken. Vorhin hatte ich einen Zettel dabei und den Stift natürlich auch. Der Zettel blieb aber leer. Erst als ich beides weglegte und woanders hinging, fiel mir genau dieses Thema ein, worüber ich jetzt gerade schreibe, und ich musste wieder zum Zettel flitzen. Warum ist das so? Es gibt aber noch mehrere Beispiele dafür. Jeden Tag nimmt man dieses eine Ding mit zur Arbeit, weil man denkt, man könnte es brauchen. Man braucht es aber nicht. Und wenn man es einmal vergisst, braucht man es. Wenn du mir das erklären kannst, dann verneige ich mich vor mir.

Nun, da du das so toll schreibst – „Ich verneige mich vor mir" –, will ich dir auch eine Antwort darauf geben. Wenn du Zettel und Stift mitnimmst, suchst du nach einer Antwort auf die Frage „Was kann ich mir notieren?" Wir haben bereits geklärt, dass in den meisten Fällen die Antwort erst dann auftaucht, wenn du mit dem Suchen aufhörst. Ich sage „in den meisten Fällen", weil es auch manchmal eine Ausnahme geben kann, die man dann als **Bestätigung der Regel** *betitelt. Dieses bestimmte Ding immer mit zur Arbeit zu nehmen kann sehr viele Gründe haben. Es kann zum Beispiel so sein, dass du es halt in deinen Tagesablauf eingebaut hast, dieses Ding mitzunehmen. Du machst das schon ganz unbewusst. Dann fällt dir auf der Arbeit auf, dass du es vergessen hast, und deine Aufmerksamkeit konzentriert sich auf das Ding. Damit sendest du so kraftvolle Wellen aus, dass es fast klar ist, dass irgendjemand nach dem Ding fragt. Ein anderes Beispiel ist, dass eigentlich immer jemand nach dem Ding fragt, nur eben immer jemand eines dabei hat. An diesem Tag schaust du wie immer nach und entdeckst, dass du es vergessen hast. Auch heute haben es noch andere Leute dabei und du brauchst deins eigentlich nicht, aber du sagst dir: „Ausgerechnet wenn ich es brauche, habe ich es nicht dabei." Du siehst, es ist nicht ungewöhnlich, das passiert jedem und man kann das auf vielerlei Arten erklären.*

Haste die Verbeugung gesehen?

Sehr schön, weiter so.

Ja, aber heute nicht mehr.

Und apropos **heute**, ich möchte auch mal als ich selbst etwas Schlaues von mir geben. Darüber habe ich heute erst nachgedacht. Es geht um den Geburtstag. Die Frage lautet: „Warum feiert man Geburtstag?" Jemand sagte mal, dass das unlogisch ist, da man ja eigentlich feiert, wieder ein Jahr dichter ans Sterben gerückt zu sein. Ich persönlich denke, dass man den Geburtstag feiert, weil man sich freut, dass man ihn noch erlebt, dass man dieses Alter noch erreichen darf. Aber ich habe auch noch eine ganz andere Meinung dazu. Wenn man den Geburtstag feiert, weil man ihn noch erleben darf, frage ich mich, warum man dann alle anderen Tage als selbstverständlich hinnimmt! Das ist etwas, was ich nicht verstehen kann. Wenn ich meinen Geburtstag feiere, so wie es viele machen, dann müsste ich auch jeden anderen Tag feiern, an dem ich morgens die Augen öffne. Nein, ich feiere nicht jeden Tag wie meinen Geburtstag, aber ich feiere auch keinen Geburtstag **mehr** als jeden anderen Tag. Es gibt Tage, da denke ich nicht weiter darüber nach, aber oft wache ich auf und sage: „Danke schön, dass ich wach geworden bin." Und jeden Abend vor dem Schlafengehen bedanke ich mich bei meinem Schutzengel und allen, die bei mir sind.

Wenn eine Seele nichts sagt, ist das ein Zeichen dafür, dass du die Kommunikation mit ihr verloren hast, dir deines Seins nicht mehr bewusst bist. Doch jetzt möchte ich etwas sagen, was ich nicht aus den gerade genannten Gründen sage, sondern um deine Worte zu benutzen, und damit du es verstehst: ***Ich***

***bin sprachlos!** Ich kann dem nichts hinzufügen. Ich wäre nur froh, wenn jeder Mensch so denken würde. Er sollte dankbar sein für jeden Tag, denn niemand weiß, wie viele er noch erleben darf. Den Geburtstag darf man dennoch besonders feiern, wenn man sich dessen bewusst ist, warum man das macht. Denn es ist der Tag, an dem man geboren wurde, der Tag, an dem alles begann auf dieser Erde. Ich möchte nicht zu viel schreiben, denn deinen Worten ist nichts mehr hinzuzufügen.*

Das freut mich, ehrlich. Ich habe das Thema nur angesprochen, weil ich heute darüber nachdenken musste und es mir wichtig erschien.

Bist du jetzt sprachlos oder warum pausierst du?

Ich denke noch immer darüber nach und stelle mir einige neue Fragen, die zum Teil aber zu persönlich sind. Und die andere Frage, die ich noch habe, passt überhaupt nicht zu dem Thema von eben. Aber eigentlich schwirrt mir die Frage schon seit Tagen im Kopf herum. Dadurch war ich in letzter Zeit auch sehr unkonzentriert.

Dann rede nicht so viel und stell die Frage. Was hält dich davon ab? Du hast keinen Abgabetermin für dieses Buch. Du hast niemanden, der dir sagt, was du schreiben darfst und was nicht. Also kannst du dir mit allem Zeit lassen und in Ruhe auf die Fragen eingehen, die für dich im jeweiligen Moment wichtig sind. Auch wenn du dadurch ein Thema mal pausierst. Du weißt doch: Genau so, wie es hier steht, ist es richtig.

In Ordnung. Einige mögen sich fragen, warum das Folgende nun so wichtig sein soll, aber vielleicht erklärt genau das deine Antwort darauf. Ich bin gespannt.

Mal abgesehen von religiösen Aspekten, ist das Pilgern auf dem Jakobsweg etwas für die Seele Positives? Ich frage dich, weil ich seit langer Zeit den Wunsch habe, genau diesen Weg zu gehen. Lange bevor Prominente dieses Thema in die Öffentlichkeit brachten. Es gibt zwar viele Pilgerwege, aber ich habe das Gefühl, dass mir gerade dieser Weg sehr wichtig ist.

Du solltest dir erst einmal im Klaren darüber sein, was Pilgern überhaupt ist. Im kirchlichen Sinne bedeutet es, dass du aus religiösen Gründen an einen dir fremden Ort pilgerst, einen Pilgerort. Pilgern ist also nichts anderes, als an einen bestimmten Ort zu gehen bzw. zu wandern. Die Gründe spielen dabei erst einmal keine so große Rolle. Der religiöse Aspekt wurde dem Pilgern von der Kirche erst zugesprochen. Auch heute gehen die Menschen aus religiösen und/oder spirituellen Gründen pilgern. Wenn keiner dieser Gründe mitspielt, dann gehen sie spazieren. Und mal abgesehen von religiösen Gedanken – du kannst zu dir selbst finden. Beim Pilgern bekommst du die nötige Ruhe, und das Marschieren bringt dich nach einer gewissen Zeit in eine Meditation hinein. Dadurch wirst du dir deines Seins bewusst, wenn du nicht einfach nur läufst, weil du dir oder jemandem etwas beweisen willst. Durch diese Bewusstwerdung sensibilisierst du dich in deinem ganzen Sein, in Kör-

per, Geist und Seele. Das Pilgern ist somit tatsächlich etwas sehr Positives für den Menschen, wenn er mit einem Ziel startet, aber ohne Fragen. Wenn man zur Ruhe kommt, erhält man Antworten, ohne zu fragen, und die Erfahrungen beim Pilgern sind so großartig, dass viele Menschen davon öffentlich berichten. Aber sie sind auch so wundervoll, dass viele ihre Erfahrungen für sich behalten als einen liebevollen Schatz, den sie in ihrer Erinnerung und in ihrem Herzen bewahren. Und dann gibt es da noch die ***Erscheinungen****. Menschen berichten, dass ihnen teure Verstorbene erschienen sind und ihnen halfen, die Trauer zu bewältigen. Andere berichten von der Jungfrau Maria, die ihnen erschien und sie segnete. Egal, ob es Verstorbene sind, Maria, Jesus oder andere Führer aus der geistigen Welt, niemand sollte daran zweifeln, denn der Weg offenbart vieles. Durch diese Meditation beim Wandern, durch die Stille in dir, durch die Bewusstwerdung deines ganzen Wesens stellst du dich auf die feineren Frequenzen dieser Welt ein, und so ist es kein Wunder, dass solche Erscheinungen auftreten, sondern ein Zeichen, welches man mit Achtung und Liebe annehmen muss, damit man daraus lernt. Nun gibt es aber, wie du sagst, viele Pilgerwege, und der Jakobsweg ist nur einer davon. Du kannst ihn gehen, wenn du bei diesem Gedanken Freude empfindest. Doch du kannst auch einen anderen Weg gehen. Wähle dir einen ganz besonderen Ort aus, den du als Kraftort ansiehst und spürst. Nimm ihn an und dann starte deine Reise dorthin. Es ist nicht das Ziel, das zählt. Es sind auch keine Vorgaben, wie lange du* *laufen musst oder ob du mit dem Auto fahren darfst oder nicht. Es sind keine Stempel notwendig, die beweisen, dass du an bestimmten Orten vorbeigekommen bist. Das alles ist es nicht. Dadurch findest du nicht zu dir selbst. Dadurch entsteht keine Harmonie mit deinem Sein. Im Gegenteil, Zwang verhindert sie. Dadurch erlässt Gott keine Sünden für die gläubigen Menschen. Es ist das Wandern, das Zur-Ruhe-Kommen, das In-sich-Gehen. Wie soll ich zu etwas finden, wenn ich nicht zu mir selbst finde? Wie sollen mir Sünden vergeben werden, wenn ich sie mir nicht selbst vergebe? Warum sollte ich zig oder Hunderte Kilometer laufen, wenn ich es nicht für mich tue? Du selbst bist das Ziel, nicht irgendein Ort.*

Nun wollte ich gerade schreiben: „Du sprichst mir aus der Seele", aber du bist es ja höchstpersönlich. Du hast damit meine Fragen beantwortet, meine Zweifel behoben und meine Absicht bestärkt. Mehr kann und möchte ich von dir nicht verlangen.

Du schreibst, dass ich beim Pilgern dir, meiner Seele, wieder bewusster werde. Ganz am Anfang hast du geschrieben: „Stirbst du, dann sterbe auch ich." Später hast du aber gesagt, dass die Seele nicht sterben kann. Was soll das denn nun bedeuten?

Ja, ich habe geschrieben, dass ich sterbe, wenn du stirbst. Das ist im Normalfall auch nicht weiter schlimm, denn eines Tages stirbt jeder. Doch wenn du stirbst, weil du dir deiner Seele gar nicht mehr bewusst bist, sie und deinen Körper verkümmern lässt, immer kränker wirst, dann zwingst du mich ja regel-

recht dazu, diesen Körper zu verlassen. Wenn es nicht bestimmt war, dann verliere ich die Möglichkeit, alle Erfahrungen dieser Inkarnation zu machen, zu erleben. Das meinte ich damit, dass auch ich sterbe, wenn du stirbst. Verstehst du? Wenn es so vorgesehen war, ist alles in Ordnung. Wenn aber nicht, dann muss ich vorzeitig gehen.

Ah, endlich habe ich es verstanden. Ich dachte erst, du hast dir selbst widersprochen. Dann werde ich jetzt zu etwas kommen, was ich mir notiert hatte, bis jetzt aber noch nicht einbringen konnte. Wir haben ja schon über die Liebe gesprochen und wollten auch noch einmal darauf zurückkommen. Ob nun Zeit dafür ist, weiß ich nicht, aber dieses Thema möchte ich genau jetzt besprechen.

Bevor du weiterschreibst, möchte ich etwas sagen. Da du das Gefühl hast, es jetzt besprechen zu müssen, ist es auch der richtige Zeitpunkt. Achte immer darauf, wie es sich anfühlt, dann brauchst du dir keine Gedanken zu machen.

So habe ich mir das gedacht. Und weil ich eben jetzt so ein Gefühl hatte, spreche ich es auch an.

Es geht um die sexuelle Orientierung eines Menschen. Wir kennen Hetero-, Bi- und Homosexualität. Ersteres wird von den meisten Menschen als **normal** angesehen und Letzteres wird am häufigsten angegriffen. Was ist nun **normal**? Was ist richtig? Und was passiert, falls man eine Orientierung hat, die vielleicht nicht richtig ist?

Keine der drei von dir angesprochenen sexuellen

Orientierungen ist normal und keine von ihnen ist eine angeborene Art oder Neigung. Wenn man davon spricht, dann meint man, zu welchen Menschen man sich hingezogen fühlt. Das hat mit Sexualität im heutigen Sinne erst einmal nichts zu tun. Wir sprechen hier von der Liebe, wie du ja schon gesagt hast. Wenn man die Liebe in diese drei Kategorien steckt, dann erstickt man sie. Und einige Menschen, die das machen, wundern sich, dass sie in den letzten fünfzig Jahren keinen passenden Partner gefunden haben. Jeder Mensch hat ein wunderbares Geschenk bekommen, nämlich die Liebe. Sie kann aber nicht gelenkt und auch nicht bezwungen werden. Liebe geschieht, und niemand, wirklich niemand kann es sich aussuchen, wo und wann. Jeder Mensch kann sich ebenso in eine Frau verlieben wie in einen Mann. Es ist nur leider so, dass es vielen die Programmierungen des Umfelds besonders aus Kinder- und Jugendtagen verbieten. Verstehst du, dass keine dieser Orientierungen richtig oder falsch ist?

Ich verstehe schon, was du meinst, aber du musst zugeben, dass das alles sehr nach Bisexualität klingt. Außerdem werden sich einige auf den Schlips getreten fühlen.

Wenn du es, um es besser verstehen zu können, in eine Kategorie einordnen möchtest, dann nimm es so hin und nenne es Bisexualität. Doch muss ich dir sagen, dass es dennoch ein Fehler ist. Die Liebe kann ein Leben lang bei Männern wirken oder auch bei Frauen oder eben bei beiden. Niemand weiß, wohin sie geht. Sie findet ihren Weg von ganz allein und kein menschlicher Verstand vermag sie zu lenken. Vielleicht hat ein Mann, der heterosexuell sein und bleiben will, Glück, dass er sich nur in Frauen verliebt. Vielleicht hat er aber auch **Pech** *und er bekommt dieses wundervolle Gefühl tatsächlich bei einem Mann. Niemand, wirklich niemand kann die Liebe nach seinem Verstand lenken. Wer das versucht und in eine Richtung geht, die die Liebe nicht wählt, wird schnell die Konsequenzen daraus ziehen müssen. Vielleicht macht ihn die bewusst gelenkte Liebe krank, also die Beziehung, die er dadurch eingegangen ist. Vielleicht erlebt er nur Liebeskummer. Und du weißt, Seelenschmerzen sind die schlimmsten von allen. Der Mensch muss begreifen, dass er ehrlich zu sich sein muss. Es ist so unermesslich wichtig, das zu verstehen. Was ist denn daran so schlimm, wenn sich eine Frau in eine Frau verliebt? Lasst es zu und verabschiedet euch von den Menschen, die das nicht akzeptieren. Es wird ein Wiedersehen geben.*

Ich muss mich mal zu Wort melden. Du nimmst als Beispiel eine Frau, die sich in eine Frau verliebt. Weißt du eigentlich, dass viele Menschen eine homosexuelle Beziehung zwischen zwei Frauen als gar nicht so schlimm erachten wie die zwischen zwei Männern? Wenigstens in den Köpfen der Männer ist das der Fall. Aber umgekehrt ist es auch nicht viel anders. Frauen sehen Männerpaare lieber als Frauenpaare, und auch hier darf man nicht alles verallgemeinern. Ich kann nur von dem sprechen, was ich in der Vergangenheit mitbekommen habe, und das war zum Teil nicht immer angenehm.

Daran kannst du erkennen, dass es nicht unbedingt die Homosexualität ist, die diese Abneigung hervorbringt, sondern unterdrückte Gefühle, die nicht ausgelebt werden, oder auch die Wichtigtuerei in einer Gruppe. Es gibt viele Gründe, warum dies oder das geschieht. Die Wahrheit aber ist, dass jeder Mensch Liebe empfindet und keiner sich aussuchen kann, bei wem. Hier kommt aber auch die freie Entscheidung ins Spiel. Denn wenn ich Liebe für einen Menschen empfinde, kann ich mich entscheiden, ob ich dem nachgehe oder nicht. Wenn nicht, kann ich warten, bis ich dies bei jemand anders wieder fühle. Doch verleugnen bringt Disharmonie, und wir wissen, wohin das führt.

Ich kann dir nur zustimmen. Wenn ich also Gefühle für jemanden habe und diese als falsch ansehe oder einfach nicht akzeptieren kann, weil es nicht zu meiner Einstellung passt, dann sollte ich mich auf keinen Fall dagegen sperren, sondern es annehmen, weil mich negatives Denken krankmachen kann und wohl auch wird. Und die Gefühle annehmen kann ich, indem ich entweder darüber rede oder sie aufschreibe. Auf jeden Fall muss ich mir Gedanken darüber machen, um das alles zu verarbeiten. Die wichtigste Aussage von dir war, dass man ehrlich zu sich selbst sein soll.

Der Mensch nimmt Liebe nur als Emotion wahr. Er begrenzt sie damit auf ein kleines Maß des Seins. Emotionen sind lebenswichtig, und dennoch ist Liebe so viel mehr als das. Sie ist die Quelle des vollkommenen Seins, der Schlüssel zum Glück, sie ist das

Fenster, das der Mensch braucht, um die Wahrheit zu erkennen. Das alles ist sie und noch unendlich viel mehr. Dennoch benutzt sie der Mensch, als sei sie ein alter Ball, mit dem man kurz spielt und in eine Ecke schießt, wenn man keine Lust mehr hat. Dort liegt sie dann wie ausgesetzt und ohne Schutz. Und ihr wundert euch.

Du hast eben extreme Traurigkeit in mir ausgelöst.

Das ist der Schmerz, den ich empfinde. Verbunden mit allem, denke daran. Es ist sozusagen der Schmerz aller Seelen. Der Schmerz, der der großen Seele zugefügt wird, weil der Mensch so unachtsam mit diesem großen Geschenk umgeht.

Ich verstehe dich. Aber ich kann nichts weiter machen, als genau das, was du sagst, weiterzugeben und mich auch selbst danach zu richten. Ich glaube, es ist besser, wenn wir ein anderes Thema ansprechen. Vielleicht kann ich dich ein wenig aufmuntern.

Möchtest du erzählen, was ich tun muss, um auch im Außen ich zu sein? Also was bringt nach außen, dass ich mir dessen bewusst bin, eins mit dir zu sein und verbunden mit allem? Energie und Schwingung sind schön und gut, aber das ist nicht alles, oder?

Sobald du in dem Bewusstsein schwingst, dass alle miteinander verbunden sind, wird das früher oder später in deinem Wesen zu erkennen sein. Du wirst eine für andere Menschen unheimliche Ruhe ausstrahlen. ***Unheimlich*** *nenne ich es, weil es tatsächlich* ***nicht heimlich****, also nicht nur für dich, sondern auch* *für andere zu merken ist. Es ist aber nicht einfach nur eine Ruhe, die tief aus dir zu kommen scheint, es ist eine Ausstrahlung. Stell dir vor, du wirfst einen Stein ins Wasser und die Wellen breiten sich immer weiter aus. So ist es auch mit dieser Ruhe. Aus deinem Inneren heraus breitet sie sich aus und wirkt auf alles in deinem Umfeld. So findet allein durch deine Anwesenheit eine Art Transformation statt, die auf Menschen, Pflanzen und Tiere heilend wirkt. Und hier sind wir an dem Punkt, an den deine Frage anschließt. Beobachte deine Gefühle, bevor du irgendetwas machst. Achte stets darauf, dass es die Liebe ist, die sie beherrscht. So werden es Wut, Hass und alles, was nicht aus der Liebe kommt, nicht schaffen, deine Gefühle zu verfälschen. Dann solltest du auf dein Denken achten. Sei kreativ, bilde es dir im wahrsten Sinne des Wortes ein und vergiss nicht, harmonisch zu denken. Auf das Denken folgt die Handlung, dein Tun. Handle, ohne nur an dich zu denken. Egoismus ist hier nicht willkommen. Handle und beachte alle Konsequenzen. Es ist also ganz einfach, deine Verbundenheit nach außen zu bringen, du musst nur bewusst werden. Du hast gemerkt, dass dein Fühlen, Denken und Handeln innen beginnt. Diese Drei kannst du nur erfolgreich meistern, wenn du dir deines Seins bewusst bist, wenn dir klar ist, dass du im Körper nur wohnst, du in ihm ein Engel bist und alle miteinander verbunden sind. Erst wenn du das wirklich erkannt hast, kannst du schnell und erfolgreich auch die anderen drei Punkte meistern. Beginnst du beim Denken, wird es auch irgendwann klappen, doch es wird länger dauern und deine Geduld wird hier eine große Rolle spielen. Beginne innen, so wirst du spüren, dass alles andere bereits in Aktion ist. Aber sei vorsichtig, denn nicht alle Menschen sind sich dessen bewusst, dass das Leben nicht nur aus Geborenwerden, Schule, Arbeit, Geld und Sterben besteht. Sie werden gemein sein, aggressiv und verletzend. Schluckst du das einfach runter, schadet es dir und macht deine Bemühungen zunichte. Reagierst du ebenfalls mit Gemeinheiten, Aggression oder Verletzung, dann hattest du dich nie wirklich bemüht und musst noch viel lernen. Du musst es also erkennen, annehmen, dafür danken und – was vielleicht am schwersten sein mag – du musst diesen Menschen Liebe zukommen lassen.*

Da ich es für sehr wichtig halte, dass das jeder versteht, möchte ich noch nicht auf deine Antwort eingehen. Ich möchte dich zuerst bitten, noch einmal die Worte „den Menschen Liebe zukommen lassen" zu verdeutlichen.

Lass mich auf alles genau eingehen. So beginne ich beim Erkennen und komme dann zur Liebe. Wenn dir ein Mensch begegnet, kann es sein, dass er vielleicht nicht deine Weltanschauung, deinen Glauben und dein Wissen teilt. Du musst einsehen, dass nicht jeder Mensch so weit ist, die Wahrheit erkannt zu haben. Wenn du das realisiert hast, kannst du ihn annehmen. Das bedeutet, du sollst ihn nicht belehren und in seinen Worten, Taten oder seinem Denken verbessern. Nimm ihn an als der, der er ist. Wünscht er sich, so positiv zu sein wie du, dann kannst du ihn immer noch an deinem Wissen teilhaben lassen. Du solltest auch dankbar sein, dass du durch ihn noch einmal erkennst, wie positiv doch dein Denken und dein Handeln inzwischen sind und wie verbunden du mit deinem Sein bist. Wärst du diesem Menschen in diesem Augenblick nicht begegnet, wer weiß, ob du vielleicht für eine kurze Zeit dein Sein vergessen hättest. Und dann lass ihm Liebe zukommen, indem du ihn achtest als der, der er ist. Mit deiner Achtung legst du das Fundament dafür, ihm Liebe entgegenzubringen, denn Achtung ist eine Form der Liebe. Ohne Liebe keine Achtung und ohne Achtung keine Liebe. Wenn dich derjenige nun als ***Spinner*** *betitelt und dir böse Worte sagt, dann sei dir in deinem Inneren bewusst, dass er noch viel zu lernen hat und eines Tages die Wahrheit erkennen wird. Stell dir einfach vor, er lächelt dich an und ihr unterhaltet euch auf Augenhöhe. Denke kreativ, das wird dir helfen.*

Aber ist es denn nicht ganz logisch, dass ich anderen Menschen nicht gleich meine Lebensphilosophie aufdrücke, sondern ihnen auf einer Ebene begegne, die halt **normal** ist? Ich begrüße die Menschen mit Handschlag oder Umarmung und einem „Hallo". Ich knie doch nicht nieder und bete sie an, nur weil sie zu meiner Geschichte gehören. Also diesmal würde man mich wirklich einsperren. Was du geschrieben hast, ist eine klare, logische und verständliche Erklärung. Aber ich denke, dass man nicht gleich mit der Tür ins Haus fallen und jedem auf die Nase binden sollte, dass man etwas weiß, was er nicht weiß. Das würde sehr eingebildet wirken.

Ja, das wäre es, und für dich mag das auch alles selbstverständlich sein; aber es gibt nun mal Menschen, die bilden sich auf ihr Wissen nicht nur viel ein, sie wollen es anderen regelrecht aufzwingen. Doch damit demonstrieren sie nur, dass sie das, was sie wissen, selbst nicht verstehen, denn sie setzen es nicht um. Wenn du aber einfach nur bist, wird diese Schwingung auf die Menschen, die dir begegnen, übergehen und sie werden dadurch auf ihrem Weg gefühlvoller geleitet. Denn tief in sich spüren sie das und ihre Seelen werden beginnen ein bisschen zu tanzen.

Und Bücher gehören nicht dazu, weil ja jeder Mensch seinen freien Willen hat zu entscheiden, ob er es lesen möchte oder nicht.

Ja, genau. Der freie Wille ist hier ganz klar zu erkennen. Jeder kann entscheiden, ob er ein Buch lesen möchte, das ihn auf seinem Weg begleiten und sein Leben zum Guten wenden kann oder nicht. Jeder kann entscheiden, ob er ein Seminar besucht oder einen Film anschaut. Man sollte nur stets auf sein Gefühl hören. Fühlt es sich gut an, dann sollte man es machen. Fühlt es sich nicht gut an oder fühlt sich die Vorstellung, es nicht zu machen, besser an, dann sollte man es lassen. Doch das muss nicht heißen, dass es sich irgendwann später nicht doch gut anfühlt.

Du hast etwas geschrieben, was mich nicht loslässt. Und zwar hattest du kurz etwas zur Kreativität der Gedanken gesagt und angedeutet, dass du eh noch einmal darüber sprechen möchtest. Kannst du jetzt ein wenig mehr dazu sagen?

Kreativität ist etwas sehr Schönes. Sie macht deine Gedanken noch kraftvoller, denn dann denkst du nicht einfach nur, sondern du denkst in Bildern. Wenn es dir einmal nicht gut geht, dann kannst du dir zum Beispiel viele Herzen in einem kräftigen Rot, Rosa oder sogar Grün vorstellen. Das Herz verbinden alle – und verbindet alle – mit Liebe und darum wirkt dieses Gedankenbild heilend. Wenn man traurig ist, kann man sich etwas Schönes vorstellen, eine Begebenheit aus der Vergangenheit oder etwas, was einen glücklich macht. Damit diese gedankliche Kreativität aber wirklich sinnvoll bzw. wirkungsvoll ist, musst du darauf achten, dass du immer positive Bilder benutzt. Wenn du dich dabei erwischst, dass du etwas Negatives denkst, dann wechsle sofort zu einem positiven Bild. Du kannst dir selbst helfen, wenn du dir einen gedanklichen Glücksbringer erschaffst. Das geht ganz einfach: Nimm dir eine Auszeit. Lege dich hin und entspanne dich. Komm einige Minuten zur Ruhe. Dann stell dir etwas vor, was dich glücklich macht. Vielleicht ein Ereignis aus deiner Vergangenheit, etwas, an dem du dich erfreust oder worüber du wirklich lachen kannst. Und wenn du während dieser Entspannung lachen musst bzw. Glück empfindest, ist es ein Zeichen dafür, dass du etwas gefunden hast. Stell dir vor, dass das, was du siehst, nicht einfach nur ein Gedanke ist, sondern ein Film. Du schaust dir diesen Film an, so oft du möchtest. Dann stell dir vor, wie du die Filmrolle vom Projektor oder die DVD aus dem Abspielgerät nimmst. Lege den Film nun in seine Verpackung, seine Hülle und beschrifte sie mit einem Bild. Dieses Bild ist der Titel des Films. Vielleicht ist es eine lachende Sonne, vielleicht ein Regenbogen, vielleicht ein Schloss auf einer Wolke. Sieh dir die Verpackung an und werde dir bewusst, dass darin der Film liegt, über den du so lachen kannst, über den du dich freust, der dich glücklich macht. Und nun versuche jeden Tag immer wieder an dieses Titelbild und gleichzeitig an den Film zu denken. Erinnere dich, dass er dich zum Lachen bringt, dich glücklich macht. Bald merkst du, dass du dir den Film gar nicht mehr vorzustellen brauchst, denn das Titelbild allein reicht aus. Falls du dich nun dabei erwischst, dass du etwas Schlechtes, etwas Negatives denkst, brauchst du dir nur noch das Titelbild vorzustellen und du wechselst wieder ins Positive. Der gedanklichen Kreativität sind keine Grenzen gesetzt, bleibe nur positiv. Doch es gibt Menschen, die die Fähigkeit verloren haben, bildhaft zu denken. Sie können es aber wieder lernen, wenn sie es möchten. Es verlangt Übung und ist eigentlich ganz einfach. Achte bitte darauf, was passiert, wenn du das Folgende liest: Denke nicht an einen roten Ball. Was hast du gesehen? Einen schönen roten Ball? Dann klappt es doch. Oder hast du so etwas wie eine rote Kugel auf einem schwarzen Gedankenhintergrund gesehen und sie war auch noch durchscheinend oder so? Macht nichts, du kannst es. Niemand kann nicht kreativ in Bildern denken. Es haben nur viele verlernt, aber sie können es ganz einfach wieder lernen, indem sie es versuchen. Mit der Zeit wird die komische rötliche Kugel auch wieder zu einem schönen roten Ball. Soll-

test du etwas ganz anderes gesehen haben, ist es auch nicht schlimm. Es sollte nur zeigen, dass du in der Lage bist, in Bildern zu denken.

Das war eine sehr entspannende Ausführung, besonders diese Meditation in der Mitte. Ich habe mein Titelbild gefunden und hoffe, dass es alle nachmachen. Doch fiel mir dabei auch etwas anderes ein.

Ich kann zwar heute damit beginnen, positiv zu denken, aber was ist mit meiner Vergangenheit. Ich hatte ja schon den einen oder anderen – oder auch noch mehr – negativen Gedanken und habe dadurch schlechte Erfahrungen und bestimmt auch negative Programmierungen. Kann ich das irgendwie neutralisieren oder zum Positiven wenden?

Nein, das wäre vollkommen unnütz, denn sobald du dich mit diesen Gedanken, den Erfahrungen und Programmierungen befasst, denkst du an sie und holst sie dadurch in den Moment, in deine Gegenwart. Du kannst also nichts von dem einfach beseitigen, denn bei jedem Versuch gibst du ihm neue Energie. Du kannst allerdings, sobald du merkst, dass du mal wieder einen negativen Gedanken hast, an etwas anderes denken. Zum Beispiel an dein positives Bild.

Das klingt logisch. Denke ich an etwas aus meiner Vergangenheit, dann hole ich es in meine Gegenwart. Ist es etwas Negatives, sollte ich es da lassen, wo es ist, und an etwas Schönes denken. Und wenn ich es richtig verstanden habe, brauche ich mir darüber eh keine Gedanken zu machen. Denn wenn ich das, was du geschrieben hast, begriffen habe, dann geht dieses Denken, dieses Bewusstsein in mein ganzes Sein über. Und wenn ich das alles grob überblicke, ist es im Prinzip die Liebe, an die ich mich halten muss. Und die Liebe in der Begegnung mit anderen bedeutet, sie zu achten.

Wenn du den Menschen helfen möchtest, sich ihres Seins bewusst zu werden, und ihnen dein Wissen mitteilst, dann ist es vollkommen zwecklos, wenn du nicht in der Liebe bist. Wenn du mit einem Lächeln die Welt heilen möchtest, dann ist das vollkommen zwecklos, wenn du nicht in der Liebe bist. Wenn du einem Hilfesuchenden helfen möchtest, dann ist das vollkommen zwecklos, wenn du nicht in der Liebe bist. Wenn du also den Weg deines Seins gehen möchtest, dann ist das vollkommen zwecklos, wenn du nicht in der Liebe bist. Bist du aber in der Liebe, dann ist es dein ganzes Wesen, das heilt, hilft und wirkt. Bist du in der Liebe, dann wird kein negativer Gedanke dir jemals zur Last fallen. Bist du in der Liebe, dann wird dein ganzes Wesen eins mit allem, und die Menschen werden erkennen, dass du ein Wissender bist aus deinem vollkommenen Sein, aus deinem Wissen in unendlicher Liebe.

Das hört sich, wenn ich das so sagen darf, himmlisch an. Das klang schon fast prophetisch, fern dieser Welt und doch irgendwie nah und wahr. Und dadurch habe ich wieder Fragen, die mir in den Sinn kamen. Sie passen hierher, sind aber religiöser Natur, und darum hätte ich eine Bitte. Können wir am Ende des Gesprächs noch einen religiösen Teil anhängen?

Du kannst deine Fragen ruhig jetzt stellen. Ein re-

ligiöser Mensch kann genauso entscheiden, ob er das Gelesene annimmt oder nicht, wie ein nicht-religiöser Mensch. Jeder hat die Wahl und niemand kann dich für etwas verurteilen, was tief aus deinem Inneren kommt.

Das klingt einfach, ist aber in Wirklichkeit viel schwerer. Es wird unter den Lesern auch Kritiker geben und Menschen, die nur böse Worte für mich übrig haben. Du musst das zwar auf gewisse Weise auch durchstehen, aber immerhin bin **ich** es, der gesehen wird, der angegriffen wird. Ich kann damit einigermaßen umgehen, besonders bei diesem Buch, und dennoch möchte ich niemanden mit meinen Fragen und Antworten beleidigen, angreifen oder gar verletzen. Frage ich nun etwas über Gott, dann kenne ich die Antwort ja erst dann, wenn du sie aufschreibst.

Du wirst niemanden beleidigen, angreifen oder gar verletzen. Jeder gläubige Mensch, egal welcher Religion er angehört, wird in seinem reinen Sein erkennen, dass du seinen Glauben achtest und ihm Liebe zukommen lässt. Wenn sich eine Frage oder eine Antwort für einen anderen im ersten Moment vielleicht suspekt anhört, mag er darüber nachdenken, was wirklich hier geschrieben steht. Denn in jedem Wort steckt Wahrheit und ein tiefer Sinn.

Ja, ich achte jeden Glauben, jede Religion. Ich gehe sogar noch weiter, denn ich bewundere jeden Menschen, der aus Überzeugung einen Glauben angenommen hat. Und so achte ich ebenfalls diejenigen, die nicht glauben und zweifeln. Ich kann aber nicht über andere Religionen sprechen, weil ich diesbezüglich zu unwissend bin. Darum muss ich meinen Glauben als Grundlage nehmen. Und da du mir jetzt Mut gemacht hast, möchte ich auch auf mein Anliegen zu sprechen kommen.

Ich habe ein wenig in der Bibel geblättert. Immer wieder kam ich auf dieselbe Seite. Ich schlug die Bibel auf und diese Seite war da; der Wind kam durchs Fenster, legte die Seiten um und diese Seite war da. Solche Zufälle eben. Auf besagter Seite trat nun etwas Dickgedrucktes in meine braunen Äuglein und ich hatte das Gefühl, dass da etwas Besonderes steht. Allerdings hatte ich auch das Gefühl, dass du mir sagen sollst, was **wirklich** dort steht. Hierzu möchte ich die Bibel zitieren. Im zweiten Brief des Paulus an die Korinther steht im sechsten Absatz des vierten Kapitels: „Denn Gott, der sprach: Licht soll aus der Finsternis hervorleuchten, der hat einen hellen Schein in unsre Herzen gegeben, dass durch uns entstünde die Erleuchtung zur Erkenntnis der Herrlichkeit Gottes in dem Angesicht Jesu Christi.“[4]

Da ich dir die Stelle gezeigt habe, freut es mich, jetzt darauf eingehen zu können. Denn genau das ist es, worüber wir sprechen; dass sich der Mensch seines Seins, seiner Seele bewusst werden muss. Der helle Schein in unseren Herzen ist das Licht, das aus der Finsternis hervorleuchtet. Der helle Schein in unseren Herzen ist der Gedanke daran, dass im Menschen die Seele wohnt. Ich drücke mich nun im Folgenden sehr

4 2. Korinther 4,6

einfach aus: Als Jesus kam und sagte, dass da etwas im Menschen ist, musste der Mensch darüber nachdenken. Dadurch wurde er sich – ohne sein Wissen – seiner Seele bewusster und sie konnte wachsen. Aber dadurch veränderte sich der Mensch natürlich auch. Denn wenn man sich seiner Seele bewusst wird, wächst auch die Erinnerung an die Liebe. Und nun konnten die Menschen die Herrlichkeit Gottes im Angesicht Jesu Christi erkennen. Sie konnten erkennen, dass in ihm etwas ist, und es konnte nur Gott sein. Sie konnten erkennen, dass er eine Seele hat, denn sein Wirken machte es deutlich. So konnten sie auch die Seele in sich erkennen, ganz bewusst, und sie wussten, dass es die Herrlichkeit Gottes ist. Es ist nicht so, dass hinter den Ausführungen der Bibel keine Tatsachen stehen. Doch durch spätere Übersetzungen, Deutungen und Diskussionen wurde es verzerrt.

Ich habe die Bibel bereits gelesen, aber ich glaube, nach diesem Gespräch werde ich sie noch einmal lesen und wahrscheinlich erst dann die wahre Aussage verstehen können. Auf jeden Fall danke ich dir für deine Erklärung, das zeugt von der Wichtigkeit dieser Botschaft. Damit hast du mir auch schon viele meiner anderen Fragen beantwortet. Es wird sich zwar kein bibeltreuer Christ vorschreiben lassen, was er in der Bibel wie zu interpretieren hat, aber vielleicht denkt der eine oder andere ja darüber nach.

Und nun komme ich zu einem Thema, worüber wir zwar schon gesprochen haben, was ich aber noch einmal aufgreifen möchte. Es geht um Heilung. Ich musste gerade daran denken, und so scheint es ja dann auch für dich ein wichtiges Thema zu sein. Wir sprachen davon, dass wir andere heilen können. Wir sprachen auch darüber, wie wir uns unseres Körpers bewusst werden und unsere Energie harmonisieren können. Doch die konkrete Frage, die ich nun habe, ist: Wie kann ich mich selbst heilen?

Indem du das befolgst, was ich dir auf den vielen Seiten bisher gesagt habe, heilst du dich bereits selbst. Möchtest du aber bewusst eine Heilung hervorrufen, musst du immer daran denken, dass Energie deiner Aufmerksamkeit folgt. Das bedeutet, dass du kein Knie heilen kannst, wenn du deine Aufmerksamkeit auf den Daumen lenkst. Und du kannst nichts heilen, wenn du deine Aufmerksamkeit auf die Heilung lenkst. Heilung kann dann geschehen, wenn du ohne Erwartung herangehst. Das bedeutet, dass dein Knie nicht einfach schmerzfrei wird, wenn du dauernd daran denkst, dass es schmerzfrei werden soll. Erst wenn du bereit bist, von deiner Erwartung wegzugehen, wird es geschehen. Die wohl einfachste Art des Heilens ist zugleich sehr effektiv. Ich nehme sie als Beispiel, weil sich viele Menschen nur wenig oder gar nicht mit Heilung oder Energie auskennen. Bleiben wir einmal dabei, dass dein Knie schmerzt, es ist das linke. Werde dir erst einmal bewusst, wie sich das Knie anfühlt. Dabei spreche ich nicht von den Schmerzen, sondern davon, ob es warm ist oder kühl, drückt es oder ist es ganz leicht. Konzentriere dich also ein oder zwei Minuten nur auf dein linkes Knie.

Danach machst du dasselbe mit deiner rechten Hand. Werde ihrer bewusst und konzentriere dich auf sie. Damit zeigst du dir selbst, dass sie es ist, die die Heilung in Gang setzen wird. Dann leg die Hand auf das Knie und konzentriere dich nun auf Knie und Hand gemeinsam. Nach einiger Zeit wirst du merken, dass sich das Gefühl in dem gesamten Bereich ausgeglichen hat, und du kannst die Hand wegnehmen. Die Schmerzen sind weg bzw. werden gleich weg sein. Statt auf das Knie kannst du die Hand auch woandershin legen, vielleicht auf den Oberschenkel. Wenn du mal an Stellen Schmerzen hast, an die du nicht so einfach herankommst, musst du die Hand sowieso woandershin legen. Diese Form der Heilung funktioniert so einfach, weil eine Harmonie hergestellt wird, die überall im Körper zu finden und auch nachweisbar ist. Es steckt also kein Hokuspokus, sondern eine gewisse Logik dahinter. Diese Harmonisierung oder Synchronisation findet im gesamten Organismus statt und nicht nur an den Stellen, auf die man sich konzentriert. Darum sollte man das immer mal machen, auch wenn man keine Schmerzen oder andere Probleme hat. Das tut nämlich auch mir richtig gut.

Na, wenn das so ist, mache ich das jetzt täglich. Ich habe auch schon ein paar Leuten davon erzählt und die sind regelrecht begeistert.

Und wo wir schon beim Thema Heilung sind, habe ich auch gleich die nächste Frage diesbezüglich. Es geht um Schmerzen, Krankheiten und darum, was sie bedeuten bzw. was sie uns sagen wollen. Ich persönlich gehe davon aus, dass man erkennen kann, was zu dieser oder jener Krankheit bzw. bestimmten Schmerzen geführt hat. Ohne ein Beispiel zu nennen, würde ich gerne hören, was du dazu zu sagen hast.

Das ist ein weites Feld und bedarf einiger Erklärung. Krankheiten und Schmerzen haben einen Grund. Wenn man Magenschmerzen hat, sagt man oft, dass einem etwas auf den Magen geschlagen ist. Und das ist auch so, denn wenn man allen Ärger und alle Sorgen runterschluckt, braucht man sich eigentlich nicht zu wundern. Wenn du dir den Knöchel verstauchst, das Bein brichst, einen Wadenkrampf hast, dann solltest du darüber nachdenken, was dich bremst, warum du im Leben nicht weiterkommst, auf einer Stelle trittst. Schmerzt deine Schulter, dann lastest du dir zu viel auf. Ist es die Wirbelsäule, die dir Kummer macht, dann kann es ebenfalls die Last auf deinen Schultern sein oder aber der Druck, sich selbst antreiben zu müssen. Ist dieser Schmerz eher im vorderen Bereich in Höhe der Brust, dann kann es sein, dass du dich vor etwas zurückhältst. Schmerzen die Arme, bedeutet das vielleicht, dass du dich immer durchboxen musst. Hast du Zahnschmerzen, kann es sein, dass du dich durchbeißen oder immer die Zähne zusammenbeißen, also tapfer sein musst. Es kann sein, dass du dich nie traust, etwas zu sagen, oder aber es ist ein Hinweis auf einen anderen Körperbereich. Die Zähne sind ja mit dem ganzen Körper verbunden. Auf Krankheiten brauchen wir nicht so weit einzugehen, darüber haben andere, großartige Menschen viele frei zugängliche Informationen veröffentlicht. Aber sieh dir mal den Krebs an, eine abscheuliche Krankheit. Der Krebs frisst den Menschen ja – bildlich gesprochen – innerlich auf. Die Frage ist nun: Könnte Krebs entstehen, wenn sich der Mensch nicht selbst innerlich auffressen würde? Durch Schuldgefühle, Angst oder Schocks und Blockaden aus früherer Zeit oder früheren Inkarnationen?

Schocks und Blockaden aus früheren Leben? Seltsam, ich habe erst neulich etwas im Fernsehen darüber gesehen. Da wurde berichtet, dass Menschen oft noch etwas in ihrem Energiefeld haben, wenn sie zum Beispiel in einem früheren Leben hingerichtet, gefoltert oder als Sklaven gehalten wurden, aber auch wenn sie einen Eid oder ein Gelübde geleistet haben. Meinst du so etwas? Ist das im neuen Leben tatsächlich noch immer vorhanden? Reinigt sich die Seele nicht, wenn sie aus dem Körper austritt?

Alle Erfahrungen, alles, was du erlebt und gelernt hast, bleibt in dir als Erinnerung erhalten. Die Seele braucht sich nicht zu reinigen, denn sie ist reines Sein. Erst wenn sie wieder Mensch wird, kann solch eine Erinnerung eine negative Auswirkung haben. Diese kann zwar gelöst werden, aber die Erinnerung wird dadurch nicht gelöscht. Wurde jemand in einem früheren Leben erhängt und hat jetzt chronische Nackenschmerzen, dann kann der Strick symbolisch abgeschnitten werden. Natürlich ist kein Strick mehr im Energiefeld vorhanden, aber ich sagte ja bereits, dass die Energie stets deiner Aufmerksamkeit folgt, und wenn du dann symbolisch einen Strick entfernst, sorgt die Energie dafür, dass eben das im Menschen geheilt wird und diese Erinnerung keine negativen Auswirkungen mehr hat. Bei Eiden oder Gelübden ist das allerdings etwas anderes. Sie werden ausgesprochen, es wird geschworen und versprochen. Dies gilt aber nicht nur für dieses eine Menschenleben, sondern für dein ganzes Leben, einschließlich aller Inkarnationen. Vielleicht sollten solche Eide und Gelübde einerseits überdacht, auf jeden Fall aber hinzugefügt werden, dass man es nur für dieses Menschenleben schwört. Wenn sich ein Mensch immer wieder bewusst selbst verletzt, dann muss man schauen, ob er vielleicht einmal in einem Kloster gelebt hat und dort das Gelübde der Selbstkasteiung ablegte. Vielleicht ist er zeugungsunfähig und legte in einem anderen Leben das Gelübde der Keuschheit ab. Diese Eide müssen aufgelöst werden, das heißt, man muss sich davon lösen. Das geht, weil man den Eid ja eigentlich nur für dieses eine Menschenleben geschworen hat. Nur gilt das eben nicht auf Energieebene. Da du im Innersten weißt, dass du viele Menschenleben lebst, wirken diese Eide und Gelübde durch alle hindurch. Aber das ist nur der Fall, wenn du sie so geleistet hast, wie man es von dir erwartete, nämlich aus festem Glauben, mit deiner ganzen Kraft und Energie aus deinem Innersten heraus gesprochen. Anders ist es, wenn du einen Eid nur geleistet hast, damit jemand zufrieden war, wenn du ihn also einfach nur aufgesagt, dich innerlich aber dagegen gesperrt hast.

Kann ich mit dem Muskeltest herausfinden, ob jemand in seiner Vergangenheit Eide oder Ähnliches geleistet hat, oder muss ich hier zu anderen Mitteln greifen? Natürlich kannst du mir auch gerne eine Bauanleitung für eine Zeitmaschine geben. Ich wäre nicht abgeneigt und spare mir die Hoffnung auf einen Lottogewinn.

Eine Zeitmaschine ist in dir, dafür brauche ich dir keine Bauanleitung zu geben. Du kannst reisen, wohin du möchtest. Aber nun zum Muskeltest. Ja, damit kannst du herausfinden, ob solche Eide abgelegt wurden. Mit dem Muskeltest sollten viel mehr Mediziner arbeiten und Menschen, die anderen helfen wollen. Aber für die, die davon noch gar nichts gehört haben, solltest du erklären, wie solch ein Muskeltest funktioniert.

Die bekannteste Variante ist wahrscheinlich die mit dem zur Seite ausgestreckten Arm. Die Person, die befragt werden soll, stellt sich mir gegenüber und hält den stärkeren Arm seitlich auf Schulterhöhe. Nun muss erst einmal getestet werden, ob die Antworten auch stimmen. Wenn mein Gegenüber nun Egon heißt, dann bitte ich ihn zu sagen: „Mein Name ist Egon." Nun versuche ich, seinen Arm nach unten zu drücken. Dies mache ich mit Kraft, aber nicht mit Gewalt. Er muss versuchen, diesem Druck standzuhalten. Bleibt der Arm fest, lautet die Antwort: Ja. Kann ich den Arm nach unten drücken, bedeutet das nein. Als Gegenversuch bitte ich ihn nun zu sagen: „Mein Name ist Elfriede." Der Arm geht runter, das bedeutet: Nein. Da er Egon heißt und nicht Elfriede, musste sich der Arm nach unten drücken lassen. Jetzt kann ich die eigentliche Frage stellen: „Hast du in deiner Vergangenheit einschließlich aller vorherigen Leben, also Inkarnationen, Eide, Gelübde oder Schwüre geleistet?" Bleibt der Arm fest, können wir diese auflösen. Kann ich ihn runterdrücken, sind keine vorhanden.

Super, das ist so weit richtig. Doch stellen sich mir als Leser nun weitere Fragen. Warum funktioniert dieser Test? Wie löse ich Eide, Gelübde und Schwüre? Und was ist, wenn du meinen Arm runterdrücken kannst, obwohl ich meinen korrekten Namen genannt habe?

Bin ich nicht eigentlich der, der die Fragen stellt, und du der mit den schlauen Antworten? Hast du etwa den Spieß auf geschickte Weise umgedreht? Ich kann bei meinen Antworten nur raten bzw. vermuten, wie es funktioniert. Also, warum funktioniert der Test? Du sagst, Körper, Geist und Seele sind miteinander verbunden. In der Seele sind alle Erinnerungen gespeichert. Wichtige Erinnerungen kommen bis in unseren Geist. Wir können sie aber nicht so einfach abrufen, weil unser Verstand, unser Denken sie verfälschen würde. Wenn ich sage, ich heiße Elfriede, obwohl ich Egon heiße, dann ist das eine Lüge. Eine Lüge wirkt sich sofort negativ aus und mein Muskel kann somit nicht mehr stark bleiben. Wenn ich nach etwas frage, was der Mensch selbst nicht wissen kann, kommt die Erinnerung aus dem Inneren, und auch falsche Aussagen wirken wie eine Lüge und der Muskel wird schwach. Aber während ich das so erkläre, fällt mir auf, dass dann die Frage nach den Eiden falsch wäre. Die befragte Person selbst müsste z.B. so etwas sagen wie: „Ich habe in meiner Vergangenheit, einschließlich aller vorherigen Leben, Eide, Gelübde und Schwüre abgelegt." Bleibt der Muskel stark, stimmt das. Kann ich den Arm runterdrücken, dann stimmt das nicht und somit braucht nichts aufgelöst zu werden. Wenn aber etwas gelöst werden muss, dann gibt es darüber sicherlich auch schlaue Texte. Vielleicht reicht es ja auch, wenn man bekräftigt, dass man sich von allen Eiden etc. aus der Vergangenheit löst. – Dazu solltest du nachher vielleicht noch etwas sagen. – Wenn aber der Arm gedrückt werden kann, obwohl der richtige Name genannt wurde, mache ich immer eine Übung, die bisher sehr gut funktioniert hat. Die Person steht noch immer vor mir. Ich lasse sie die rechte Hand auf den Bauchnabel legen, ruhig über der Kleidung; mit der linken Hand rubbelt sie dann so lange am Steißbein, bis es warm wird. Danach wird gewechselt. Man legt die linke Hand auf den Bauchnabel und rubbelt mit der rechten am Steißbein, bis es warm wird. Vielleicht geschieht so eine Art Energieausgleich oder eine Anregung des Energieflusses, genau kann ich das nicht sagen. Danach testet man noch mal mit dem richtigen und dem falschen Namen.

Das war so weit alles richtig. Und es stimmt auch, dass es zum Auflösen der Eide nur einen Text braucht, aber dieser sollte gut durchdacht sein. Vielleicht kannst du sogar fertige Texte nehmen, die du bereits kennst. Ansonsten gebe ich dir gerne einen, der wirklich eine sehr gute und auflösende Wirkung hat.

Ich habe nur einen einzigen Text dafür und der stammt von einem Mann, den ich erst gern fragen würde, ob ich seinen Text nehmen darf. Ich kann ihn ja mal anschreiben, glaube aber, dass er viel zu tun hat und sich nicht sofort um einen einzelnen Brief von mir kümmern kann. Ich weiß also nicht, wie lange wir dann mit dem Weiterschreiben warten müssen. Schließlich sollte dieser Text ja auch an das Thema anknüpfen.

Wenn du mir versprichst, dass du ihn noch heute danach fragst, können wir uns bis zu seiner Antwort weiter unterhalten.

Ja, das verspreche ich dir. Ich werde ihm heute eine E-Mail schicken. Ich denke, das geht am schnellsten.

Also, reden wir weiter über deine vielen Fragen.

Eines der Hauptthemen, die du mit mir besprechen wolltest, ist der sechste Sinn. Möchtest du das Thema jetzt angehen?

Anfangs habe ich mich gewundert, dass du immer genau wusstest, was ich wollte. Inzwischen würde ich mich nur noch wundern, wenn du es nicht wüsstest. Ja, der sechste Sinn ist ein Thema, das zwar irgendwie in unserem Gespräch mitschwingt, aber auf das wir noch nicht direkt eingegangen sind. Gibt es einen sechsten Sinn? Und wenn ja, wie kann ich ihn trainieren, wenn man ihn überhaupt trainieren kann? Und hat jeder Mensch diesen sechsten Sinn?

Ja, es gibt das, was du einen sechsten Sinn nennst, und du kannst ihn auch trainieren. Und ja, jeder Mensch hat diesen sechsten Sinn. Es spielt dabei keine große Rolle, ob du von Hellsicht, Hellfühligkeit oder Hellhörigkeit sprichst, das alles gehört zusammen. Ob du es siehst, hörst, fühlst, riechst oder schmeckst, es beginnt immer in dir selbst. Wenn du anfängst, auf deine Intuition zu hören, und wenn du lernst zu unterscheiden, was wirklich Intuition und was Verstand ist, dann kannst du schnell zu tollen Ergebnissen kommen. Die Intuition ist ja eigentlich nichts anderes als die Kommunikation mit der Seele. Da die Seele alles empfängt, auch die Dinge, die du als Mensch nicht wahrnimmst, kannst du der Intuition eben nur folgen, wenn du dir deines Seins bewusst bist und auf die Seele achtest. Viele Menschen versuchen dies durch Bücher zu lernen. Sie lesen voller Neugier und probieren alles, was dort beschrieben wird. Doch dies geschieht oft so krampfhaft, dass ein Erfolg kaum möglich ist. Es ist gar nicht nötig, Hellhören, -sehen, -fühlen, -schmecken, -riechen und so weiter zu trainieren. Es ist nur wichtig, sich seiner Seele bewusst zu sein, damit sich die Intuition ausbildet, und dann ergibt sich der Rest. Der eine kann dann plötzlich die Aura sehen, der andere kann Geistwesen sprechen hören, wieder ein anderer kann beides. Jeder so, wie es für ihn am besten ist. Und wenn sich nur das Gefühl dafür entwickelt, vorher schon zu wissen, ob etwas gut ist oder nicht, dann ist das eben so. Ist man neidisch auf die Menschen, die andere Dinge können, dann braucht man gar nicht auf einen Erfolg zu hoffen, denn durch Neid verschließt man sich ihm.

Irgendwie scheint sich alles um ein Thema zu drehen. Man muss sich nur seiner Seele bewusst werden und alles ist gut, alles ist perfekt, voller Liebe und Harmonie. Ist das wirklich alles?

Ja, so gesehen ist das wirklich alles. Doch du darfst nicht glauben, dass es so einfach ist, wie du es dir vorstellst. Es gibt viele Menschen, die sich als spirituell sehr erfahren empfinden, als würden sie in vollkommener Verbindung mit sich selbst stehen. Wenn man aber genau hinsieht, erkennt man, dass dies nichts mit Spiritualität zu tun hat, sondern dass sie einfach nur das wiedergeben, was sie in Büchern gelesen haben. Darum widersprechen sich diese Leute auch in vielen Dingen. In dem, was Menschen sagen, die sich ihres Seins wirklich bewusst sind, erkennst du Wahrheit, und du erkennst, dass das, was mehrere solcher Menschen sagen, übereinstimmt. Es ist eben wichtig zu begreifen, ob man sich seiner Seele bewusst ist, oder ob man nur glaubt, sich ihrer bewusst zu sein.

Wenn aber ein Mensch jahrelang glaubte, spirituell hochbegabt zu sein, und plötzlich merkt, dass dem eigentlich gar nicht so ist, dann wird er es nicht zugeben. Wobei ich sagen muss, wenn diese Person schon anderen Menschen damit geholfen hat, finde ich das durchaus in Ordnung – wenn ihr andererseits bewusst ist, dass sie noch einen weiten Weg vor sich hat. Doch das ist etwas sehr Persönliches und das sollte es auch bleiben. Es gibt aber auch Menschen, die völlig den Bodenkontakt verloren haben, die alles in ihrem Leben nur noch esoterisch betrachten. Bei solchen Menschen liegt die Bewusstwerdung der Seele noch in weiter Ferne.

Das ist besonders dann der Fall, wenn man krampfhaft versucht, sich ihrer bewusst zu werden, ohne zu wissen, dass man es versucht. Lass mich das erklären. Viele Menschen möchten gerne esoterisch gebildet und spirituell sein und versuchen, möglichst viel zu lernen. Sie befassen sich mit Heilsteinen, und diese findet man dann nicht nur überall in ihrer Wohnung oder an ihrem Körper, sondern auch in fast jedem Satz. Sie befassen sich mit Heiltechniken, die ebenso dauernd im Gespräch auftauchen. Sie befassen sich mit Engeln, und es kommt immer mehr dazu. Das Umfeld dieser Menschen fühlt sich oftmals strapaziert, weil sich alles nur noch um diese Sachen dreht. Es ist beinahe schon aufdringlich. Mit all diesen Dingen versucht der Mensch, die Wahrheit zu finden – für sich und andere. Dabei ist ihm nicht klar, dass er sich einfach nur seines Selbst bewusst werden muss. Wenn es so weit ist, merkst du plötzlich, dass dieser Stein für dich oder einen anderen Menschen jetzt gerade gut ist, und du weißt auch, was du damit machen sollst. Dann weißt du, ob du eine Heiltechnik lernen solltest oder nicht. Dann weißt du, was dir die Engel mitteilen. Vielleicht kommt nicht alles auf einmal, aber wenn du dir selbst gegenüber ehrlich bleibst, wird es irgendwann so weit sein. Einfach vertrauen und abwarten.

Also ist der sechste Sinn somit kein sechster Sinn, sondern eher so etwas wie der Ursinn. Also nicht Unsinn, sondern Ursinn. Darum ist es auch wichtig zu meditieren, zur Ruhe zu kommen. Ich muss lernen, mich als Mensch zu entspannen, die Gedanken ziehen zu lassen und den Geist zu öffnen, damit ich, also meine Seele, bewusst in Aktion treten kann. Darum gehen viele in Trance, um dann irgendwelche spirituellen Dinge zu tun. Wenn man das lange genug übt, kann man von jetzt auf gleich eine solche Entspannung herbeiführen.

Genau so ist es. Der sechste Sinn ist eigentlich der wichtigste Sinn, der Ursinn. Und genau darum lohnt es sich fast gar nicht, weiter über Hellsicht etc. zu sprechen, da wir das ja im Prinzip die ganze Zeit tun. Lass mich dazu noch einige Sätze sagen und dann schauen wir zurück auf die Gelübde. Hellsicht bedeutet, mehr zu sehen als andere. Für dich ist mehr Licht im Raum, das mehr zu erkennen gibt. Jeder Mensch ist hellsichtig. Doch erst, wenn du dir deines Seins bewusst geworden bist, kannst du die Bilder der Hellsicht mit den Bildern deines menschlichen Auges überlagern und somit Dinge erkennen, die andere nicht sehen. Manche Leute haben ab und zu Visionen. Das passiert zum Beispiel dann, wenn etwas so wichtig ist, so viel Energie besitzt, dass es regelrecht gesehen werden will. Diese Energie sucht sich dann den Menschen aus, der in diesem Moment mit seinem Sein am meisten verbunden ist, und dadurch entsteht die Vision. Beim Hellhören ist es ähnlich. Es gibt Geistwesen, die wollen dir unbedingt etwas mitteilen. Und wenn du ihnen nicht zuhörst, brüllen sie dich an. Doch auch das wirst du nicht sofort merken, aber sobald du entspannt bist – verbunden –, hörst du es. Darum schildern viele, dass die Stimme, die sie hörten, zuerst sehr laut war, sie hat gebrüllt. Aus diesem Grunde konnten sie im ersten Moment nichts verstehen. Erst später wurde ihnen bewusst, was gesagt wurde. Wenn du magst, kann ich zu einem anderen Zeitpunkt noch einmal darauf eingehen. Ich möchte jetzt aber hören, was du bezüglich der Gelübde erreicht hast.

Das klingt sehr spannend und ich freue mich, wenn wir später noch einmal darauf zurückkommen. Nun aber zu den Gelübden.

Ich habe diesen Mann angeschrieben und es kam tatsächlich kurze Zeit später eine Antwort. Ich darf nicht nur den Text verwenden, sondern auch seine Kontaktdaten angeben. Er heißt Gerhard F. Klügl, lebt in der Schweiz, ist ein sehr bekannter und erfolgreicher Aurachirurg und arbeitet sogar mit Ärzten zusammen, was ich beeindruckend finde. Zur Aurachirurgie möchte ich nachher noch etwas sagen. Aber erst mal weiter mit dem Text. Wir wissen ja, dass wir mit dem Muskeltest feststellen können, ob Eide, Gelübde oder Schwüre existieren und noch wirken. Wenn dem so ist, kann der folgende Text der zu behandelnden Person gegeben werden, die ihn dann still für sich lesen soll. Der Text lautet wie folgt:

Hiermit löse ich mich von allen
in der Vergangenheit
geleisteten Eiden und Gelübden:
der Armut,
der Keuschheit,
der Fahneneide,

der ewigen Rache,
des ewigen Schweigens,
der ewigen Verdammung,
der Selbstkasteiung,
der ewigen Bindung an Personen
und Organisationen
sowie auch von allen
anderen hier ungenannten Gelübden
und Eiden
und bin jetzt frei
für die Fülle und den göttlichen Segen
des Universums.
Gleichzeitig segne ich mich selbst
und alle anderen,
die bei der Leistung dieser Eide und Gelübde
beteiligt waren.
So sei es. So sei es. So sei es.

Diesen Text kann man mit Schönschrift auf ein DIN-A4 Blatt schreiben. Das Wichtigste aber ist, dass die Person, die es liest, genau weiß, warum sie es liest. Darum sollte man vorher klären, was das zu bedeuten hat. Bei einer jungen Frau, die keine Kinder bekommen kann, liegt es vielleicht an der ewigen Keuschheit, die sie in einem Vorleben als Nonne geschworen hat. Hat jemand Probleme, mit anderen ins Gespräch zu kommen, dann kann es an einem Schweigegelübde liegen statt an seiner etwaigen Schüchternheit. Wichtig ist, dass man zuerst bespricht, was diese Eide und Gelübde bewirken können und wie sie tatsächlich bis heute wirken, und dass diese Last weg ist, wenn sie gelöst sind. Und wichtig ist auch, dass sie überhaupt gelöst werden **können**. Gerhard F. Klügl hilft mit seiner Arbeit vielen Menschen, auch dieser Text zum Lösen von Eiden und Gelübden gehört dazu. Und ohne dass er es weiß, hat er auch mir sehr geholfen auf meinem Weg. Seine Kontaktdaten nenne ich am Ende dieses Buches.

Dem Text habe ich nichts hinzuzufügen. Sollte sich jemand an dem Wort ***göttlichen*** *stören, kann er es auch weglassen. Oder er kann die Stelle ändern in* ***Segen des vollkommenen Seins.*** *Wir sprachen bereits über Eide, Gelübde und Schwüre und brauchen das nicht noch einmal zu wiederholen. Aber es ist sehr wichtig, dass die Menschen wissen, dass sie das Recht haben, Eide, Gelübde und Schwüre zu lösen. Stammen sie aus einem früheren Leben, dann ist es sowieso klar, denn es sollte nur für die damalige Inkarnation gelten. Ist eine Frau in ihrem jetzigen Leben Nonne und entscheidet sich wieder dagegen, kann sie es ebenfalls lösen, denn das Keuschheitsgelübde zum Beispiel gilt nur für sie als Nonne, nicht aber für sie als Frau, die dem Kloster den Rücken kehrt und eine Familie gründen möchte.*

Ich muss gerade an etwas denken. Was wäre, wenn Herr Klügl in seinem alten Beruf geblieben wäre? Was wäre, wenn er nie mit dem Heilen und der Aurachirurgie begonnen hätte? Dann hätte ich nicht von ihm gelesen, nicht diesen Bericht über ihn im Fernsehen gesehen. Es hätte bei mir nicht **klick** gemacht und auch dieser Text zum Lösen von Gelübden und Eiden wäre jetzt nicht da. Die Menschen, die dieses Buch lesen und denen dieser Text nun hilft, würden noch weiter unter Eiden und Gelübden leiden. Was wäre, wenn? … Eine merkwürdige Frage, die so weit streut.

Alle sind mit allem verbunden. Glaube mir, es wird viele Leser geben, denen dieser Text hilft – auch weil du dir treu geblieben bist auf deinem Weg. Du hast etwas gewagt und erntest Gewinn. Gerhard F. Klügl ist auch seinem Weg gefolgt. Auch er ist sich treu geblieben, und deshalb hast du ihn auf deinem Weg getroffen. Du fühlst die Verbundenheit zwischen euch, auch wenn du ihm nie persönlich begegnet bist. Euer Weg ist ***ein*** *Weg. Und warum er mit dem Heilen anfing? … Da war ein Mensch und davor wieder einer. So sind, wenn du hier eine Art Ahnenforschung betreiben möchtest, mehr Menschen darin involviert, als du dir vorstellen kannst. Auch die Leserinnen und Leser, denen mit diesem Buch geholfen wird, werden es weitererzählen. Es wird Heiler geben, die Dinge daraus anwenden und damit wieder anderen Menschen helfen. Es ist ein Weg, den es zu gehen lohnt. Doch solltest du nicht ständig zurückschauen, aber auch nicht nach dem Ziel Ausschau halten. Gehe ihn und warte ab, was dir begegnet. Nimm diese Begegnungen an und schenke ihnen Achtung, denn sie sind deine Begleiter auf deinem Lebensweg.*

Schön gesagt. Dabei ist mir gerade ein Zitat in den Sinn gekommen. Es ist wirklich sehr beeindruckend – von einer beeindruckenden Frau, die ich sehr schätze. Es stammt von Mutter Teresa und trägt den Titel „Trotzdem“. Der Text lautet:

„Die Leute sind manchmal unvernünftig, unlogisch und selbstbezogen, liebe sie trotzdem. Wenn du Gutes tust, werden sie dir vielleicht egoistische Motive und Hintergedanken vorwerfen, tue trotzdem Gutes. Wenn du erfolgreich bist, gewinnst du manchmal falsche Freunde und echte Feinde, sei trotzdem erfolgreich. Das Gute, das du tust, wird morgen oft vergessen sein, tue trotzdem Gutes. Ehrlichkeit und Offenheit machen dich verwundbar, sei trotzdem ehrlich und offen. Was du in jahrelanger Arbeit aufgebaut hast, kann über Nacht zerstört werden, baue trotzdem. Deine Hilfe wird wirklich gebraucht, aber die Leute greifen dich vielleicht an, wenn du ihnen hilfst, hilf ihnen trotzdem. Gib der Welt dein Bestes, und sie schlagen dir vielleicht die Zähne aus, gib der Welt trotzdem dein Bestes.“[5]

In diesen Worten erkennst du, dass auch Mutter Teresa auf sich gehört hat. Sei einfach du, sei dir deines Seins bewusst und gehe diesen deinen Weg. Das bedeutet, dass dir in deinem Leben durch andere Menschen großes Leid zugefügt werden kann, doch bleibe dir treu. Denn dann macht es ab und zu tatsächlich **klick** *und du erkennst, dass genau das, was dir da oder dort begegnet ist, auch für dich bestimmt ist.*

Ja, und eben diesen **Klick** hatte ich bei der Sendung über Herrn Klügl. Als ich den Bericht über die Aurachirurgie gesehen habe, wusste ich, dass das auch etwas für mich ist – für mich bestimmt ist. Na-

5 Aus „Der einfache Weg“, Mutter Teresa und Lucinda Vardey, Bastei Lübbe, 1997

türlich hatte ich kein Chirurgenbesteck, also habe ich noch am selben Abend alles zusammengesucht, was irgendwie nützlich sein könnte. Ein Taschenmesser, Desinfektionsmittel, eine Nadel und so weiter. Und am nächsten Tag bin ich zu einer Freundin gegangen, die vor ein paar Jahren eine Operation am Bein hatte. Damals wurde ihr dort etwas entfernt und hat eine Art Kuhle und natürlich auch eine Narbe hinterlassen. Die Schmerzen, die sie hatte, waren schon bei einer vorherigen Behandlung von mir verschwunden. Doch sie hatte kein Gefühl mehr in der Wade. Also habe ich entsprechend in der Aura gearbeitet, habe ihr neue Nerven und Muskeln eingesetzt und das Ganze dann beendet. Das alles in der Aura, **nicht am Körper**. Ein paar Tage später hatte sie wieder ein Gefühl im Bein. Es kann also kein Zufall sein, dass mir diese Technik so vertraut und wie für mich bestimmt vorkam.

Und trotzdem du dich freust, dass du mit dieser Technik so beeindruckend helfen kannst, machst du dir Gedanken, warum es funktioniert. Warum lässt du es nicht einfach zu? Es klappt doch, was willst du mehr?

Ich möchte das **Warum** erfahren. Warum kann ich ein paar Zentimeter über dem Körper in der Aura arbeiten und am bzw. im Körper geschieht etwas? Warum ist das möglich und warum wurde so nicht schon vor Ewigkeiten gearbeitet? Warum wird diese Möglichkeit nicht viel öfter genutzt? Vielleicht ehe man wirklich operiert? Und funktioniert das wirklich durch die Aura oder ist das eher ein Placeboeffekt?

Die Antwort auf alle deine Fragen ist die Intention. Wie ich bereits zu einem früheren Zeitpunkt geschrieben habe, folgt die Energie immer deiner Aufmerksamkeit. Wenn du in der Aura arbeitest, dann arbeitest du in unvorstellbaren Dimensionen. Und hier spreche ich von menschlichen Dimensionen. Durch diese Arbeit stellst du eine Verbindung mit dem Seelenbewusstsein her. – Du weißt, dass die Seele wieder mit der Erinnerung der Ordnung verbunden werden muss. – Und weil du eben nicht nur in der Aura arbeitest, sondern mit dem Seelenkollektiv, kann das mit etwas Übung auch über viele Kilometer hinweg wirken. Hat jemand zum Beispiel ein Geschwür am Arm und du beginnst mit der Heilung, dann erinnerst du diesen Bereich daran, wie es ist, gesund zu sein, ohne Geschwür. Der Körper muss darauf reagieren, er kann gar nicht anders. Das Resultat ist, dass er mit dem Geschwür nichts anfangen kann, denn es gehört da nicht hin. Somit aktiviert er alles, was nötig ist, um dieses Geschwür zu beseitigen. Auch hier erkennst du, dass du zwar der Initiator der Heilung bist, der Heiler selbst ist aber die Person mit dem Geschwür. Mit dieser Technik wurde schon immer gearbeitet. Sie ist nicht erst in neuerer Zeit entstanden. Und wenn jemand auf dem Gebiet der Aurachirurgie sicher ist, kann er ja Ärzten eine Zusammenarbeit anbieten. Es wird bestimmt Ärzte geben, die dieses Angebot gerne annehmen.

Danke für die Erklärung. Das ist sehr interessant, aber ich muss das erst mal verinnerlichen. Mir schwirrt noch eine Frage zu diesem Thema im Kopf herum, ich habe sie nur noch nicht ganz formuliert. Eigentlich weiß ich noch gar nicht, wie die Frage lautet. Du hast ein Wirrwarr in meinem Kopf verursacht.

Wenn das Seelenkollektiv, wie du es nennst, eine so wichtige Rolle spielt, vermute ich dann richtig, dass selbst Reiki und andere Heiltechniken damit in Verbindung stehen, vielleicht sogar nur dadurch funktionieren?

Selbstverständlich. Das hatte ich bereits erklärt. Eben das ist der Grund, warum die Absicht, die Intention so wichtig ist. Mit der richtigen Intention funktioniert Heilung. Doch lege ich jemandem die Hände auf, ohne ihm wirklich helfen zu wollen, kann es nicht funktionieren. Darum sind Symbole verschiedener Heiltechniken bereits hier sehr hilfreich. Sobald man diese Symbole anwendet, ist eindeutig eine Absicht vorhanden, sonst käme man ja gar nicht auf den Gedanken, sie zu benutzen. Aus diesem Grunde funktionieren alle Heiltechniken.

Ja, ich erinnere mich. Du hattest dazu das Beispiel mit dem Kugelschreiber gebracht. Demnach müsste man auch heilen können, wenn man gar keine Technik erlernt hat. Einfach die Hände mit der entsprechenden Absicht auflegen und los geht's.

Das ist tatsächlich richtig. Doch darfst du nicht vergessen, dass Heiltechniken in der Regel bestimmte Rituale beinhalten. Symbole, Atemtechniken, Mantras, Visualisierungen und vieles mehr. Diese Rituale wurden durch die Menschen, die sie anwendeten, im Laufe einer langen Zeit mit Energie aufgeladen. Das bedeutet, dass z.B. ein Symbol, das vor 200 Jahren, als diese Technik ***entdeckt*** *wurde, noch kaum Kraft hatte, heute wundervolle Heilungen bewirken kann. Darum sind solche Heiltechniken intensiver. Doch jede Berührung, jedes Wort und sogar jeder Blick in Liebe und Achtung bewirkt Heilung. Wenn ich es sehr vereinfacht ausdrücken darf, damit es verständlich ist, entsteht sowohl durch diese Techniken als auch durch eine einfache Berührung in Achtung eine Rückverbindung mit dem Seelenkollektiv. Diese Verbindung führt dazu, dass eine Ordnung wiederhergestellt wird. Ist diese Ordnung wiederhergestellt,* ***muss*** *sich der Körper regenerieren, heil werden, gesund werden. Er unterliegt hier sozusagen einem Naturgesetz.*

Das habe ich verstanden und ich denke, dass ich das so stehen lasse und das Thema vorerst beende. Ich glaube, es würde sonst zu kompliziert werden. Darum stelle ich nun eine andere Frage.

Ich glaube, du hast dir an einer Stelle widersprochen. Zum einen sagtest du, dass sich manche Menschen, die krank sind, evtl. vor ihrer Inkarnation dafür entschieden haben, diese bestimmte Krankheit zu bekommen oder sogar mit einem Geburtsfehler zu leben. Zum anderen aber sagtest du, dass Gesundheit unser Geburtsrecht ist. Was stimmt denn nun?

Beides stimmt. Denn nur weil sich jemand dafür entschieden hat, in seinem Leben eine bestimmte Krankheit zu bekommen – z.B. um zu lernen, damit umzugehen –, heißt das nicht, dass nicht auch er das

Recht hat, gesund zu sein. Jeder hat das Recht auf Gesundheit. Dieses Recht ist unumstößlich, denn schließlich ist die Seele gesund. Es ist aber eben möglich, dass ein Mensch die Erfahrung einer bestimmten Krankheit machen will. Das Warum und Weshalb ist vielschichtig. Und dass er diese Erfahrung machen muss, liegt nicht an einem Gott oder großen Geist. Dafür hat sich der Mensch ganz allein entschieden. Und er hatte seine Gründe, an die er sich im Leben normalerweise nicht erinnern wird. Nun denkst du, dass da doch irgendetwas Höheres sein muss, denn warum sonst bekommt ein Mensch, der immer gesund gelebt hat, plötzlich Krebs? Nur weil er sich dafür entschieden hat? Ob er sich nun dafür entschieden hat oder nicht, ist vollkommen irrelevant. Bleiben wir bei dem Menschen, der Krebs bekommt, obwohl er immer gesund gelebt hat. Man kann noch so gesund leben, es bringt nichts, wenn man nicht den Stress abbaut, den man hat. Dieser Stress kann echt sein oder eingebildet. Baut man ihn nicht ab, wird man krank. Der Körper verbraucht für Stress zu viel Energie, sodass er keine mehr hat, um zu regenerieren bzw. sich zu reparieren. Das Gegenteil passiert, es kommt zu einem Abbau und der Mensch wird krank. Krebszellen werden nicht daran gehindert, sich zu teilen. Bei manchen Menschen führen solche schweren Erkrankungen aber auch dazu, dass sie ihr Denken ändern. Sie nehmen die Krankheit als einen Weckruf, einen Schubser, um über ihr Leben nachzudenken. Das bedeutet, sie ändern ihr Denken, ihr Fühlen und werden sich ihres Seins be-

wusster. Der Körper bekommt wieder genug Energie und schafft es letztendlich, die Krankheit zu besiegen.

Ich habe das noch nicht 100%ig verstanden und werde dich jetzt ausquetschen. Eines aber noch vorher.

Wenn die Menschen nun umdenken, warum kommt dann bei vielen der Krebs zurück?

Weil diese Menschen in ihre alten Denkmuster zurückfallen. Sie freuen sich, dass sie wieder gesund sind, und nehmen ihren Alltag von **vor** *der Krankheit wieder auf. Welches andere Ergebnis sollte nun eintreten, als dass die Krankheit zurückkommt?*

Ich denke, also bin ich?

Das ist nur die halbe Wahrheit. Richtig müsste es heißen: Ich denke und ich fühle, also bin ich.

Aber wenn ich denke, fühle ich doch automatisch, oder?

Ja, aber dennoch muss der Satz so geschrieben werden, denn die wenigsten sind sich dessen bewusst, dass sie fühlen, wenn sie denken, und dass sie denken, wenn sie fühlen. So komme ich auch auf deine ursprüngliche Frage zurück, zu der du mich ausquetschen willst. Eine schwangere Frau denkt und fühlt. Genau das bekommt das Kind ab dem Tag der Empfängnis mit. Durch einen Gedanken sendet das Gehirn der Frau Botenstoffe an ihren Körper. Das Kind im Mutterleib nimmt diese Botenstoffe ebenfalls auf. Nun stell dir vor, eine schwangere Frau ärgert sich, ist wütend, traurig, geschockt, nimmt Toxine zu sich oder streitet sich mit ihrem Partner. Das alles wirkt sich auf das Ungeborene aus. Eine schwangere Frau sollte dafür sorgen, dass sie liebevolle Gedanken hat, Glück fühlt, einfach positiv ist. Natürlich müssen sie der Partner, Familie und Freunde dabei unterstützen. Wer sein Kind liebt, der versucht, ein glückliches Umfeld zu schaffen.

Mal abgesehen davon, was ich denke, meines Wissens gehen Psychologen davon aus, dass Glück genetisch bedingt ist. Somit dürften einige Menschen damit Probleme haben, immer alles positiv zu sehen.

Glück ist genetisch bedingt? Es ist traurig zu erfahren, wie viel Unsinn man den Menschen erzählt, um zu verhindern, dass sie glücklich sind. Glück ist garantiert nicht genetisch bedingt! Das würde ja bedeuten, dass du niemals glücklich sein kannst, wenn es deine Eltern schon nicht waren. Somit dürftest du keine Kinder in die Welt setzen, denn die hätten dann auch keine Chance auf Glück. Und die Wissenschaft behauptet auch noch, dass die Gene nicht verändert werden können. Nein, nein und nochmals nein. Das ist eine Art schleichende Panikmache, die die Menschen krank macht. Wenn ich davon ausgehe, dass Glück nicht erlernbar ist, dann habe ich dadurch früher oder später Stress. Und was Stress auslöst, das wissen wir ja nun. Glück kann jeder haben. Fühl dich einfach glücklich, somit denkst du glücklich, und je öfter du das machst, desto eher wirst du auch Veränderungen in deinem Leben wahrnehmen. Und nun bist du sprachlos. Wie habe ich das denn geschafft?

Das hast du geschafft, indem du deine Antworten so schnell und umfangreich geschrieben hast, dass ich wieder mal mit dem Mitlesen nicht hinterhergekommen bin, und ich wollte dich auch nicht einfach unterbrechen. Außerdem wollte ich dich ausquetschen, aber du hast bereits alles beantwortet. Ich hatte mich so auf das Nachfragen konzentriert, dass ich jetzt gar nicht weiß, wo ich weitermachen soll.

Mit deinen Gedanken.

Das würde die Leserinnen und Leser deprimieren.

Es würde den Leserinnen und Lesern zeigen, dass du zwar ein Esoteriker bist, aber dennoch ein ganz normaler Mensch.

Du hast mich traurig gemacht. Sehr traurig. Das ist es, was ich denke. Du hast geschrieben, dass ich bin, was ich denke und fühle. Du weißt selbst, wie oft und intensiv ich mich in eine Fantasiewelt begebe, um nicht zu verzweifeln und um zu überleben. Ich bin, was ich denke und fühle? Nein, das bin ich nicht, ich bin genau das Gegenteil.

Aber spürst du denn nicht die Veränderungen in dir in der letzten Zeit?

Doch, das spüre ich und ich finde das auch sehr gut. Ich denke wieder anders bzw. so wie früher. Aber dennoch …

Aber dennoch …?

Na ja, ich weiß nicht, was mit mir passiert. Es fühlt sich an, als ob etwas geradewegs auf mich zusteuert, und bald prallen wir aufeinander. Ich kenne das Gefühl, ich weiß aber nicht, was es ist. Ist es gut oder schlecht? Aber das wird die Leserschaft reichlich wenig interessieren. Lass uns das Thema wechseln.

Wir werden das Thema gleich wechseln. Lass mich nur eines sagen. Du machst dir zu viele Sorgen. Dein Denken hat sich geändert. Warte nun ab, es ist der Schlüssel für dein weiteres Leben. Sei nicht traurig, es bleibt dabei, du bist, was du denkst und fühlst. Mach weiter so! Du siehst die Menschen in deinem Umfeld und glaubst, dass sie sich verändern. Das macht dich traurig. Und das ist das, worüber ich eben gesprochen habe. Du darfst nicht in dein altes Denken zurückfallen. Du musst erkennen, dass es nicht die anderen sind, die sich verändert haben. Du bist es, der sich verändert, und zwar durch dein neues Denken. Die anderen sind noch genau so, wie sie immer waren. Und weil du sie nun mit anderen Augen siehst, erkennst du Neues an ihnen, und vieles davon gefällt dir nicht. Aber auch sie werden bald merken, dass du dich verändert hast. Dass du nicht mehr alles machst, was man von dir verlangt, nicht mehr allem zustimmst. Und so hast du aus diesem persönlichen Thema etwas für alle Wichtiges hervorgeholt.

Du sagtest, dass ich bin, was ich denke und fühle. Ich kenne den Satz so, dass ich bin, **weil** ich denke und fühle, nicht **was** ich denke und fühle. Aber das wird wohl beides korrekt sein. Wenn ich mir z.B. einen Film ansehe, in dem es eine Kampfszene gibt, dann **erlebe** ich diesen Kampf ja auch in dem Moment. Das würde bedeuten, dass ich es auch fühle und somit Stress in mir entsteht. Wenn Stress krank macht, sollte ich mir also nie wieder einen Actionfilm ansehen? Ich werde mir aber mit Sicherheit nicht nur noch irgendwelche Liebesschnulzen reinziehen.

Beides ist korrekt. Du bist, was du denkst und fühlst und weil du denkst und fühlst. Würdest du nicht denken und fühlen, wärst du nicht. Es ist egal, ob du einen Film siehst oder ein Buch liest. Wenn du dich zu sehr hineinversetzt, wirkt sich das auf deinen Körper aus. Das kennt wohl jeder, dass man mit dem Filmhelden mitfiebert oder mit dem Hauptcharakter im Roman, den man an die Hand nimmt, damit er es auch wirklich schafft. Wirst du bei einem Film unterbrochen, während du in diesem Fieber bist, spürst du, dass es dir nach einer gewissen Zeit schlecht geht. Das liegt daran, dass dein Körper den Stress nicht abbauen konnte. Schaust du aber den Film bis zum Ende, wird in den meisten Fällen alles wieder ausgeglichen. Denn am Ende gibt es meist ein Happy End, oder aber du wirst dir mit dem Abspann bewusst, dass es eben nur ein Film war. Und hier liegt auch der Grund, warum bestimmte Filme für Kinder und Jugendliche nicht freigegeben werden sollten. Der verursachte Stress kann von ihnen nicht so abgebaut werden wie bei einem erwachsenen Menschen. Kinder und Jugendliche kennen nicht die Stresssituationen der Erwachsenen. Natürlich gibt es Ausnahmen, aber es muss allgemein betrachtet werden. Wenn ein Kind den Stress nicht abbauen kann, dann wird es krank. Ebenso ist es mit Videospielen. Hier ist die Gefahr wahrscheinlich noch größer, weil die Kinder die Figur bewegen und steuern und sich so intensiv in sie hineinversetzen, dass sie glauben, sie selbst sind die Figur. Sie schießen und kämpfen und nehmen auch diese Emotionen wahr. Aber das hat nichts mit der Realität zu tun, und so kommt es, dass einige von ihnen Amok laufen. Sie glauben, es wird sich so anfühlen wie in diesem Spiel, aber dem ist nicht so. Hier müssen wesentlich strengere Regeln her. Wenn Eltern ihr Kind lieben, werden sie alles dafür tun, dass es solche Spiele nicht unter einem bestimmten Alter spielt, dass es keine Filme ansieht, die für sein Alter noch nicht freigegeben sind. Wenn sie ihr Kind lieben, nehmen sie auch in Kauf, deswegen von ihm gehasst zu werden. Das vergeht wieder. Übrigens macht es keinen Unterschied, ob es nun Actionfilme oder Liebesschnulzen sind. Auch bei Liebesfilmen hast du Emotionen, die du verarbeiten musst. Oder möchtest du mit Liebeskummer den Tag beenden, obwohl du jemanden von Herzen liebst und diese Liebe auch erwidert wird? So, nun frag mich mal bitte, was ich noch zu Filmen zu sagen habe. Erfolgreiche und nicht erfolgreiche. Los, frag mal, bitte.

Warum erzählst du mir das nicht einfach? Aber lass mich noch kurz auf das eingehen, was du geschrieben hast. Das klingt fabelhaft, toll. Selbst zur Altersfreigabe hast du was zu sagen, und jetzt begreife ich auch, warum diese FSK so wichtig ist. Bei Filmen versetze ich mich nie in einen Darsteller. Bei Büchern ist das anders, da läuft beim Lesen ein Film in meinem Kopf ab und ich fiebere mit, ich zittere und hoffe. Ich erinnere mich an ein Buch, in dem ein Teil der Geschichte auf einem Schiff spielt. Es ist starker Wellengang, die Segel müssen eingeholt werden und, und, und. Ich war so in dieser Geschichte drin, dass ich tatsächlich einen Anflug von Seekrankheit bekam.

Aber da fällt mir etwas ein, und ich bin wirklich mal gespannt, ob du dazu auch was zu sagen hast. Ich glaube nämlich nicht. Kannst du noch mehr über das Thema Filme sprechen?

Du bist zu gut zu mir. Ja, und ob ich dazu was sagen kann. Tolle Idee von dir, mich zu fragen. Schau mal, es gibt erfolglose Filme mit großen Schauspielern und es gibt erfolgreiche Filme mit unbekannten Schauspielern. Warum ist das so? Hat heute ein Film die gleichen Zuschauerzahlen wie vor 20 Jahren, als er ins Kino kam? Nein, denn die Geschichte ist inzwischen hinlänglich bekannt. Ein Film ist dann ein sogenannter Blockbuster, wenn dem Zuschauer etwas geboten wird, das er so noch nicht kannte. Neue Gefühle verzeichnen bahnbrechende Erfolge. Neue Gedanken ebenso. Menschen wollen mit Neuem begeistert werden. Sie wollen inspiriert werden, anders zu denken, und sie wollen neue Gefühle kennenlernen. Sie möchten sehen, dass jemand, der lebt wie sie, ganz anders handelt. Die Menschen einer Ja-Sager-Gesellschaft, einer Gesellschaft, in der alle immer das tun, was die Politiker und Bosse sagen, wollen sehen, wie jemand wie sie **Nein** *sagt, gegen den Strom schwimmt.*

Als du geschrieben hast, habe ich an die Filme meiner Vergangenheit gedacht, und ich muss dir wirklich recht geben.

Du hast vorhin in Bezug auf Videospiele und die Altersfreigabe bei Filmen auch über Kinder und Jugendliche gesprochen. Ich wüsste gerne, woran es liegt, dass Jugendliche immer aggressiver und scheinbar immer dümmer werden. Das ist nicht böse gemeint, aber man braucht ihnen nur mal zuzuhören. Manche können kaum einen Satz fehlerfrei sprechen, von dem Geschriebenen mal ganz abgesehen. Ich habe neulich im Internet Folgendes gelesen: „Woma hingehd und so fiel läute sinnd." Nach langer Überlegung wurde mit klar, dass es heißen sollte: „Wo man hingeht und so viele Leute sind." Was passiert da? Das mag jetzt hart klingen und arg verallgemeinert sein ... aber kann es sein, dass die Jugend **verblödet**?

Ich würde gerne sagen, dass sich das gleichmäßig verteilt, aber das stimmt leider nicht. Auf der einen Seite gibt es die Jugendlichen, die neugierig sind, aufgeschlossen für Neues und mit einem gewissen Grad an Selbstbewusstsein. Auf der anderen Seite gibt es die, die weder das eine noch das andere haben. Das liegt aber weniger an den Jugendlichen selbst, sondern vielmehr an ihren Eltern. Wenn für das Kind niemand da ist – und es spielt keine Rolle, aus welcher gesellschaftlichen Schicht es stammt –, dann ***verblödet*** *es, wie du es nennst. Es gibt Menschen, die bekommen ein Kind nur deswegen, weil sie das Kindergeld haben wollen oder weil es die perfekte Familie symbolisieren soll. Ein Haus, ein Auto, ein Kind und ein Hund. Wenn sich aber niemand um das Kind kümmert, wenn es sich selbst überlassen ist, was soll dann aus ihm werden? Man kann von einem Kind nicht verlangen, dass es sich selbst Regeln aufstellt oder Bücher über Kindererziehung liest. Hier sollte der Staat eingreifen. Wenn ein Paar ein Kind* *bekommt, sollte gesetzlich geregelt werden, dass mindestens ein Elternteil für das Kind da sein kann. Das wird aber wohl nicht stattfinden, denn es gibt ja die Geburtenrate und die Zuwachsrate und was noch alles. Und so kann es tatsächlich passieren, dass immer mehr Kinder und Jugendliche so werden wie die, über die alle schimpfen.*

Harte Worte, aber ehrlich und wahr. Ich stimme dir in jedem Punkt zu. Es ist nun mal kein Hirngespinst, dass die Kinder unsere Zukunft sind. Ich finde es traurig, wie wenig Aufmerksamkeit die Gesellschaft diesem Thema schenkt ... Und ich glaube, ich habe mich so ganz nebenbei gerade ganz gewaltig darüber aufgeregt. Erzähl mal irgendetwas anderes, damit ich diese Gedanken wieder loswerde.

Komm zur Ruhe. Gehe in die Stille des Geistes und genieße es, den Tag zu erleben. Der Stress wird abgebaut, du wirst immer ruhiger und ruhiger, es geht dir gut. Mit jedem Atemzug geht es dir besser und besser. Und nun stellst du mir die Frage, die du gerade auf deinem Zettel entdeckt hast.

Sehr schön, ich habe einen klaren Kopf. Die Frage, die du meinst, wurde mir selbst gestellt und lautet: Ist das Buch nur was für Frauen?

Es ist eine wichtige Frage. Oder besser gesagt, die Antwort darauf ist wichtig. Denn genau das ist ein großes gesellschaftliches Problem. Männer sind Männer und müssen Männer bleiben. Wer Gefühle zulässt oder sich für Dinge interessiert, die nicht männlich sind, ist schwul! Frauen, die sich für Dinge interes-

sieren, die nicht weiblich sind, sind lesbisch! Arme Gesellschaft. Traurige Menschheit. So ist das, und ich weiß nicht, ob ihr das einfach so ändern könnt. Ihr habt große Angst davor, euch mit dieser Art Wissen zu beschäftigen. Und ganz besonders Männer haben Angst, dass andere sie dabei erwischen könnten. ***Was werden die Kumpels denken, wenn ich ein Buch lese, das mit der Seele zu tun hat? Was, wenn es ein Liebesroman ist?*** *Jede Frau und jeder Mann sollte sich offen für das interessieren, was ihr bzw. sein innerstes Interesse weckt. Es sollte niemanden tangieren, was die anderen denken. Dieses Buch ist für Frauen ebenso wichtig wie für Männer. Es ist für junge Menschen ebenso wichtig wie für ältere.*

Ein Einfaches „Es ist für Frauen und Männer gedacht“ hätte es auch getan, aber danke für die Ausführung. Es stimmt, dass sich viele Menschen von anderen beeinflussen lassen. Und ohne dass sie es merken, beginnen sie auf deren Wellen zu segeln. Und die Wellen werden sich mit der Zeit angleichen. Das ist eine erschreckende Vorstellung. Das ist, ganz ehrlich, eine enorm erschreckende Vorstellung. Es gibt aber zum Glück noch genug Menschen, die sich selbst treu bleiben.

Also ist die Menschheit deiner Meinung nach noch zu retten?

Ich denke, ob die Menschheit noch zu retten ist oder nicht, liegt an der Naivität des Einzelnen. Ob er sich von anderen gegen seinen eigentlichen Willen beeinflussen lässt. Wenn ein Mensch fähig ist, seinen

Kopf zu benutzen und nachzudenken, dann lässt er sich nicht verbiegen. Ich wurde leider ein paar Jahre von einigen Menschen verbogen, aber zum Glück erinnere ich mich an meine ursprüngliche Form und biege mich derzeit wieder zurück.

Na also, wenn du es schaffst, dann schafft es auch der Rest.

Wenn sich der Rest an das Denken erinnert.

Das hast du gut ausgedrückt. „Wenn sich der Rest an das Denken erinnert." Ja, das ist wichtig.

Wie erinnert man sich an das Denken? Denken wir nicht durchgehend? Sagtest du nicht, dass wir 60.000 Gedanken am Tag haben? Müssen wir uns wirklich erst wieder daran erinnern?

Ja, man muss sich wieder daran erinnern. Der Mensch neigt dazu, sogar seine Gedanken zu automatisieren. Das bedeutet, dass er immer und immer wieder dasselbe denkt. Dadurch wird es ihm langsam aber sicher unmöglich, neue Gedanken und Gefühle zu erschaffen. Es wird ihm somit unmöglich werden, sich selbst zu verändern. Der Großteil dieser Gedanken fliegt vorbei, du kriegst es ja kaum mit, es ist alles flüchtig. Ein weiterer großer Teil sind negative Gedanken, die sich natürlich negativ auf dich auswirken. Und ein winzig kleiner, fast schon unbedeutender Teil sind positive Gedanken, gute Gedanken, die dir helfen. Dennoch bleibt es dabei, dass das Gehirn mit jedem Gedanken die entsprechenden Stoffe an den Körper aussendet. Wenn du auf deinen Kollegen sauer bist, dann werden Stress-Stoffe ausgeschüttet. Der Körper ist also bereit zu kämpfen. Wenn du die-

sem Kollegen aber nicht die Meinung sagst, werden diese Stoffe nicht abgebaut. Denken muss wirklich wieder gelernt werden. Wer immer dasselbe denkt, darf nicht meckern, wenn alles so bleibt, wie es ist. Viele Menschen wollen etwas in ihrem Leben verändern und suchen im Außen nach einer Möglichkeit. Dabei müssen sie nur anfangen, neu zu denken. Das bringt sie automatisch auch dazu, neu zu fühlen. Natürlich besteht nun die Gefahr, dass die Menschen in ihrer Umgebung sagen, die Person hätte sich verändert, aber davon darf man sich nicht beirren lassen. Sich mit seinem Sein zu beschäftigen ist für viele Menschen bereits neues Denken. Jeder wird feststellen, wie gut sich das anfühlt. Es wird anfangs wie eine Intuition sein, doch es sind diese neuen Gefühle. Haltet sie fest und versucht weiter zu denken, größer als euer Umfeld.

Mir fallen dazu viele Fragen ein. Warum sprichst du erst jetzt so intensiv über Gedanken? Wie überwinde ich den inneren Schweinehund bei dem Versuch, neu zu denken? Wie unterscheidest du Gefühle und Intuition? Kann ich mich dadurch auch zum Negativen verändern? Wie soll man es überhaupt anstellen, anders zu denken? Eigentlich verstehe ich gar nicht, was es bedeutet, wenn du sagst, dass man anders denken soll. Aber irgendwie verstehe ich es doch … Ich weiß es nicht.

Ich spreche erst jetzt so intensiv darüber, weil du und die Leserinnen und Leser bis jetzt darauf vorbereitet wurden, anders zu denken. Die Veränderung in den Gedanken hat bereits begonnen. Jetzt bist du bereit, Genaueres darüber zu erfahren. Den inneren Schweinehund kann man überwinden, indem man solche Sätze wie „Damit kann ich auch morgen anfangen" einfach nicht benutzt. Der Punkt, an dem dieser Satz normalerweise ausgesprochen wird, muss überwunden werden. Einfach weitermachen und dem Körper zeigen, dass es einem ernst ist. Es ist ein einfacher chemischer Prozess, der hier stattfindet, und kein Hokuspokus. Der Körper kann mit den Stoffen, die er durch das neue Denken bekommt, nichts anfangen und als Reaktion darauf benutzt man schnell diesen Satz. Der Unterschied zwischen Gefühlen und Intuition ist sehr einfach erklärt. Gefühle sind Emotionen, die der Mensch kennt, die er schon gespürt hat. Unter Intuition versteht man neue Gefühle, vorher nie da gewesene. Neue Gefühle sind ein Zeichen dafür, dass du dir deines Seins bewusst wirst, denn du denkst größer als dein Umfeld. Darum sagte ich auch, dass die Intuition die Kommunikation mit der Seele ist. Wenn du so weit bist, ist es unwahrscheinlich, dass du dich zum Negativen veränderst, obwohl es dennoch möglich ist. Doch auch wenn du bisher immer negativ gedacht hast, wird sich dieses neue Denken mit der Zeit einstellen. Dann wirst du fragen, wie man es überhaupt anstellen soll, anders zu denken. Beginne doch einfach damit, den ganzen Tag über zu denken: „Mir geht es sehr gut!" Du wirst merken, wie dich das bereits verändert. Am besten lächle noch dabei, reagiere mit einem Lächeln auf die Gefühle, die dir dieser Satz beschert. Bei den Menschen, die sich diesen Satz sagen und denen es trotzdem nicht gut geht, hat das alte Denken noch die Oberhand. Denke, bis du merkst, dass sich etwas verändert. Denke nicht darüber nach, was ***nicht*** *passiert, sondern darüber,* ***was*** *passiert. Schon bald wirst du merken, dass du bist, was du denkst und fühlst. Durch das Denken und das Fühlen reagiert der Mensch. Er handelt und bestimmt damit sein Sein.*

Also bei mir hat es eben **klick** gemacht. Ich werde versuchen, anders zu denken. Ich habe ja gemerkt, dass es bereits stattfindet, aber du hast mich durch deine Erklärung auf neue Gedanken gebracht, die mir vielleicht bzw. wahrscheinlich helfen werden. Und genau das werde ich jetzt ausprobieren und dir davon berichten.

Mach das, bitte. Ich freue mich drauf.

Die Nacht ist vorbei, der Vormittag auch und ich bin wieder da. Da freust du dich, nicht wahr?

Ich bin neugierig, was du mir zu berichten hast. Ich weiß doch, dass du versucht hast, neu zu denken.

Das habe ich tatsächlich und ich glaube, es auch geschafft zu haben. Ich habe immer wieder gedacht, dass ich Autor eines Bestsellers bin … Das stimmt gar nicht. Ich habe gedacht, dass ich selbstbewusst bin, um etwas Bestimmtes zu schaffen. Ich habe es immer wieder in Gedanken gesagt, doch dann passierte etwas Komisches. Nach ein paar Minuten kamen ganz gemeine Gedanken dazwischen. Ich sah plötzlich, wie ich von anderen Menschen verletzt werde. Als ich aber aufhörte, auf diese Gedanken zu achten, sie zur Seite schob und wieder an das Selbstbewusstsein dachte, entstand schon bald ein tolles Gefühl. Es fühlte sich an wie ein Sieg, wie ein gewonnener Kampf oder eine Eroberung. Es war wirklich toll. Jetzt, in diesem Moment, werde ich sogar glücklich. Ich spüre tatsächlich, dass ich anders bin, und ich bin mir sicher, in meinem Umfeld werden das auch ein paar Leute feststellen. Sie werden sich dann fragen, warum ich plötzlich Nein sage, wo ich doch immer Ja gesagt habe. Es wird sie erschrecken, dass ich Widerworte gebe. Darauf freue ich mich wie ein kleines Kind, denn das kann mein Leben verändern.

Ich bin stolz auf dich. Eigentlich wollte ich schreiben, ich bin stolz auf mich, aber du brauchst das jetzt, dass dir jemand sagt, dass er stolz auf dich ist. Das hast du wirklich gut gemacht und du hast etwas ganz Wichtiges erreicht, vielleicht ohne es zu wissen. In deiner Beschreibung erzählst du, dass du von anderen verletzt wirst. Die Gedanken kamen, als du begonnen hast, anders und größer zu denken. Weißt du, was da passiert ist? Weißt du, wie wichtig diese Gedanken waren und wie wichtig es war, sie wieder zur Seite zu schieben? Hast du eine Ahnung, was in diesem Moment mit dir passiert ist?

Ich kann gar nicht ruhig sitzen, so aufregend ist das. Nein, ich habe keine Ahnung, was da mit mir passiert ist, und ich weiß auch nicht, warum es wichtig sein soll, diese schlimmen Gedanken zur Seite zu schieben. Wäre es nicht besser, diese Gedanken gar nicht erst zu bekommen?

Wenn du solcherlei Gedanken dabei nicht hast und es trotzdem schaffst, ist es natürlich auch gut.

Aber diese Gedanken haben etwas in dir ausgelöst. Lass mich das erklären. Du hast damit begonnen, neu zu denken. Dein Gehirn hat Botenstoffe mit diesen neuen Informationen an den Körper gesendet. Dein Körper konnte damit aber nichts anfangen und hat entsprechend reagiert. Vergiss nicht, du fühlst zwar, was du denkst, aber du denkst auch, was du fühlst. Er hat also gegen diese neuen Informationen protestiert und entsprechende Gefühle des alten Denkens zurückgeschickt. Diese Gefühle haben das Gehirn erreicht und wurden dort in Gedanken umgewandelt. Du hast es tatsächlich gemerkt und wiederum dagegen protestiert. Dieser Moment, in dem der Körper reagiert und sagt: „Hey, pass mal auf, ich will diese neuen Informationen nicht", ist der Moment, in dem der innere Schweinehund überwunden werden muss. Statt dagegen anzugehen, hättest du auch sagen können, dass du dann eben erst morgen versuchst, neu zu denken. Aber das hast du nicht. Das finde ich wirklich toll von dir. Du hast weiter neu gedacht und dein Körper musste es schließlich akzeptieren, dass neue Informationen, also neue Gedanken und Gefühle, verarbeitet werden sollen.

Danke schön, ich finde das auch toll von mir. Es ist wirklich ein beeindruckendes Gefühl. Ich werde weitermachen und immer größer denken.

Wir haben weiter vorn über depressive Menschen gesprochen. Ich weiß nicht mehr genau, was du dazu gesagt hast, aber ist es nicht auch möglich, durch dieses neue Denken Besserung zu erlangen?

Ich hatte gesagt, dass ein depressiver Mensch, der aus diesem Loch heraus möchte, sich immer wieder loben muss: Ich bin wunderschön, ich bin toll, ich bin so froh und glücklich. Und auch, dass er sich immer wieder mal wenigstens eine Minute eine Auszeit nehmen sollte, um zu lachen. Merkst du was? Sich selbst loben bedeutet doch schon, neu zu denken. Vielleicht geht es den Betroffenen bei diesen Lobes-Gedanken im ersten Moment nicht so gut. Sie könnten denken, dass sie es nicht verdient haben, froh und glücklich zu sein. Das stimmt aber nicht, sie haben es verdient. Und mit den neuen Gedanken haben sie anfangs nur deshalb Probleme, weil der Körper mit positiven Informationen nichts anfangen kann. Er weiß nicht, was er damit soll. Also schickt er die alte Information zurück zum Gehirn. Der Körper sagt dem Gehirn so etwas wie: „Hallo, du da oben, was schickst du mir da? Was soll das? Das kenne ich nicht. Hast du vergessen, was du mir schicken musst? Falls ja, schicke ich dir mal eine Probe des alten Fühlens hoch, damit du dich wieder daran erinnerst." In dem Moment hat der depressive Mensch wieder seine schlechten Gedanken, und jetzt ist es wichtig, dass er erkennt, dass diese Gedanken der innere Schweinehund sind. Einfach weiter loben und lieben, auch wenn es schwerfällt. Nach einer gewissen Zeit gibt der Körper nach und akzeptiert diese neuen Informationen und verarbeitet sie. Der Mensch ändert sich.

Dann hat es also auch etwas mit dem Denken zu tun, wenn Kranke wieder gesund werden. Wir hatten geschrieben, dass die Entscheidung, zum Arzt zu gehen, schon etwas bewirkt. Das hörte sich anfangs sehr mystisch an, müsste aber nach deinem Prinzip des neuen Denkens logisch sein, stimmt das? Wenn mich nicht alles täuscht, hattest du erklärt, dass es mit dem Ich harmonieren muss.

Um genau zu sein, hatte ***ich*** *geschrieben, dass ein erster Gedanke bereits da ist, wenn ein Mensch zum Arzt geht. Somit möchte er gesund werden. Er denkt um, konzentriert sich auf Gesundheit statt auf Krankheit und kann so das Problem besiegen. Er denkt größer und das ist der Schlüssel.*

Aha, ich vermute, ich habe gerade herausgefunden, was ich nicht verstehe. Du schreibst, dass man größer denken muss, größer als das Umfeld.

Was bedeutet das genau? Wie groß ist denn das Umfeld?

Das Umfeld jedes Einzelnen ist anders. Bleiben wir bei dem, der zum Arzt geht. Er ist krank und will gesund werden. Nun, wie groß ist sein Umfeld? Betrachtet man sein Wohlbefinden, seinen geistigen und körperlichen Zustand, dann ist das Umfeld so groß wie die Krankheit. Es begrenzt sich in ihr. Größer zu denken bedeutet in diesem Fall, dass sich diese Person gesund denkt. Sie muss sich darauf konzentrieren, gesund zu sein. Und zwar so lange, bis sich auch das Gefühl einstellt.

Also bedeutet „größer“, dass man großartiger denken soll, positiver oder auch die bestmögliche Alternative des Ist-Zustandes. Das habe ich verstanden, oder?

Ja, so kann man das sagen. Um noch ein Beispiel zu nennen: Du hast einen Kollegen, den du einfach nicht magst. Du bist sauer auf ihn, weil er einen Auftrag bekommen hat, den du gerne wolltest. Das ist dein Ist-Zustand, dein momentanes Umfeld. Größer zu denken bedeutet nun, dass du morgens aufwachst und dir vornimmst, wie du heute sein möchtest. Du möchtest größer sein als dein Umfeld, über dich hinauswachsen. Also stellst du dir vor, dass du heute sehr gut mit diesem Kollegen auskommst. Ihr versteht euch und du bist auch nicht mehr sauer auf ihn, weil es sich sozusagen erledigt hat. Darauf konzentrierst du dich, bis du merkst, dass sich etwas in dir verändert. Neue, andere Gefühle. Du wirst es spüren und versuchst nun über den Tag diese Gefühle aufrechtzuerhalten.

Das ist wirklich sehr spannend – fast ein Gedankenspiel, mit dem man sein Leben verändern kann. Du hast mich auf große Ideen gebracht, auf Gedanken, die sich nun zu denken lohnen, weil ich weiß, was sie bewirken können, und auch, wie es ungefähr vor sich geht.

*Es ist nicht **fast** ein Gedankenspiel und es **kann** auch nicht das Leben verändern. Es **ist** ein Gedankenspiel und es **wird** dein Leben verändern. Spiele es mit immer größeren, großartigeren und positiveren Gedanken oder mit neuen Eigenschaften, die du an dir wünschst. Gestern hast du dich vielleicht in der Form verändert, dass du dir vorgenommen hast, für jeden deiner Kollegen, der zu dir kommt, Geduld und Zeit zu haben. Heute kannst du es erweitern, in-*

dem du dich nicht nur darauf konzentrierst, für alle geduldig zu sein und Zeit zu haben, sondern dass du auch für jeden ein Lächeln übrig hast, das voller Ehrlichkeit tief aus dir kommt und alle ansteckt.

Sehr schön gesagt. Je mehr ich mir meiner Gedanken bewusst werde, desto mehr merke ich, dass ich kaum noch negative Gedanken habe. Auf jeden Fall sind es weniger geworden. Und ich merke auch, dass es mir dadurch besser geht.

Um das Gesagte noch einmal aufzugreifen, müsste es doch auch bedeuten, dass meine Realität nur eine Projektion meines Bewusstseins ist. Schließlich materialisiert sich der Gedanke, wenn ich das richtig verstanden habe.

Das stimmt nicht ganz. Alles, was du siehst, kannst du als eine Art Simulation deiner inneren Realität betrachten. Was du siehst, ist nur ein winzig kleiner Teil dessen, was du sehen könntest. Wenn du das, was du siehst, als ***deine*** *Realität bezeichnest, dann begrenzt du dein Potential auf die Größe einer Stecknadelspitze. Und somit begrenzt du dein Denken und die damit verbundenen Möglichkeiten deines Wesens auf einen Hauch von Nichts.*

Das habe ich nicht verstanden.

Was hast du denn verstanden?

„Das stimmt nicht ganz“ habe ich verstanden, danach bin ich ausgestiegen. Ich glaube, die Stecknadelspitze hat mich verwirrt. Ich weiß ja gar nicht, in welcher Relation ich sie sehen soll. Und sind wir überhaupt noch beim Thema „Denken“?

Du sagtest, dass das, was du siehst, deine Realität ist. Wenn du also die Augen öffnest und irgendwo hinsiehst, ist das deine Realität. Es ist aber nur eine Simulation deiner inneren Realität. Es ist somit ein Abbild dessen, was du im Moment durch dein Bewusstsein zu sehen vermagst. Doch es gibt noch viel mehr zu sehen. Und je mehr du aus deinem Sein ins Bewusstsein bringst, desto mehr kannst du sehen und wahrnehmen. Nennen wir das, was du sehen kannst, einfach mal den Raum. Egal wo du hinsiehst, gegen eine Wand, in die ferne Landschaft, in den Himmel oder auf deine Hand, es ist der Raum, den du siehst. In deinem Raum siehst du jetzt deinen Computer, deine Hände, die Wände, den Teppich, das Bücherregal, den Schrank, die Gitarre, Kugelschreiber usw. Es gibt aber sehr viel mehr in diesem Raum. Du siehst nur die Spitze einer Stecknadel im Vergleich zu vielleicht einer großen Kirche, die du sehen könntest. Von einer Million Dingen, die existieren, siehst du zehn. Das bedeutet, dass das meiste, was existiert, für den Menschen unsichtbar ist. Das menschliche Auge sieht nur in einem bestimmten Spektrum, alles andere ist nicht sichtbar. Das kann aber trainiert werden. Hast du das verstanden? Erkennst du hier einen Zusammenhang zu einem Thema, das wir bereits vorher besprochen haben?

Ich glaube, es verstanden zu haben. Wenn ich durch die Gegend laufe, sehe ich zwar viele Dinge, aber noch mehr Dinge bleiben mir verborgen. Diese verborgenen Dinge könnte man aber sehen, wenn man seine Augen dafür trainiert. Einen Zusammenhang sehe ich nun nicht. Es sei denn, du meinst die Gitarre und willst mir damit sagen, dass ich wieder mehr spielen soll.

Ich hatte vor einiger Zeit geschrieben, dass Kinder noch neu sind auf dieser Welt. Ich schrieb, dass ihre Schwingungsfrequenz noch sehr an das reine Sein erinnert und dass sie dadurch andere Seelen und Geistwesen sehen können. Sie sehen sogar noch sehr viel mehr. Doch dieses Talent geht verloren, ist aber wieder erlernbar. Dazu braucht es keine besondere Methode, es reicht aus, sich seines Seins zu erinnern. Bei Menschen, die diese Fähigkeit auch später noch haben, existiert außerhalb ihres Körpers mehr von ihnen als innerhalb. Das bedeutet nicht, dass sie dabei sind, den Körper zu verlassen, sondern dass sie sich ihres Seins bewusst sind und weit über ihren menschlichen Körper hinaus strahlen. Nur dadurch ist es dir möglich, dieses Buch hier zu schreiben. Doch zurück zum Denken. Denkst du zum Beispiel an den Erzengel Raphael, dann erschaffst du ihn in deinem Raum, also dem Raum deines Blickes. Da diesem Engel bestimmte Fähigkeiten zugeschrieben werden, derer du dir auch bewusst bist, erschaffst du also nicht nur sein Bild, sondern auch eine Präsenz mit diesen Fähigkeiten. Du brauchst den Engel nur zu rufen und er wird dir helfen. Das kennst du doch. Alle, die die Fähigkeit haben, mehr zu sehen als andere, werden dir das bestätigen. Erschaffst du in deinem Raum irgendein Fantasiewesen, das deinen Gedanken entsprungen ist, so wirkt es zwar auch, wie du es ihm andichtest, aber es hat längst nicht die Kraft eines

Engels. Das ist der feine Unterschied. Und nebenbei bemerkt: Es ist völlig unsinnig zu behaupten, dass Engel nicht existieren, nur weil man sie nicht sieht.

Wenn ich also aus dem Fenster sehe und mir auf der Wiese einen Baum vorstelle, dann ist dieser Baum auch da, man sieht ihn nur nicht? Wenn ich mir eine Kastanie vorstelle, hat sie dann auch die Wirkung einer Kastanie? Es gibt ja Pflanzen, die eine Heilwirkung haben, das meine ich damit.

Wenn du dir der Wirkung bewusst bist, ist die Wirkung auch da. Sie ist nur nicht so intensiv wie die der echten Pflanze. Ist zum Beispiel jemand nervös und du stellst dir um diese Person Baldrian vor, dann wirkt es zwar, aber nicht mit der Intensität des echten Baldrians. Um das besser verstehen zu können, stell dir vor, du spielst mit jemandem einen Ritterkampf. Jeder hält ein unsichtbares Schwert in der Hand. Ihr kämpft und jeder versucht zu gewinnen, und am Ende sticht dir dein Partner das unsichtbare Schwert in den Bauch. Wenn du intensiv im Spiel warst, dir vorgestellt hast, diesen Kampf gäbe es wirklich, dann könnten Wissenschaftler in deinem Gehirn feststellen, dass du auf das Schwert in deinem Bauch reagierst, und auch dein Immunsystem würde auf Hochtouren laufen. Darum ist es wichtig, auf seine Gedanken zu achten. Was bringen dir negative Gedanken? Nichts Gutes! Was bringen dir positive Gedanken? Alles Gute!

Das habe ich verstanden. Es waren sehr viele Informationen, die ich erst mal sacken lassen muss.

Eines aber musst du mir noch erklären. Warum kann ich so ein Buch nur dann schreiben, wenn mehr von mir außerhalb meines Körpers existiert als innerhalb?

Wäre dies ein ***Dialog mit Ich*** *für dich persönlich, dann wäre es gar nicht so wichtig, darüber zu sprechen. Doch dieser Dialog ist ein Dialog mit dem Ich einer jeden Leserin und eines jeden Lesers. Das ist nur durch eine Bewusstseinserweiterung möglich. Du bist dir beim Schreiben bewusster. Es existiert also mehr von dir außerhalb deines Körpers als innerhalb. Darum bekommst du mehr Antworten – und darum ist das ein Buch für alle Menschen. In den Momenten des Schreibens ist dein Bewusstsein so erweitert, dass du mit deinem Kopf geradezu im Seelenkollektiv steckst. Es ist keine Ekstase oder tiefe Trance, sondern es ist das, was der Mensch eigentlich ist und was er eigentlich wahrnehmen sollte, nämlich die Fähigkeit, bewusst zu sein.*

Kann es sein, dass damit auch ein Gefühl der Verbundenheit mit allem um mich herum einhergeht? Ich meine damit, dass ich beim Schreiben manchmal das Gefühl habe, das Glas Wasser vor mir zu sein oder die Kerze. Ich fühle mich nicht einfach nur verbunden damit, es ist so, als wäre ich es selbst. Es fühlt sich an, als könnte ich das Glas bewegen, ohne es zu berühren. Aber es passiert leider nichts. Nun ja, bei meiner Tollpatschigkeit würde ich es wahrscheinlich umkippen. Einmal war dieses Gefühl der Verbundenheit so stark, dass ich glaubte, ich sei die ganze Welt. Es breitete sich immer weiter aus, bis es schien, als wäre ich im Weltraum. Irgendwie habe ich mich aber auch unwohl gefühlt, weil ich nicht wusste, was da mit mir passiert, und als mir das bewusst wurde, ging ein Schreck durch meine Glieder und ich war wieder an meinem Schreibtisch. Vielleicht kann ich es verständlicher ausdrücken, wenn ich es als andere Wahrnehmung beschreibe. Ich sehe also das Glas, so wie es ist, nehme es aber anders wahr. Ich erlebe es regelrecht auf eine unbeschreibliche Weise. Tief in mir spüre ich etwas. So als könne ich mit meiner Hand durch das Glas fassen und jeden Tropfen, jedes Molekül des Wassers spüren. Es hört sich sicherlich ein wenig verwirrt an, aber ich spreche ja auch mit meiner Seele, das kann schon mal kaum übertroffen werden.

Dein Gesicht war mal wieder köstlich. Ich amüsiere mich so wunderbar, wenn du dich selbst fragst, was du da eigentlich machst. Du sprichst mit deiner Seele und stellst dich als verwirrten und verrückten Professor dar. Die Grimassen, die du dabei schneidest, sind das Sahnehäubchen dieses Dialogs.

Lachst du mich eigentlich an oder aus? Aha, du lachst mich an, die Antwort habe ich auch so **gehört**. Wenn du dich so amüsierst, steigt meine Energie, und dabei ist es schon mitten in der Nacht. Willst du etwa, dass ich wieder nicht schlafen kann?

Mein Freund, was du da vorhin beschrieben hast, ist eine sehr wertvolle und wichtige Erfahrung. In dem Moment, in dem du das erlebst, bist du jenseits von Raum und Zeit. Du – dein Ich – kannst dich also ungezwungen ausdehnen, und da ist es selbstverständlich, dass du alles wahrnimmst, was dir begeg-

net. Du reist nicht einfach nur, du weitest dich aus, ich weite mich aus. Es ist eine wertvolle Erfahrung. Du nimmst alles in dir auf und spürst es, erlebst es. Es gibt viele Menschen, denen so etwas passiert ist und die durch einen Schreck aus dieser **Reise** *gerissen wurden. Dieser Schreckmoment ist der Moment, in dem du darüber nachzudenken versuchst, was mit dir geschieht. Das ist menschlich, gehört aber nicht mehr in diese Erfahrung. Darum bist du blitzschnell wieder an deinem Schreibtisch. Nicht zu denken ist das Schwierigste dabei. Da der Mensch aber versucht, alles zu analysieren und nachzuvollziehen, eben zu denken, interpretiert er diese Reise, dieses Erlebnis, diese Ausdehnung als den Weg zur Erleuchtung. Stell dir eine Straße von einhundert Kilometern Länge vor. Solange du dir der Erde unter deinen Füßen bewusst bist, bist du erst ein paar Schritte gegangen. Vielleicht ahnst du, was sich dir offenbaren könnte, wenn du die ganze Straße gehst. Wer das erreicht, fühlt sich tatsächlich erleuchtet. Bereits die ersten Schritte verändern dein Denken, deine Ansichten und auch dein Leben. Aber das Ziel dieser Reise verändert dich in unvorstellbarem Maß.*

Ich weiß nicht einmal, wie diese erste Reise begann, und frage dich auch gar nicht erst, du gibst mir ja doch keine Antwort. Aber du hast mich wirklich neugierig gemacht. Was du gesagt hast, klingt wunderschön und gleichzeitig erschreckend. Ich bin mir sicher, dass Angst dabei eine große Rolle spielt, und wenn sie in Aktion tritt, ist es vorbei.

Angst spielt eine große Rolle dabei. Auch wenn

ich mich wiederhole – wenn Angst auftaucht, bist du sofort wieder zurück am Schreibtisch. Angst ist menschlich und lebenswichtig. Wenn du diese Reise machst, begibst du dich in etwas Unbekanntes, in etwas, was du dir vorher nie hättest vorstellen können. Es ist ein Erlebnis, das in Filmen möglich ist, aber doch nicht in der Realität. Das glauben die Menschen. Wenn man es dann aber erlebt, bekommt man schnell Angst, und in dem Moment ist die Reise vorbei. Wer es schafft, die gesamten hundert Kilometer zu reisen, ist erleuchtet, denn das bedeutet, vollkommenes Sein zu sein im Vertrauen darauf, dass man zurückkehrt. Hundert Kilometer sind natürlich nur ein Beispiel, damit du es dir besser vorstellen kannst. Diese Reise hat keine Begrenzung. Doch genug zu diesem Thema. Wer bereit ist, kann und wird es erleben. Jeder muss seine Erfahrungen allein machen.

Ich akzeptiere, dass wir dieses Thema abschließen.

Wir haben jetzt so viel über das Denken gesprochen, dass ich mir eine Frage stelle, die entweder bedeutet, dass ich etwas nicht verstanden habe oder dass alles noch viel schwerer ist, als es sich liest. Durch das Denken kreieren wir uns selbst, unsere Zukunft und unser Umfeld. Andererseits hält uns das Denken aber auch davon ab, wir selbst zu sein. Es hindert uns sozusagen daran, zu uns selbst zu finden, bewusster zu werden. Wie soll ich das verstehen? Sollen wir nun denken oder sollen wir das Denken abschalten?

Du hast es nicht falsch verstanden und es ist auch nicht schwerer, als es sich liest. Es geht nicht darum, mit dem Denken aufzuhören. Es geht darum, bewusst zu denken. Wenn ihr beim Denken aufhören würdet zu denken und beim Aufhören zu denken bewusst denken würdet, wäre das fantastisch, grandios. Da ihr das aber nicht schafft, was vollkommen natürlich ist, gibt es nur eine Lösung. Beobachte doch mal einen Tag lang, woran du denkst. Du wirst feststellen, dass die meisten Gedanken völlig überflüssig sind. Wenn du damit beginnst, sie zu beobachten, wirst du feststellen, dass die überflüssigen Gedanken weniger werden oder nur vorbeifliegen. So hast du mehr Möglichkeiten, deine Gedanken zum Erschaffen zu nutzen. Du wirst kreativer und es wird dir besser gehen. Was bringen Gedanken, in denen du über andere urteilst? Was bringen die Was-wäre-wenn-Gedanken? Wenn du diese zwei großen Gedankenthemen abschaffst, wirst du Erleichterung verspüren. Es bleibt also dabei, dass das Denken wichtig ist, um zu erschaffen. Aber schaltet die überflüssigen und negativen Gedanken ab. Die Lösung, die ich am Anfang angesprochen habe, ist also eine Auszeit. Eine bewusste Auszeit vom Alltag, nicht vom Denken. Setze oder lege dich hin und entspanne dich einfach. Achte genau auf deine Gedanken und betrachte sie. Kommt ein negativer Gedanke oder einer, mit dem du urteilst, dann betrachte ihn genauer, damit du dir bewusst wirst, wie unwichtig er ist. Das meine ich damit, wenn ich sage, dass du beim Aufhören mit dem Denken bewusst denken sollst. Und du hörst beim Denken mit dem Denken auf, wenn du dir die Gedanken ansiehst und die unwichtigen zur Seite schiebst.

Ich zweifle ein wenig an mir selbst. Ich glaube zwar, dass ich das verstanden habe, weiß es aber nicht mit Sicherheit. Ich werde das noch einmal für mich verständlich erklären. Also, ich habe es so verstanden, dass wir damit aufhören sollen, das Denken als etwas völlig Normales und Automatisches in unseren Alltag zu integrieren. Wir müssen aufhören, das Denken wie das Atmen, Laufen, Augenblinzeln zu automatisieren. Wir müssen uns des Denkens bewusster werden. Wir können nicht auf alle Gedanken achten, aber wir können auf unser Denken achten. Und dabei lernen wir, positiver zu denken, weil wir negative Gedanken nicht mehr zulassen. Wir hören auch auf zu urteilen, denn wenn wir über einen anderen Menschen ein Urteil sprechen, können wir nicht von Liebe und Frieden reden. Und so wird es uns wesentlich leichter fallen, bereits am Morgen unser Wesen und unsere Persönlichkeit für den Tag zu erschaffen, sodass wir am Abend mit einem Lächeln einschlafen können. Bewusster zu denken heißt also nicht, jeden einzelnen Gedanken zu beachten und zu bewerten, sondern bewusster auf das Denken zu achten. Merke ich, dass ich einen negativen Gedanken habe, dann schiebe ich ihn beiseite. Wenn ich zum Beispiel denke: „Mann, ist der Kerl dick", dann neutralisiere ich diesen Gedanken, indem ich dann denke: „Aber ich wünsche mir, dass er sich wohl fühlt, glücklich ist und lachen kann. Er ist ein Mensch, den ich achte und liebe." Oder so ähnlich, vielleicht weniger schmalzig.

Ja, das ist richtig erklärt. Nun habe ich es auch verstanden.

Witzbold! Du gibst mir ganz schön harte Nüsse zu knacken. Ich verstehe deine Antworten manchmal erst, nachdem ich sie mir mehrmals durchgelesen habe, und dann muss ich eben noch einmal nachfragen, ob ich das richtig verstanden habe.

Und das ist auch wichtig. Einige Themen müssen intensiv besprochen werden. Da ist es nötig, dass bestimmte Dinge mehrmals erwähnt und erklärt werden. Ebenso mit meinen wie mit deinen Worten.

Aber warum macht dich das Schreiben seit einigen Tagen so traurig? Ich verstehe deine Gefühle nicht. Du wechselst von Euphorie zu Trauer und von Lebensbejahung zu Depression. In einem Moment lässt du mich ausdehnen bis über den Horizont und im anderen Moment komprimierst du mich so sehr, dass ich in deinen kleinen Zeh passe. Es sind so viele Sorgen und Ängste, dass du oft nicht willens bist, mir zuzuhören. Erkläre dich bitte.

Nur du bist daran schuld, dass ich immer hin und her wechsle. Ich versuche nämlich, mir zu Herzen zu nehmen, was du in diesem Buch erklärst. Und wenn ich traurig bin, versuche ich eben, das zu neutralisieren. Der primäre Grund meiner Traurigkeit ist aber, dass ich das Gefühl habe, dass wir unser Gespräch bald beenden. Ich bin mir bewusst, dass es nur dieses Buch ist, das wir abschließen, wir uns aber weiter unterhalten. Dennoch fühlt es sich wie ein Abschied an. Ich mache mir auch Gedanken, ob überhaupt jemand dieses Buch liest. Und wenn, wie schlecht werden die Kritiken sein? Habe ich genug Kraft, negative Kritik zu verarbeiten? Werde ich es ertragen, wenn mich deswegen jemand angreift? Und ganz wichtig ist, ob es wirklich anderen Menschen hilft.

Und da ist er wieder, der „Kampf zwischen Gut und Böse“, der Zickenkrieg der Gefühle. Natürlich näherst du dich dem Ende des Buches. Du weißt von Anfang an, dass der Moment irgendwann kommt, in dem du den letzten Punkt setzt. Jeder Weg beginnt mit dem ersten Schritt und jeder Schritt verringert die Distanz zum Ziel. Wenn dieses Buch abgeschlossen ist und in den Handel kommt, hast du genug zu tun, sodass die Traurigkeit über das Ende verschwindet. Und ehe sie zurückkehren kann, wirst du neuen Antrieb finden. Vertraue mir einfach. Du wünschst dir, dass viele Menschen dieses Buch lesen, und vielleicht werden sie es tun. Das darf dein inniger Wunsch bleiben. Deine Hoffnung aber sollte sein, dass ihnen damit geholfen wird. Und selbst wenn es nur ein einziger Mensch ist, hast du ein Wunder vollbracht. Schlechte Kritik wird es eventuell geben. Mach dir darüber aber bitte keine Sorgen, denn Kritik bedeutet, dass du und dein Werk beachtet werden. Du hast etwas geschaffen, was kritisiert werden kann. Du weißt um die Wirkung dessen, was auf diesen Seiten steht. Jeder, der dich deswegen angreift, hat es entweder nicht gelesen oder nicht verstanden. Jede Leserin und jeder Leser wird mich erfahren. Jeder hat die Möglichkeit, dies alles anzuwenden. Jeder hat die Kraft und die Fähigkeit dazu. Sei bitte stolz auf das, was du hier geschaffen hast. Ich bin stolz auf dich und ich freue mich auf die Erfahrung, die kommt.

Ich befürchte aber, mir wird keiner glauben, dass dieses Buch echt ist.

Ich wünsche es mir sogar, dass sie es nicht glauben. Etwas zu glauben bedeutet, dass man es nicht mit Sicherheit weiß. Man zweifelt also daran. Wenn aber jemand dieses Buch liest, kann er erfahren und erleben, dass es echt ist, und dann ***weiß*** *er es. Wissen ist besser als Glaube. Im ersten Moment hört sich alles nach einer großen Herausforderung an, doch niemand muss innerhalb kürzester Zeit alles umsetzen. Und wenn es ein Jahr dauert oder länger, die Hauptsache ist, dass man es versucht.*

Es heißt, dass die Welt, alle Situationen, Ereignisse, alles um mich herum ein Spiegel meines Selbst ist. Mein Leben spiegelt mich also. Wenn ich in einer kleinen Wohnung lebe mit wenig Geld und vielen Sorgen, spiegelt das mein Wesen, mein Inneres, mein Denken. Ich verstehe das ja, aber da gibt es etwas, was nicht dazu passt. – Du merkst, ich habe das vorherige Thema beendet. Ich saß jetzt zwei Stunden vor diesem Computer und habe darüber nachgedacht, wie meine Gedanken in dieses weltliche Spiegelbild passen. – Gehen wir also davon aus, dass ich in einer kleinen Wohnung wohne und nur so viel Geld habe, dass ich gerade überleben kann. Ich habe nur die nötigsten Möbel, keinen Fernseher und viele Sorgen. Das spiegelt also mein Denken wieder. Jetzt geschieht es aber, dass ich durch die Straßen schlendere, und plötzlich sehe ich vor einem Geschäft in der Fußgängerzone viele Menschen, die mit Kameras, Mikrofonen und

Kostümen umherrennen. Nichts ahnend bleibe ich kurz stehen. Ein Mann kommt auf mich zu und sagt: „Dich brauche ich jetzt, hast du Lust?“, greift meine Hand und nimmt mich mit, ehe ich etwas sagen kann. Ohne zu ahnen, was mit mir passiert, werde ich in der Maske geschminkt, werde eingekleidet und bin plötzlich ein Mann, der für 20 Sekunden in einer Filmszene zu sehen ist. Ich bekomme 50 Euro, muss meine Adresse angeben und kann gehen. Ein Jahr später wird dieser Film mit einem begehrten Fernsehpreis ausgezeichnet, ich bin das Fernsehgesicht des Jahres und bekomme einen Sonderpreis. Die Filmangebote häufen sich, mein Konto füllt sich und die Wohnung tausche ich gegen ein schönes Haus. Zur Erinnerung, die Welt und die Ereignisse spiegeln mein Denken, mein Inneres. Auf dem Weg von meiner Wohnung in die Stadt hat sich wohl kaum mein Denken so drastisch geändert, dass ich mich plötzlich wie ein begehrter Schauspieler fühle. Und genau das ist es, was ich in diese Theorie nicht einbauen kann. Kannst du mir das erklären?

Deine Geschichte ist sehr interessant und wahrscheinlich ein wichtiger Punkt, den es zu verstehen gilt. Es geht nicht darum, das ganze Denken zu ändern, die innere Einstellung oder die persönlichen Ansichten. Das wäre eine zu große Aufgabe, die viel Kraft und Energie kostet. Es würde auf ein niederschmetterndes Ergebnis hinauslaufen. Kleinigkeiten könnten sich verändern, aber das gewünschte Ergebnis erzielt man damit nicht. Es ist wie mit der Suche nach Antworten. Erst wenn man damit aufhört, be-

kommt man sie. Auf dem Weg zum Ziel ist jeder einzelne Schritt wichtig, und sei er noch so klein. Alles verändern zu wollen würde bedeuten, bereits beim ersten Schritt das Ziel in greifbare Nähe zu rücken. Das geht nicht. Schritt für Schritt, langsam und mit Geduld schafft man den Weg und erreicht das Ziel mit der Gewissheit, etwas geschafft zu haben. Mit dem Gefühl von Glück vermischt sich Stolz und man umarmt sich selbst. Du verlässt also wie gewohnt deine Wohnung, lässt die Tür hinter dir ins Schloss fallen und schließt ab. Bleiben wir einmal dabei. Bis hierhin hast du eigentlich nichts Besonderes wahrgenommen. Die Tür fällt ins Schloss und du schließt ab. So machst du es immer. Vielleicht hast du an diesem besonderen Tag die Tür nicht einfach ins Schloss fallen lassen. Du hast darauf geachtet, wie sie zugeht. Du hast den Türgriff in die Hand genommen und sie leise ins Schloss gezogen, um sie dann ganz bewusst abzuschließen. Du warst also an dem Tag sanfter. Das Schließen der Tür ist keine Selbstverständlichkeit wie das Atmen. Der Vorgang wurde dir ganz bewusst. Das allein reicht als erster Schritt aus, um in deinem Leben etwas zu verändern. Das, was seit Monaten oder Jahren selbstverständlich ist, was du gar nicht mehr registrierst, wird plötzlich geändert und dadurch ganz bewusst wahrgenommen. Das bewirkt, dass bestimmte Botenstoffe vom Gehirn an deinen Körper ausgesendet werden. Es ist nur eine kleine Menge, aber sie reicht aus, um einen Vorgang in Gang zu setzen, der erst mal für Verwirrung im Bereich der Gefühle und Gedanken sorgt. Wir sprachen davon, dass das der Moment ist, in dem man den inneren Schweinehund kennenlernt. Bleibst du diesen neuen Gefühlen und Gedanken treu, also den sanften, verändert sich etwas in dir und es dauert nicht lange, bis du das im Außen merkst. Du rast zum Beispiel nicht einfach die Treppe runter, sondern nimmst die Stufen wahr, zählst sie sogar. Unterwegs achtest du auf das, was dir begegnet. Du gehst diesen Weg in die Stadt also bewusster als zuvor. Die Veränderung macht sich bemerkbar. Du gerätst plötzlich in eine Situation, die dich zu einer Berühmtheit macht. Das Schließen einer Tür hat dafür gesorgt, dass du von einem Mann, der am Existenzminimum lebte, zu einem bekannten Schauspieler ***erwacht*** *bist.*

Mann, bist du gut! Man muss also einfach nur aus der Gewohnheit raus? Wenn ich jeden Tag dasselbe mache und alles immer gleich abläuft, dann ist es fast unmöglich, mein Denken neu zu strukturieren. Sobald ich aber aus meinen Gewohnheiten ausbreche, muss mein Gehirn darauf reagieren und es ändert sich etwas. Nehme ich also heute einen anderen Weg zur Arbeit als den, den ich seit zehn Jahren nehme, beginnt in meinem Körper Hochbetrieb. **Achtung, Achtung, der Mensch denkt! Alle auf ihre Stationen!** Stoffe werden ausgeschüttet, die dafür sorgen, dass ich den neuen Weg bewusster fahre. Ich bin konzentrierter, achtsamer und nehme mehr wahr. Der Körper reagiert auf das Denken, und somit ist diese These gar nicht so mysteriös, wie sie klingt, sondern etwas Nachvollziehbares. So wie jeder Weg mit dem ersten Schritt beginnt, so beginnt jede Veränderung in meinem Leben mit dem ersten bewussten neuen Gedanken. Ehe ich nämlich einen anderen Weg zur Arbeit nehmen kann, muss ich ja schließlich daran denken, mich also dafür entscheiden. Es bringt nichts, wenn ich immer und immer wieder meinem Alltagstrott folge. Wenn ich in meinem Leben etwas verändern möchte, muss ich nur eine Kleinigkeit dafür tun: mich entscheiden!

Das hast du sehr gut beschrieben und es würde kompliziert werden, wenn ich noch weitere Erklärungen dazu abgebe. Man muss sich einfach nur entscheiden.

Im Laufe unseres Gesprächs habe ich viele Entscheidungen getroffen. Die Veränderungen, die ich erhofft hatte, sind zwar noch nicht eingetreten, doch ich bin mir sicher, dass es geschehen wird. Die wichtigste Entscheidung ist aber eigentlich eine Erkenntnis. Es ist die Dankbarkeit. Ich bin dankbar für jeden Tag, den ich erleben darf. Ich gehe dankbar ins Bett und wache dankbar auf. Neulich habe ich mir den Ellenbogen gestoßen. Mann, tat das weh. Dadurch bin ich **aufgewacht**. Ich habe gemerkt, dass ich in die Selbstverständlichkeit zurückgefallen bin. Ich hatte vergessen, dankbar zu sein. Nachdem ich mich gestoßen hatte, habe ich mich hingesetzt und mir wurde bewusst, welch ein Glück ich habe, dass ich mich überhaupt stoßen konnte. Ich meine damit nicht nur, dass ich lebe, sondern auch, dass ich auf zwei Beinen laufen darf, beide Arme, Augen, Ohren, Nase und Mund benutzen kann. Andere haben dieses

Glück nicht. Und als ich dieses Gefühl der Dankbarkeit spürte, war der Schmerz sofort verschwunden. Seitdem vergesse ich an keinem Tag mehr, mich zu bedanken. Wenn ich ins Bett gehe, bedanke ich mich dafür, dass ich den Tag erleben durfte und den nächsten Tag erleben darf. Wenn ich aufwache, danke ich auch dafür. Dankbarkeit ist etwas so Wundervolles und Heilendes. Ich glaube, dass viele Menschen, die krank oder aggressiv sind, das Gefühl der Dankbarkeit verloren haben.

Dankbarkeit wirkt sich definitiv auf die Gesundheit aus. Der Körper reagiert auf dieses Gefühl. Aggressiven Menschen ist Dankbarkeit fremd. Ehrlich dankbar zu sein bedeutet, etwas für sich zu tun. Wenn man von jemandem etwas geschenkt bekommt, über das man sich wirklich freut, ist man dankbar. Warum ist man dann nicht ebenso dankbar, wenn man einen neuen Tag geschenkt bekommt, den man erleben darf? Warum ist man nicht dankbar, dass man beide Beine benutzen kann? Dankbar zu sein bedeutet, etwas wertschätzen zu lernen. Dankbarkeit kann vor Krankheiten schützen und Leben retten. Viele Menschen arbeiten an Orten, an denen sie Staub oder Dämpfen ausgesetzt sind, die sich negativ auf den Körper auswirken können. Wenn man diese Stoffe annimmt, sich sicher ist, dass sie einem nichts anhaben werden, weil man sie ertragen muss, damit man das Leben dankbar leben kann, dann mindert man die Gefahr. Das ist schwer, aber es ist möglich.

Ich glaube, es gibt viel zu viel Traurigkeit in der Welt, sodass die Menschen Dankbarkeit nicht wirklich erfahren können. Sicher ist man heute mal dankbar, dass man leben darf, aber vielleicht vergisst man es schon morgen wieder. Und irgendwann denkt man wieder dran. Ich merke es doch an mir. Es gibt Tage, da nehme ich alles als selbstverständlich hin und merke erst am Abend, wie undankbar ich war. Diese Traurigkeit, die alle kennen und oft erleben, kann man gar nicht erklären. Ich vermute, das hat auch irgendwas mit der Stimmung der Welt zu tun. Wenn die meisten Menschen traurig sind, dann merken das auch die, die nicht traurig sind. Wenn die meisten glücklich sind, dann wirkt sich das positiv auf die aus, die traurig sind.

Ich muss dich unterbrechen. Wenn du von der Dankbarkeit zur Traurigkeit gehst und auch noch meinst, einen Zusammenhang gefunden zu haben, muss ich einfach etwas dazu sagen. Die Menschen hoffen, dass sich ihr Leben in eine bestimmte Richtung entwickelt. Wenn es nicht klappt, entsteht Traurigkeit. Wenn es klappt, sind sie aber noch lange nicht dankbar, sondern nehmen das als etwas ganz Selbstverständliches hin. Das ist diese Traurigkeit, die so viele kennen. Das, was du beschrieben hast, stimmt auch. Die Stimmung aller wirkt sich auf alle aus. Passiert etwas, was viele Menschen traurig macht, dann kann man das weltweit wahrnehmen, sogar messen. Ebenso ist es, wenn etwas Schönes geschieht. Aber Dankbarkeit ist das nicht. Ich bitte jeden, der das hier liest, einmal fünf Minuten lang darüber nachzudenken, wofür er dankbar ist. Ich bitte jeden, das auch zu sagen, laut oder in Gedanken. Wenn es nicht beim ersten Mal klappt, versuch es weiter, es wird sich ein wundervolles Gefühl einstellen. Vielleicht auch erst gegen Ende der fünf Minuten. Es ist das Gefühl der Dankbarkeit. Sie ist das Verbindungsglied zwischen den Menschen, die glücklich sind. Wenn es ein Mensch schafft, sein Leben in eine glückliche Bahn zu lenken, und gesund und positiv ist, wird er irgendwann in das alte Leben zurückgeworfen, wenn er aufhört, dankbar zu sein. Dankbarkeit ist also das Netz, mit dem du alles Gute bei dir behältst. Verlierst du die ehrliche Dankbarkeit, bekommt das Netz Risse, und nach und nach gerätst du wieder in die alten Muster, die du nicht möchtest.

Das waren wirklich schöne Worte über die Wichtigkeit der Dankbarkeit. Nie habe ich so oft dieses Wort gelesen. Das war wieder so eine Erklärung, bei der es bei mir **klick** gemacht hat. Gib mir bitte eine Übung, um das effektiv in meinen Alltag zu integrieren. Ich möchte mir der Dankbarkeit bewusst werden und dieses Netz erschaffen. Wenn mich nicht alles täuscht, könnte man damit sein Leben verändern.

Das geht am einfachsten in der Meditation, wenn du vollkommen ruhig bist und dich auf etwas konzentrieren kannst. Vielleicht wenn du zu Bett gehst. Schließ die Augen und denke darüber nach, wofür du dankbar bist. Jede scheinbare Kleinigkeit ist wichtig. Stell dir ein Netz vor, ein leuchtendes Netz, strahlend schön, so wie du es möchtest. Für jeden Punkt, den du mit Dankbarkeit annimmst, nimmst du einen Knoten in dem Netz und ziehst ihn fest. Am Ende hast du ein

Netz mit vielen Knoten der Dankbarkeit, dass du dir zu jeder Zeit in Erinnerung rufen kannst. Sobald du es dir vorstellst, hast du das Gefühl von Dankbarkeit. Das wird dir helfen und du wirst merken, dass sich in deinem Leben Veränderungen ergeben.

Danke schön! Ich verbinde dieses Gefühl mit Freude, Glück und Lachen.

Das bringt mich auf eine möglicherweise komische Frage. Warum kann ich mich nicht selbst kitzeln?

Weil du dir etwas vormachen würdest. Es wäre nicht ehrlich, es wäre Selbstbetrug. Wenn du dich selbst kitzelst, hast du ja vorher die Absicht, dich zu kitzeln. In dem Moment warnst du also deinen Körper davor und das Überraschungsmoment ist nicht da. Es ist unmöglich, sich selbst zu kitzeln. Selbst wenn es funktionieren würde, hätte es nichts mit dem **echten** *Kitzeln zu tun. Du würdest dir vormachen, fröhlich zu sein. Kitzelt dich aber eine andere Person, dann ist es etwas, was dich aufmuntert und sogar glücklich macht. Das hat sowohl körperliche als auch spirituelle Gründe. Dazu gleich mehr. Kitzelt dich jemand, weil er dich ärgern will, musst du zwar auch lachen und kannst sogar auch hier ein Glücksgefühl haben, dieses Gefühl verfliegt aber schnell wieder, sobald die Person damit aufhört. Kitzelt dich aber jemand, weil er dich aus einer Traurigkeit herausholen möchte oder dich einfach nur zum Lachen bringen will, dann ist es nachhaltiger. Du empfindest Glück und Freude, und auch wenn er damit aufhört, hält dieses Gefühl an. Durch die Nerven werden Rei-*

ze abgegeben und entsprechende Stoffe ausgeschüttet, die auf dich und deinen Körper wirken. Die spirituellen Reize kommen aus der Absicht desjenigen, der dich kitzelt, und setzen eine Schwingung in dir in Gang, die dich tatsächlich von innen heraus glücklich machen kann. Würde es nur körperliche Reize geben, dann wäre die Reaktion in beiden Fällen dieselbe.

Ist Lachen denn die beste Medizin?

Wenn das Lachen aus deinem Inneren heraus kommt, ist es die beste Medizin. Die durch das ehrliche, tiefe Lachen vom Körper ausgeschütteten Stoffe wirken sich im gesamten Körper aus. Es gibt keine Zelle, die von diesen Stoffen nicht beachtet bzw. nicht davon beeinflusst wird. Lachen ist die beste Medizin. Lachen deutet auf Glück und Freude hin. Damit segnest du dich und das Leben und auch die Menschen, die von deinem Lachen angesteckt werden. Es durchdringt dich in deinem ganzen Sein und du spürst ja selbst, wie positiv sich das Lachen auf dich und deine Umgebung auswirkt. Während du lachst, vergisst du alles Negative in deinem Leben. Selbst wenn du an einer schweren Krankheit leidest, vergisst du das, wenn du lachst. Es ist wichtig zu lachen. Denn in diesem Moment, in dem du nicht an deine Sorgen denkst, deine Probleme oder Krankheiten, wird ein Prozess in deinem Körper in Gang gesetzt, der dazu führen kann, dass du von allem geheilt wirst. Deine Selbstheilungskräfte werden dadurch aktiviert, und so kam es schon oft zu wundersamen Heilungen. Das Lachen muss aber ehrlich sein.

Also wenn ich mir einen witzigen Film oder etwas Ähnliches ansehe und dabei lachen muss, ist das das Lachen, von dem du sprichst?

Ja, wenn dich das zum Lachen bringt, dann ist es das, von dem ich spreche. Es spielt keine Rolle, was dich zum Lachen bringt. Die Hauptsache ist, dass das Lachen innen ausgelöst wurde und nicht von dir selbst, um anderen zu gefallen oder höflich zu sein.

Was ist mit Menschen, die so viele Probleme und Sorgen haben, dass sie es nicht schaffen zu lachen?

Darüber habe ich bereits gesprochen. Als es um depressive Menschen ging, habe ich dir erklärt, dass sich jeder immer mal wieder eine Auszeit nehmen sollte, um zu lachen. Ich sagte, dass man sich hinstellen oder setzen – am besten vor einen Spiegel – und sein Gesicht zu einem Lachen formen soll. Egal ob man lachen muss oder nicht, einfach mal eine Minute zum Lachen zwingen. Diese Übung schult. Keine Sorge und kein Problem dieser Welt können so groß sein, dass ein Mensch das Lachen verlernt. Lachen, Freude, Glück und Liebe sind nicht lernbar und somit auch nicht verlernbar. Du kannst es mit dem Herzschlag des Menschen vergleichen. Der Herzschlag beweist, dass der Mensch am Leben ist. So zeigt dir das Lachen, dass auch seine Seele lebendig ist. Die Seele stirbt aber nicht. Ein Mensch, der behauptet, dass er das Lachen verlernt hat, verdrängt es einfach nur, um sich selbst zu verletzen. Er sorgt somit dafür, dass seine Seele mehr und mehr verkümmert. Es geht ihm immer schlechter und die Sorgen und Probleme häufen sich ebenso.

Ich dachte auch schon einmal, dass ich das Lachen verlernt hätte. Doch dann haben mich ein paar Menschen daran erinnert, dass ich es noch kann. Ich war überzeugt, nicht mehr lachen zu können, und dann brachte man mich so zum Lachen, dass mir sogar die Tränen liefen. Es war, als ob ein Reflex ausgelöst würde. Es ging mir danach tatsächlich gut. Vielleicht ist das ja auch ein wichtiger Schlüssel, um zu erreichen, was man erreichen möchte. Die menschliche Natur neigt dazu, alles Positive zu vergessen, wenn es Probleme gibt. Wir vergessen dann alle Möglichkeiten, die wir haben – die Macht, die in uns steckt.

Das geschieht bereits, sobald ihr eure Bequemlichkeit in Gefahr seht. Sobald es hart wird, vergesst ihr euer Ich und somit auch eure Kraft. Das führt dazu, dass es immer härter wird. Ihr tretet auf der Stelle, bis ihr ein Loch in den Boden gestampft habt, das so tief ist, dass ihr nicht mehr alleine da raus kommt. Darum ist es so unendlich wichtig zu begreifen, wie essenziell die Bewusstwerdung ist. Du musst dir bewusst sein, was du fühlst, denkst, sagst und tust. Die Verantwortung dafür kannst du mir nicht auferlegen. Um ehrlich zu sein, ist es mir egal, was du tust. Mir geht es nur um dein Sein, also um mich. Das klingt, als sei ich egoistisch, aber genau dieser Egoismus dient dir und somit allen anderen. Wenn es mir wichtig wäre, was du tust, wären alle voneinander getrennt und ich wäre gezwungen zu urteilen. Dein Motto, das du am Anfang genannt hast, wäre völlig sinnlos. Es würde tatsächlich keinen Sinn ergeben. Ich bin du – bist ich – sind wir! Dann müsste es heißen: „Ich bin ich – du bist du – ihr seid ihr – ich habe mit dir und mit euch nichts zu tun!“

Auf das Motto möchte ich gleich noch einmal zurückkommen. Was du schreibst, klingt toll. So habe ich das noch nie gesehen.

Wenn du aber nicht darüber urteilst, was ich tue, woher kommt denn dann das schlechte Gewissen? Das entsteht doch im Inneren. Sagst **du** mir denn nicht, dass das, was ich da getan habe, nicht richtig war? Gibst **du** mir nicht das Gefühl, dass das, was ich getan habe, nicht aus der Liebe heraus kommt?

Die Seele reagiert, wenn etwas Unrechtes geschieht – wenn du etwas sagst, denkst oder tust, was nicht deinem Ursprung entspricht, kein Aspekt der Liebe ist. Ich sage dir also nicht, dass das, was du getan hast, nicht richtig war. Ich sage dir nur, was du stattdessen tun kannst, und zwar in dem Moment, in dem du beschließt, etwas zu tun. Doch du allein entscheidest, ***was*** *du tun, sagen oder denken wirst. Wenn du etwas Unrechtes tust, steckt dahinter ein böser Geist, der umso deutlicher in Erscheinung tritt, je weniger du auf deine Seele hörst.*

Einen Moment bitte. Ich muss dich unterbrechen, denn du bringst gerade mein ganzes spirituelles Weltbild durcheinander. Du sagst, dass es böse Geister gibt. Das glaube ich nicht! Geister sind nicht böse. Diese Geschichten von Poltergeistern und aggressiven Erscheinungen entspringen meiner Meinung nach den Köpfen der Menschen.

Das hätten wir also geklärt. Nur spreche ich

nicht von Geistern Verstorbener, von Gespenstern oder Dämonen. Ich spreche vom bösen Geist des Menschen – vom menschlichen Geist, der sich in die negative Richtung entwickelt hat. Wenn du also etwas machst, was bei dir ein schlechtes Gewissen erzeugt, dann hast du dieses schlechte Gewissen nur aus dem Grund, weil du ganz genau weißt, dass es nicht richtig war, was du gemacht hast. Ich habe dir beigebracht, dass es böse ist, einem anderen die Nase blutig zu schlagen. Dein Menschsein hat aber eine Aggression entwickelt, die dazu führte, dass du ihm dann doch die Nase blutig geschlagen hast. Beides ist in deinem Geist verankert und setzt sich dort in eine Ecke. – Zum besseren Verständnis spreche ich bildhaft. – Sie sitzen da also und bilden eine Einheit. Der böse Teil, der zugeschlagen hat – die Erinnerung daran –, und der gute Teil, der dich wissen lässt, dass man so etwas nicht macht. Diese Einheit könnte jetzt folgenden Satz sagen: „Es war nicht richtig, dass ich zugeschlagen habe." Nun sagt aber der menschliche Teil des Geistes, dass es dir egal sein kann. Der seelische Teil sagt, dass du dich entschuldigen musst. Jetzt kommt es darauf an, was für ein Mensch du bist. Bist du dir deines Seins bewusst, dann entschuldigst du dich und änderst dein Leben. Bleibst du weiterhin der Mensch, dem es egal ist und dem somit sein Ich egal ist, dann geht es dir irgendwann schlecht und du wirst vielleicht sogar krank. Dein schlechtes Gewissen kommt also zum Teil tatsächlich von mir, aber eben nicht, weil du getan hast, was du getan hast, sondern weil ich dir irgendwann, als du mir mal zu-

gehört hast, beigebracht habe, was richtig und was nicht richtig ist. Und du erkennst noch etwas: Was du anderen antust, das tust du auch dir an.

Was du auf den letzten Seiten geschrieben hast, bringt mich zu völlig neuen Überlegungen. Jetzt begreife ich erst, was der menschliche Geist ist. Danke schön. Mir fehlen die Worte, um ausdrücken, was deine Antwort für mich bedeutet. Es müsste einen Schlüssel geben, mit dem man bei anderen Menschen das Tor zur Seele wieder „aufschließen" kann. Würde ich abends durch die Straßen laufen und einem halbstarken Schlägertypen begegnen, dann würde ich diesen Schlüssel benutzen, und mit einem Mal wäre er ein lieber Mensch.

Aber ehe ich nun meine wirren Gedanken weiter ausführe, möchte ich auf zwei Dinge kommen, die du gerade angesprochen hast. Mein Motto und die scheinbare Tatsache, dass ich das, was ich anderen antue, auch mir antue. Genau damit möchte ich beginnen. Was genau bedeutet das? Warum tue ich mir an, was ich anderen antue?

Dazu gibt es zwei Erklärungen. Du kannst es esoterisch erklären und du kannst es wissenschaftlich erklären. Die esoterische Erklärung wäre, dass alles, was du aussendest, doppelt zu dir zurückkommt. Negatives zieht Negatives an und Positives eben Positives. Das lass ich mal außen vor. Dein Gehirn reagiert bei allem, was du fühlst, denkst und tust. Reagiert dein Gehirn, reagiert auch dein Körper. Das Besondere ist, dass dein Gehirn nicht zwischen dir und dei-

nem Gegenüber unterscheiden kann. Es weiß nicht, ob du dir oder dem anderen die Nase blutig schlägst, wenn ich mal bei diesem Beispiel bleibe. Natürlich hast du keine Schmerzen in der Nase, aber die Aggression hat die entsprechenden Stoffe ausgelöst, die dafür sorgen, dass du deinem Körper schadest. Und es genügt vollkommen, daran zu denken. Du brauchst es nicht einmal zu tun. Der Gedanke sorgt bereits dafür, dass dein Körper reagiert. Tust du nun jemandem etwas Gutes, dann reagiert dein Körper auch entsprechend und sendet Stoffe aus, die gut für dich sind. Darum bekommst du das, was du anderen gibst. Aber wenn du jemandem zehn Euro gibst, heißt das noch lange nicht, dass auch du zehn oder zwanzig Euro bekommst. Es bedeutet, dass du dafür sorgst, dass es deinem Körper gut geht. So einfach ist das.

Wenn ich also jemandem Schaden zufügen möchte oder zufüge, dann reagiert mein Körper auf diese negativen Gedanken bzw. Handlungen und mir geht es früher oder später dadurch schlecht. Das habe ich richtig verstanden, oder?

Ja, das hast du richtig verstanden. Machst du etwas Negatives, dann wirkt sich das negativ auf dich aus. Machst du etwas Positives, dann wirkt sich das positiv auf dich aus. Du kannst daran nichts ändern. Du kannst dich nur entscheiden, wie es dir gehen soll. Mach einfach, aber sei ***Ich*** *dabei, dann wird es dir gut gehen. Beachte, dass schon der Gedanke zählt. Ein Gedanke löst Gefühle aus. Wenn du an etwas Schönes oder Schlimmes denkst, auch an Dinge aus der*

Vergangenheit, dann wirkt sich das entsprechend auf dich aus. Man kann also sagen, dass das Gehirn auch nicht zwischen Vergangenheit und Gegenwart unterscheiden kann. Wenn du jemandem etwas Gutes oder etwas Schlechtes tust, geht das nur, wenn vorher die entsprechenden Gefühle und Gedanken da sind; ohne sie könntest du nicht in Aktion treten.

Es mag komisch klingen, aber die Frage muss ich trotzdem stellen. Kann ich diesen Satz auch umdrehen? Also tue ich auch anderen das an, was ich mir antue?

Nur in gewisser Weise und auch nur deinen Vertrauten – ja, das tust du. Wenn du dir selbst wehtust, in welcher Form auch immer, dann sind die Menschen in deinem Umfeld traurig. Die Menschen, die dich mögen. Bist du schlecht gelaunt, ist es leicht, anderen die gute Stimmung zu vermiesen. Bist du gut gelaunt, kannst du anderen helfen, ihre Stimmung zu verbessern.

Das klingt logisch. Mir ist außerdem klar geworden, dass es Sinn macht, sich zu überlegen, woher der Neid, der Hass oder die Aggression gegenüber dem anderen kommt, ehe man etwas Verletzendes sagt oder gar macht. Denn Gewalt in jeder Form ist dumm, sinnlos und selbstzerstörerisch. Und damit möchte ich dieses Thema vorerst beenden und auf das Motto zu sprechen kommen, das du erwähnt hattest, als wir über das Lachen sprachen. Was kannst du mir noch dazu sagen?

Ich sage etwas dazu, vorher möchte ich aber noch einen Punkt ansprechen, den du so nebenbei erwähnt hast. Es ist ein sehr wichtiger Punkt. Du sagtest, dass es einen Schlüssel geben müsste, mit dem man bei anderen das Tor zur Seele wieder aufschließen kann. Und diesen Schlüssel gibt es. Viele sagen, dass die Augen der Schlüssel oder das Tor zur Seele seien. Doch es sind nicht die Augen, es ist der Blick. Der Blick in die Augen eines anderen Menschen oder eines Tieres ist der Schlüssel, um dessen Seele zu erreichen. Dein Blick muss ehrlich sein in tiefer Liebe und Achtung. Dann erinnerst du ihn an sein Ich und kannst binnen des Bruchteils einer Sekunde das Leben dieser Person zum Positiven wenden. Doch auch eine Berührung kann diese Erinnerung abrufen. Geschieht die Berührung in Liebe und Achtung, dann berührst du die Seele der Person. Wir haben bereits darüber gesprochen, was diese Erinnerung bewirkt und was die Begegnung in Liebe und Achtung bedeutet. Wir haben an vielen Stellen darüber gesprochen.

Ja, wir haben so intensiv darüber gesprochen, dass vor meinem inneren Auge ein Film ablief – während du geschrieben hast –, in dem ich diesen Blick sehen konnte. Es war sehr schön. Über Liebe und Achtung haben wir gesprochen, als es um Heilung ging und darum, Menschen zu begegnen, sie lieben zu lernen. Ich denke, das erklärt alles. Darum möchte ich auch gar nicht weiter darauf eingehen. Vielleicht magst du mir nun etwas über das Motto sagen. Ich habe mir ja auch etwas dabei gedacht, als ich den Satz „Ich bin du – bist ich – sind wir“ kreiert habe. Dass er Sinn ergibt, ist mir schon klar, ich weiß nur nicht, ob du vielleicht einen noch tieferen Sinn aus ihm herausholen kannst.

Lass mich nun dein Motto erklären. „Ich bin du – bist ich – sind wir" heißt, wenn man es in einem erklärenden Satz schreiben möchte: Ich bin du, du bist ich, und ich und du sind wir. Das klingt logisch und stellt für das Denken etwas klar. Da der Mensch aber nicht nur sein Denken hat, sondern auch seine Seele, wohnt diesem Motto mehr inne, als es auf den ersten Blick preisgibt. So bin ich nicht nur ich, sondern ich bin auch du, und ich bin wir. Du bist ebenso du, wie du ich bist und wie du wir bist. Wir sind oder ihr seid ich, du und wir. Alle sind also miteinander verbunden. Dieses Motto in sein Leben zu integrieren ist also auch eine sehr gute Möglichkeit zu lernen, sich selbst und somit alle anderen zu lieben. Ob der Mensch nun will oder nicht, er ist mit jedem anderen Menschen verbunden. Er ist verbunden mit allem. „Ich bin du" sagt es ja schon aus. Der Rest des Mottos dient eigentlich nur dem Verständnis. Wenn du einen Menschen triffst, dann sage dir in deinen Gedanken, dass du das bist. Es wird nicht lange dauern, und du wirst viel mehr verstehen. Die Menschen sind auf der Suche nach Gott. Sie wollen eins sein mit ihm, ihn erfahren und spüren. Und Gott hat – wenn wir ihn mal als das betrachten, woran viele glauben – das perfekte Versteck gewählt. Sucht ihn, solange ihr möchtet und die Kraft dazu habt. Finden werdet ihr ihn erst, wenn ihr aufhört zu suchen. Finden werdet ihr ihn erst, wenn ihr euch liebt und diese Liebe an andere weitergebt. Denn Gott sitzt nicht auf einer Wolke. Er wartet nicht in einer Kathedrale oder am Ende eines Pilgerweges. Gott ist in dir. Es ist die Liebe, die in dir steckt und die durch dieses Motto geweckt werden kann. Es ist ebenso witzig wie traurig, dass ausgerechnet das, was sich für den Menschen als am schwierigsten darstellt, nicht nur die wichtigste Aufgabe im Leben ist, sondern auch die einfachste. Merkt ihr nicht, welch ein Wunder geschieht, wenn ein Regenbogen euer Herz erwärmt? Spürt ihr nicht diese übermenschliche Kraft, die in euch geweckt wird, während ihr euch daran erfreut, einen Vogel zu beobachten? Dabei ist es nicht mal der Regenbogen oder der Vogel, die das Wunder vollbringen. Das Wunder vollbringst du als Mensch. Denn wenn diese Dinge liebevolle Gefühle in dir wecken, dann ist genau das *das Wunder. So kann jeder Mensch an jedem Tag Wunder vollbringen. „Ich bin du" ist der Schlüssel dazu. Nimm das ganze Motto und spüre, was es in dir auslöst, wenn du es bewusst anwendest. Dann spürst du, dass es eine Dummheit ist, sauer auf den anderen sein, neidisch oder sogar hasserfüllt. Dann spürst du, dass einzig die Liebe zählt, weil du eben das, was du dem anderen antust, dir selbst antust. Würden alle Menschen eine Minute lang erfahren, was dieses Motto bewirkt, dann gäbe es in der nächsten Minute den Weltfrieden. Sei ein Wunder.*

Mir fällt gerade auf, dass mich deine Antworten immer wieder verblüffen und sprachlos machen. Langsam glaube ich wirklich, ich habe eine gespaltene Persönlichkeit, denn ich selbst hätte gar nicht das

Wissen, so etwas zu schreiben. Aber ich bin ja du und daher nehme ich es einfach mal so hin. Ich glaube, dass zu diesem Thema alles gesagt wurde, und habe dem nichts hinzuzufügen. Ich werde mich bemühen, das Motto noch bewusster in mein Leben zu integrieren, und danke dir von ganzem Herzen. Ich hätte nie gedacht, dass da so viel drinsteckt.

Nun möchte ich auf zwei Themen kommen, die mir aktuell sehr wichtig sind. Beginnen will ich mit dem, das mir im Moment regelrecht Sorgen bereitet. Mich verfolgt nämlich seit sehr vielen Seiten ein ungutes Gefühl bezüglich einer Sache, über die ich geschrieben habe, als es um Krankheiten ging. Es las sich so, als ob jeder selbst daran schuld ist, wenn er krank wird, und manche Menschen gar nicht die Chance haben, gesund zu werden. Kannst du dazu etwas sagen?

Ich kann dir zu allem etwas sagen. Ich bin nur kein guter Witze-Erzähler. Was du geschrieben hast, bedeutet nur, dass du auf die Selbstheilungskräfte aufmerksam machst, die in jedem Menschen existieren. Der Heilungsprozess des Menschen liegt zu einem großen Teil an ihm selbst. Dazu gehört auch, wie gut er Hilfe annehmen und innerlich der Heilung zustimmen kann. Am Ende eines jeden Heilungsprozesses steht immer das Vertrauen ins eigene Ich und die Selbstliebe. Zwei Fragen tauchen stets auf: „Wie sehe ich mich?" und „Wie sehr liebe ich mich?" Jeder Mensch ist würdig, geheilt zu werden. Fehlt das Vertrauen ins Ich und die Selbstliebe, so wird diese

Lücke mit Angst gefüllt, was wieder zu neuen Krankheiten führt. Hier wäre auch das Motto wieder gut platziert, aber das merkst du ja selbst. Was aber die Verantwortlichkeit angeht, musst du die Angst überwinden, dass es Menschen geben wird, die es dir übel nehmen, in diesem Buch daran erinnert zu werden. Denn viele sind wirklich selbst daran schuld, dass sie nicht gesund werden. Es läuft darauf hinaus, dass sie sich ihres Ichs, ihrer Seele nicht bewusst sind. Sie sind getrennt vom eigenen Ich. Das führt zu einer verzerrten und eingeschränkten Wahrnehmung und das wieder zur Angst. Angst führt zu Problemen und zu Krankheiten. Egal wie du es betrachtest, alles Negative entsteht aus dem Getrenntsein mit Ich. Und wer sollte dafür verantwortlich sein, wenn nicht genau dieser Mensch selbst? Du bist dafür nicht verantwortlich. Im Gegenteil, du schreibst dieses Buch und möchtest anderen helfen, sich ihrer Seele wieder bewusst zu werden, und du nimmst dafür große Verluste in Kauf. Sorge dich nicht, sei!

Du hast mich tatsächlich beruhigt. Eine Sorge weniger. Ich verstehe jetzt, was damit gemeint war. Ich habe aber ein wenig Angst, dass ausgerechnet ich bald nicht mehr die Kraft habe, mir das alles zu Herzen zu nehmen. Du sagst ja selbst, dass ich Verluste in Kauf nehmen muss. Ich kann mir denken, was du damit meinst. Ich schreibe dieses Buch hier, um anderen zu helfen, und weiß selbst nicht, wie ich das alles schaffen soll. Aber ich versuche es, und mein Ich werde ich dabei nie außer Acht lassen.

Mit den Verlusten meine ich Menschen, die dir

am Herzen lagen und die du loslassen musstest. Tiere, die deine Freunde waren. Freiheit, die für dich so wichtig ist.

Ja, ist in Ordnung. Punkt. Darüber möchte ich nicht sprechen. Das gehört nicht hierher. Außerdem sind ganz tolle Menschen in mein Leben getreten, die mir inzwischen sehr wichtig sind.

Hab keine Angst vor der Zukunft. Du hast einen weiten Weg mit vielen Hindernissen vor dir, aber du wirst diesen Weg mit einer beeindruckenden Leichtigkeit gehen. Du schaffst das.

Ich danke dir für diese Prognose. Die Hindernisse sind mir eigentlich egal. Der Weg, der vor mir liegt, ist wichtig, aber er ist nicht mein Ziel. Mein Ziel ist immer der Punkt, an dem ich gegenwärtig stehe, bevor ich den nächsten Schritt mache. Ich habe eine großartige Familie und tolle Freunde, sodass ich mir über die Hindernisse erst mal keine Gedanken machen muss. Es ist schön zu wissen, dass da Menschen sind, die mich auffangen. Und aus meiner Familie kommt auch das nächste Thema, das ich ansprechen möchte.

Es geht um Senioren, also alte Menschen. Ich habe keine konkrete Frage dazu, ich möchte einfach nur, dass du mir dazu etwas sagst.

Der Körper unterliegt der Vergänglichkeit. Dies gilt aber nicht für die Seele. Sie ist unvergänglich. Altersbedingte Krankheiten gibt es nicht. Allein dass euch beigebracht wird, im Alter würden bestimmte Krankheiten auftauchen, führt dazu, dass man sie tatsächlich bekommt. Es ist ein großer Fehler der Wissenschaft, bestimmte Krankheiten auf der Grundlage des Alters zu erforschen. Es gibt weltweit große Unterschiede beim Altwerden. Von Freude, Traurigkeit, Liebe, Hass, sozialem Engagement bis zu Selbstmitleid ist alles dabei. Nimm alles Positive und du landest im Osten, wo ältere Menschen lachen. Nimm alles Negative und du landest im Westen, wo ältere Menschen trauern. Ehe man sich fragt, wie man das ändern kann, sollte man sich fragen, warum das so ist. Der Mensch der östlichen Welt achtet sein Ich. Er betrachtet sich von innen nach außen. Hat er zum Beispiel einen Ausschlag, schaut er nach innen, um herauszufinden, was zu diesem Ausschlag führte. Der Mensch der westlichen Welt achtet – wenn er sich selbst überhaupt so etwas wie Achtung entgegenbringt – auf sein Äußeres. Hat er einen Ausschlag, wird dieser ganz selbstverständlich von außen bekämpft. Beachte die beiden Fragen, die ich vorhin bereits angesprochen habe und die auch im Alter eine tägliche Aufgabe darstellen sollten: „Wie sehe ich mich?“ und „Wie sehr liebe ich mich?“ Wie ein älterer Mensch die Frage „Wie sehe ich mich?“ beantwortet, kannst du bereits erkennen, ohne gefragt zu haben. Es gibt die, die darauf mit Sätzen antworten wie: „Ich bin alt“, „So ist das im Alter, man wird gebrechlich und krank“ oder „Meine Zeit neigt sich dem Ende.“ Und es gibt die, die darauf mit Sätzen antworten wie: „Ich bin fit wie ein Turnschuh!“, „Alte Schale, junges Herz!“, „Ich lasse mich doch vom Alter nicht unterkriegen!“ oder

„Ich genieße jeden Tag, den ich noch habe, und erlebe ihn, so gut ich kann!" Die eine Gruppe gibt sich auf, die andere genießt das Leben. Und das sieht man ihnen auch an. Der einen Gruppe fehlt innerer Frieden, Harmonie und Lebensfreude. Die andere Gruppe lacht in den Tag hinein. Das alles passt auch zur zweiten Frage „Wie sehr liebe ich mich?" sehr gut. Die Liebe vergeht im Alter nicht, sie wird sogar bewusster. Man wird sich der Aspekte und Facetten der Liebe bewusst, auch wenn man sie nicht unbedingt zu deuten vermag. Viele Menschen spüren dann eine neue Form der Liebe, die sie durch Liebschaften zu interpretieren versuchen. Doch ist diese neue Form nicht die Liebe zu anderen, sondern die Liebe zu sich selbst. „Wie sehr liebe ich mich?" ist eine Frage, die während des gesamten Lebens eine wichtige Rolle spielen sollte. Würden beide Fragen beispielsweise in Seniorenheimen mit den Bewohnern diskutiert werden, würde sich vieles zum Positiven wenden.

Du sagtest, dass der Körper der Vergänglichkeit unterliegt. Du sagtest aber auch, dass es keine altersbedingten Krankheiten gibt. Wenn mein Körper aber doch vergeht, ist es denn dann nicht logisch, dass er im Alter gebrechlich und somit auch leichter krank wird?

Die Logik darin liegt nicht in der Vergänglichkeit, sondern im Leben selbst. Krankheiten und Gebrechen müssen nicht auftauchen. Da es aber kaum Menschen gibt, die bewusst leben, endet es in der Regel so, wie du schreibst. Der Körper kann bis ins hohe Alter stark sein. Dazu muss er nur in Übung bleiben.

Es gibt viele alte Menschen, die noch körperlich fit sind. Bisher war es nur leider so, dass die meisten nur den Körper fit gehalten haben und ihren Kopf dabei vergaßen. Und so erkranken viele trotz körperlicher Fitness an Demenz, Alzheimer oder Senilität. Andere halten den Kopf bis ins Alter fit, vergessen aber ihren Körper. Körper, Geist und Seele zu fordern ist wichtig. Und es ist nie zu spät, damit zu beginnen. Doch es ist schwer geworden in der Welt. Der Mensch muss arbeiten, damit er das nötige Geld verdient, um sein Leben erleben zu dürfen. Schon in der Schule müssen Schüler Praktika machen, um sich auf ihre berufliche Zukunft vorzubereiten. Die Arbeit und das Geldverdienen sind zum Hauptsinn des Lebens geworden. Und kommt man dann von der Arbeit nach Hause, warten dort schon andere Aufgaben, die erledigt werden möchten. So bleibt keine Zeit mehr, die man sich für sich nehmen kann.

Daran werde ich mit diesem Buch leider auch nichts ändern können. Ich stimme dem aber zu, was du gesagt hast. Und sicher auch jede Leserin und jeder Leser. Na gut, jeder, der arbeiten muss. Darüber haben wir aber ausführlich gesprochen. Wichtiger ist es mir im Moment zu erfahren, wie die Menschen ihren Kopf fit halten können. Du sagtest ja, dass es dafür nie zu spät ist.

Darüber haben wir auch schon gesprochen, doch gehe ich gerne noch einmal darauf ein, da man den Zusammenhang nicht gleich erkennt. Der Mensch läuft Gefahr, seinem Alltag einen immer gleichen Ablauf zu geben. Jeder Tag, jede Woche, jeder Monat und jedes Jahr laufen dann immer irgendwie gleich ab. Diese Routine führt zu einer Abstumpfung. Das Gehirn wird nicht mehr gefordert und gefördert. Und wenn mal ein paar Tage dazwischen anders sind, ändert das auch nichts mehr an der Tatsache. Je älter ein Mensch wird, desto vorhersagbarer werden er und sein Tagesablauf. Das Gehirn reduziert sich auf die immer gleichen Prozesse. Der Körper gleicht sich diesen Prozessen nach einer gewissen Zeit an und reagiert darauf. Daher kommt auch das Gefühl, etwas vergessen zu haben, wenn du an einem Tag mal nicht daran denkst, zum Beispiel die Kaffeemaschine auszumachen, bevor du zur Arbeit gehst. Jeden Morgen machst du sie an. Und wenn du zur Arbeit gehst, machst du sie aus. Dafür brauchst du nicht mehr nachzudenken, denn dieser Vorgang ist in Routine übergegangen. Der Körper reagiert, wenn der Gang in die Küche und das Ausschalten der Maschine nicht stattfinden. Diese Körperreaktion lässt das Gehirn arbeiten und das Gefühl entsteht, dass du etwas vergessen hast. So ist es auch im Alter. Inneres Wohlbefinden spürt man dann, wenn man alles so macht, wie man es immer gemacht hat. Damit täuscht man sich aber selbst. Denn das ist kein inneres Wohlbefinden, sondern innere Bequemlichkeit. – Nun kommt aber jemand auf die Idee und möchte mal was anderes machen. Nach der Arbeit fährt er also nicht gleich nach Hause, sondern in den Stadtpark, setzt sich auf eine Bank und beobachtet die Natur. Das ist etwas vollkommen Neues für seine Gefühle, sein Denken und Handeln. Er fühlt sich also erst mal unwohl. Nun hat er es in der Hand. Er kann sich dafür entscheiden, zum Alltagstrott zurückzukehren, oder er kann sich dafür entscheiden, seinem Leben, seiner Zukunft einen neuen, positiven Funken zu geben. Das Unwohlsein entstand nur, weil er dieses Parkerlebnis noch nicht kannte. Es kamen also neue Gefühle hinzu und sein Körper reagierte im Prinzip mit großen Fragezeichen darauf. „Was machst du im Park? Das war nicht abgesprochen. Ich will nach Hause fahren, so wie wir es immer machen." Würde er nun jeden Tag in den Park gehen und die Natur beobachten, würde sich schnell ein schönes Gefühl einstellen. Doch kommen wir zurück zu den älteren Menschen, die ja in der Regel nicht mehr arbeiten gehen. Was haben diese Menschen noch? Wenn du vom Durchschnitt ausgehst, haben sie einen Ort, an dem sie wohnen, sie haben zu essen und sie haben Pflege, wenn es nötig ist. Doch die meisten haben ihr Lächeln verloren. Sie fordern sich nicht mehr und werden nicht mehr gefordert. In den entsprechenden Einrichtungen fehlt das Geld und privat haben die Familien so viele eigene Verpflichtungen, dass scheinbar die Zeit dazu fehlt. Für einen **Aufstand der Alten** *ist es höchste Zeit. Sie müssen aufhören, ihr inneres Wohlbefinden zu zerstören. Sie müssen aufhören, sich auf das Negative zu konzentrieren und sich aufzugeben. Es ist an der Zeit, dass sie aufstehen und zeigen, dass sie noch am Leben sind und genug Selbstdisziplin haben, ihr Leben in die eigenen Hände zu nehmen. Sie müssen damit anfangen, Körper und Geist zu trainieren und sich ihrer Seele wieder bewusst zu werden. Der Kör-*

per kann mit einfachen Übungen fit gehalten werden. Spazieren gehen oder Yoga sind sehr gut im Alter. Der Geist wird trainiert, indem man Neues ausprobiert und kreativ ist. Bilder malen und Bücher lesen mit Themen, die neu sind. Sinnvoll sind spirituelle Bücher, da sie dem Menschen auf vielen Ebenen helfen können. Die Alten müssen aufstehen und es denen zeigen, die sie aufs Abstellgleis gestellt haben – auch wenn sie es selbst waren. Wer behauptet, man kann mit 80 nicht mehr den Gehstock in die Ecke schmeißen, der ist ein Narr. Es gibt sehr viele Menschen, die genau das bewiesen haben. Auch wenn der Körper der Zeit und somit der Vergänglichkeit unterliegt, ich bin zeitlos. Die Seele des Menschen bleibt also immer jung und somit kann jeder Mensch auch im Herzen jung bleiben.

Ich erinnere mich, dass wir darüber gesprochen haben, was neues Denken im Menschen bewirkt. Neues Denken bedeutet, größer zu denken als das Umfeld. Dem Alltagstrott zu entfliehen bedeutet also, neue Aktivitäten zu beginnen, neue Gedankenmuster zu kreieren und den Alltag neu zu gestalten. Egal wie alt man ist, es ist nie zu spät.

So sei es.

Ist es eigentlich dein einziges Anliegen, dass sich der Mensch deiner bewusst wird? Ich kann mir nicht vorstellen, dass es **nur** das ist. Hast du eine Aufgabe, einen Existenzsinn?

Meine Aufgabe ist es, das höchste Gefühl zu erfahren, die Erinnerung an die Liebe im Menschen aufrechtzuerhalten. Wäre dies nicht meine Aufgabe, würde sich die gesamte Menschheit gegenseitig töten.

Kann es vielleicht sein, dass du deinen Job nicht so gut machst? Also wenn man die Zeitung liest und die Nachrichten anschaut, dann dreht sich doch alles nur noch um Krieg und ums Töten. Es gibt nur noch negative Nachrichten. Also meiner Meinung nach tötet sich die Menschheit bereits gegenseitig.

Du lebst aber doch noch. Und wenn du aus dem Fenster schaust, dann siehst du viele Menschen, die ebenfalls noch leben. Von daher scheine ich meinen Job doch ganz gut zu machen. Ich habe nicht von den Menschen gesprochen, die so weit weg von ihrem Sein sind, dass sie sich bekriegen und töten. Ich sprach von der gesamten Menschheit. Würdet ihr die Liebe vergessen, wäre die Erde innerhalb kürzester Zeit ein Planet der Angst. Du kennst es aus Filmen. Es gäbe nur wenige Überlebende und die müssten in Angst leben. Meine Aufgabe ist es, die Liebe zu erfahren und zu sein, damit ich diesen Funken der Erinnerung in dir wachhalten kann. Und dennoch ist es ein Fehler, von einer Aufgabe zu sprechen. Es ist nicht meine Aufgabe, sondern meine Existenz. Und hier knüpfe ich an vorherige Themen an. Erinnert sich der Mensch an sein Ich – wird er sich seines Seins bewusst – kann diese „Aufgabe" ebenfalls zu seiner Existenz werden.

Und ich halte die Erinnerung an die Liebe bei anderen Menschen aufrecht, indem ich Nächstenliebe praktiziere?

Mit deinen Worten klingt das ein wenig wie eine

Bedienungsanleitung, aber du hast recht. Liebe und Frieden zu lehren und zu verbreiten erreichst du durch Nächstenliebe. Und wahre Nächstenliebe kannst du nur erleben und erfahren, wenn du dich selbst liebst. Darüber haben wir bereits gesprochen.

Das hört sich ja so an, als ob Nächstenliebe für viele Menschen etwas fast unmöglich zu Erreichendes wäre. Damit bin ich nicht einverstanden. Ich glaube, man kann Nächstenliebe auch dann für andere empfinden, wenn man noch nicht so weit ist, sich selbst so zu lieben, wie man eben ist. Wenn ich Gitarre spielen lerne, dann lerne ich durch das Üben der Lieder automatisch auch, welche Akkorde eine Harmonie ergeben. Wenn ich mich also in Nächstenliebe übe, lerne ich doch auch automatisch, mich selbst zu lieben. Ich glaube kaum, dass du mir widersprechen kannst. Ich kenne das doch aus eigener Erfahrung.

Deine Gedanken gehen sehr weit und sehr tief. Das finde ich gut, aber das ist manchmal gar nicht nötig, weil du dadurch Offensichtliches übersehen kannst. Selbstverständlich ist es gut, wenn du versuchst, lieb und nett zu deinem Nächsten zu sein. Wenn du aber noch nicht so weit bist und dich noch nicht selbst liebst, läufst du Gefahr, dich in dem schönen Gefühl zu verlieren, dass dir die Nächstenliebe gibt. Hast du dich darin erst einmal verloren, ist es enorm schwer, dich wiederzufinden. Du bleibst wie ein Süchtiger in dieser Nächstenliebe und den damit verbundenen Gefühlen und lässt dich außer Acht. Nur noch die anderen sind wichtig und du selbst verkümmerst von innen heraus, bis du zusammenbrichst. Dann merkst du, dass du dich durch die „Sucht" nicht nur verloren hast, du hast die Nächstenliebe mit der Zeit in Selbsthass verwandelt und dich in einem Helfersyndrom selbst gefangen genommen. Nett zu anderen zu sein sollte eine Selbstverständlichkeit sein und somit eine Übung zur Nächstenliebe von Kindheit an. Doch verwechsle „nett sein" nicht mit Liebe. Wahre Liebe entsteht niemals im Außen, sondern immer in dir. Dazu bist du als ganzer Mensch wichtig. Die Liebe im Inneren zu entwickeln und zu fühlen ist nicht so schwer, denn jeder Mensch trägt Liebe in sich, und ich erinnere dich ständig daran. – Und da bin ich wieder bei der „Aufgabe". – Diese Liebe durch deinen Geist, durch deinen Verstand durchzulassen und dann in körperlicher Form zum Ausdruck zu bringen ist für viele sehr schwer. Würdest du diese Liebe gerne zum Ausdruck bringen, schaffst es aber noch nicht, wird daraus „nett sein" im Außen. Ein Trostpreis sozusagen dafür, dass du es versucht hast. Hast du nun aber gelernt, dich selbst zu lieben, dann kommt die Nächstenliebe ganz automatisch und du bist nicht der Gefahr ausgesetzt, dich zu verlieren.

Danke, dass du mir die Augen geöffnet hast. Ich wusste nicht, dass ich mich so sehr hasse. Ich dachte bisher, dass ich gelernt habe, mich zu lieben. Immerhin bin ich der Autor dieses Buches. Könnte ich das ohne Liebe schreiben?

Das könntest du nicht. Du warst bereits an einem Punkt des Selbsthasses, der dich fast dazu gebracht hätte, dich selbst zu zerstören. Doch ehe du diesen Punkt überschritten hast, wurdest du wach und hast dich um dich bemüht. Du hast damit begonnen, dich und dein Leben zu akzeptieren, und bist inzwischen so weit, dass du wahrhaftige Liebe empfindest. Wäre auch nur ein Funken Hass in dir, dann wäre dieses Buch eine Lüge.

Oh, das hört sich gut an. Das lass ich so stehen. Nein, mal im Ernst, ob das nun wahrhaftige Liebe ist, wage ich nicht zu sagen, aber dass da kein Hass ist, das weiß ich. Mich selbst zu lieben bedeutet ja auch, dass ich anderen nichts antun darf, weil ich das auch mir antue. Darüber sprachen wir bereits. Wie ist das aber, wenn jemand etwas sagt oder macht, was mir nicht gefällt oder mich verletzt? Würde ich versuchen, dieser Person Liebe entgegenzubringen, wäre das doch geheuchelt.

Wie kann ich also Nächstenliebe praktizieren, obwohl ich verletzt wurde?

Indem du dein menschliches Grundverhalten änderst. Der Mensch neigt dazu, seinem Gegenüber eine böse Absicht zu unterstellen, ohne zu wissen, was wirklich hinter dessen Worten und Taten steckt. Wenn jemand etwas sagt, was dich verletzt, dann unterstellst du ihm, dass er das mit Absicht getan hat. Und diese Unterstellung kommt nicht etwa aus deiner Überzeugung, sondern ganz automatisch. Der Mensch unterstellt eine böse Absicht bereits, ehe er darüber nachdenkt, was sein Gegenüber überhaupt gesagt hat. Ändere das einfach und schon bist du im Akt der Nächstenliebe. Es geht nicht darum, jemandem zu sagen, dass du ihn liebst, obwohl er dich ver-

letzt hat. Es geht darum herauszufinden, warum er das gesagt hat, und ihm nicht von vornherein zu unterstellen, dass er dich mit Absicht verletzen wollte. Wenn du dich um Nächstenliebe bemühst, dann sag ihm, dass dich seine Worte verletzt haben. Sprecht darüber. Aber nicht nur darüber, warum er das gesagt hat, sondern auch, warum du dich dadurch verletzt fühlst. Eure Beziehungen zu anderen Menschen, Tieren, Pflanzen – einfach zu allem – zeigt euch, wozu ihr euch entschieden habt – was ihr werden wollt. Nicht was ihr seid, sondern was ihr werden wollt. Und ihr lasst euch von allem Möglichen beeinflussen, sodass man kaum noch erkennen kann, welche Entscheidung bewusst getroffen wurde. Selbst das Wetter bringt euch dazu, schlecht gelaunt durch die Gegend zu meckern oder freudestrahlend Glück zu verbreiten.

Ich muss dich kurz unterbrechen. Das mit dem Ändern des Grundverhaltens habe ich verstanden. Wir sollen also nicht automatisch eine böse Absicht unterstellen, sondern erst mal überlegen, warum unser Gegenüber etwas gesagt oder getan hat. Dann sprichst du plötzlich von der Beziehung zu allem anderen. Was bitte hat meine Persönlichkeit mit der Beziehung zu Pflanzen zu tun?

Je liebevoller du mit einer Pflanze umgehst, desto mehr Liebe schenkst du auch dir und desto mehr Energie schöpfst du aus dieser Beziehung, die dich wiederum glücklich machen kann. Es gibt Leute, die im Vorbeigehen Blumen abreißen und wegwerfen. Und da gibt es die, die den Anblick der Blumen ein-

fach genießen. Und wenn sie eine Blume pflücken, dann um sie mitzunehmen, damit man sich noch weiter an ihr erfreuen kann. Solltest du den Unterschied zwischen beiden nicht erkennen, empfehle ich dir, dieses Buch noch einmal von vorne zu lesen. Wenn du die Blume einfach sinnlos rausreißt, entscheidest du dich, ein brutaler Mensch zu sein. Genießt du ihren Anblick, entscheidest du dich, ein liebevoller Mensch zu sein.

Das ganze Buch lief gerade noch einmal im Schnelldurchlauf durch meinen Kopf. Das ist jetzt nicht böse gemeint, aber ich fühle mich gerade an diese nervtötenden Werbeanrufe erinnert, bei denen man am Ende immer meine Kontonummer verlangt. Dieses Buch ist nicht nervtötend, im Gegenteil, ich liebe es, aber am Ende läuft es doch darauf hinaus, dass du von mir und der Leserschaft auch etwas verlangst, und zwar ein liebevoller Mensch zu sein, ein Engel auf Erden. Natürlich ist es sinnlos, grundlos aggressiv zu sein; ich finde sogar, einen Grund, aggressiv zu sein, gibt es überhaupt nicht. Das Fundament unseres Lebens sollte aus Liebe bestehen, damit alles Negative die Existenzgrundlage verliert. Ich glaube dir. Ich verstehe dich und ich weiß auch, was du damit meinst. Aber was sollen die Leserinnen und Leser davon halten, wenn im „Dialog mit Ich" fast ausschließlich von Dingen die Rede ist, die ein neues Denken und neue Sichtweisen verlangen, die vielleicht nicht in deren persönliches Weltbild und somit ihre Realität passen?

Es ist tatsächlich sinnlos, grundlos aggressiv zu sein. Aber es gibt Gründe, Aggressionen zu entwickeln. Das gehört einfach zum Menschsein dazu und darf nicht vermieden werden. Stell dir vor, ein von dir geliebter Mensch stirbt. Wenn du nicht traurig wärst, hättest du ihn nie geliebt. Diese Trauer kann auch zu Wut und Aggression führen. Du bist wütend auf Gott und den Tod selbst, und würde Gott vor dir erscheinen, würdest du ihm deine Aggression auch zeigen. Es gibt also begründete Aggression. Man darf sie nur nicht an anderen Menschen auslassen. Die Energie muss wieder losgelassen, die Traurigkeit verarbeitet werden, und da gibt es verschiedene Möglichkeiten wie Arbeit, Sport oder Reden. Du verstehst, was ich meine. Dieses Buch läuft nicht darauf hinaus, dass ich von dir verlange, ein Engel auf Erden zu sein. Dieses Buch dient als Wegweiser und soll dir helfen, Entscheidungen zu treffen. Es gibt nur zwei Entscheidungen: die in Liebe und die in Angst. Dieses Buch hilft dir zu erkennen, welche Entscheidung die in Liebe ist, damit dir ein positiver Weg in die Zukunft geebnet wird. Es hilft dir, deinen Körper, deinen Geist und deine Seele besser zu verstehen, damit du dir in jeder Situation deines ganzen Seins bewusst wirst. Es sorgt dafür, dass du dich entscheidest, ob du dir helfen lässt oder nicht, ob du anfängst, dich zu lieben, oder in einer Hassliebe leben möchtest. Das Fundament des Lebens sollte tatsächlich Liebe sein. Doch ausgerechnet der Mensch ist das einzige Wesen, dessen Lebensfundament nicht Liebe ist. Anders ist es bei Pflanzen und Tieren, die – aufgrund der Lie-

be – harmonisch miteinander leben. Sie vernichten sich nicht gegenseitig, sondern bilden eine Symbiose, einen perfekten Kreislauf. Ihr größter Feind ist der Mensch. Er nutzt Pflanzen und Tiere zwar und fügt sich somit in den Kreislauf ein, er vernichtet beide aber auch aus Gier, Stolz, Spaß und Egoismus, was ihm die Berechtigung nimmt, ein geachteter Teil dieser Symbiose zu sein. Dieses Buch ist somit kein Werbeanruf, um am Ende deine Liebe zu verlangen, sondern ein Wegweiser, um glücklich zu werden. Hilfst du dir, so hilfst du der ganzen Welt!

Das hast du wirklich sehr schön gesagt. Dabei ist mir aufgefallen, dass die Menschen, die ihr Lebensfundament von Angst in Liebe verwandelt haben, sehr naturverbunden sind. Mir scheint es fast so, als ob mir die Liebe der Pflanzen und Tiere als Geschenk zuteil wird, wenn ich der Natur Achtung und Liebe entgegenbringe. Eine Sache hast du aber nicht erklärt. Was ist, wenn in diesem Buch von Dingen die Rede ist, die nicht in das persönliche Weltbild und somit in die eigene Realität passen? Dinge, die neues Denken und neue Sichtweisen verlangen.

Wer das Buch bis hierher gelesen hat, war neugierig genug, um Neues zu entdecken. Ich habe über neues Denken gesprochen und darüber, weiter zu denken, als es das Umfeld zulässt. Das persönliche Weltbild und die eigene Realität beinhalten nur die Formen und Farben, die die Erfahrung mitbringt. Wer dieses Buch liest, ist wissbegierig genug und voller Elan, sein Weltbild zu korrigieren und zu erweitern und die Realität voller Kreativität immer wieder neu zu erschaffen. Wer dieses Buch liest, ist neugierig genug, um die schönste Zeit des Lebens zu genießen.

Wann ist denn die schönste Zeit des Lebens?

Die schönste Zeit ist der Moment!

„Die schönste Zeit ist der Moment“ sagt mal wieder sehr viel über den Inhalt des Buches aus. Eine Minizusammenfassung, wenn man sich einige Tage Zeit nimmt, diesen Satz zu interpretieren. Ich schätze, dass ich drei Tage davorgesessen habe, ohne zu wissen, was ich darauf antworten soll. Ich weiß es noch immer nicht. Das deutet darauf hin, dass sich das Projekt „Dialog mit Ich“ dem Ende nähert. Es ist irgendwie traurig. Es fühlt sich so an, als ob man Stunden oder Tage ein Gespräch mit dem besten Freund geführt hat, und dann kommt der Moment des Abschieds. Man weiß genau, dass der Freund nicht wirklich weg ist. Er ist immer für mich da und wir können zu jeder Zeit wieder solch ein Gespräch führen, und dennoch ist es ein Abschied. Mich beruhigt aber zu wissen, dass die Leserinnen und Leser durch das Buch positiv beeinflusst werden, dass sich ihr Leben verändern kann und dass sie allein durch das Lesen bereits eine Schwingung des Glücks aufnehmen. Es beruhigt mich, dass die Menschen an ihr Sein erinnert werden und somit ihrer Seele bewusst werden, in welcher Form auch immer. Wir haben viele Themen besprochen und du hast beeindruckende Antworten gegeben. Tipps und Ratschläge waren ebenso dabei wie Übungen oder einfach nur Hinweise. Wir sprachen über Themen von der Geburt bis zum Tod, davor und danach, über Themen von Angst bis Liebe. Die Traurigkeit, die der Abschied in mir auslöst, führt mich zu einer Frage, die vielleicht gemein ist, aber die sich eventuell auch einige Leserinnen und Leser stellen: Was gibt dir das Recht zu behaupten, dass der Inhalt dieses Buches für alle gut und auch umsetzbar ist?

Deine Zweifel sind unnötige Gedanken, die nur zu Angst und neuen Problemen führen. Ich kenne jede Leserin und ich kenne jeden Leser und ich weiß, dass es jede Leserin und jeder Leser schaffen wird. Kein Mensch kennt einen anderen Menschen so gut, wie ich jeden einzelnen Menschen kenne. Wenn du mir vertraust, dann freue ich mich darüber. Das verlange ich aber gar nicht von dir. Ich wünsche mir nur, dass du dieses Buch in Erinnerung behältst. Dann wirst du schnell merken, wie es auf dich wirkt. Wenn du es vergisst, dann erinnere ich dich zu gegebener Zeit daran.

Das klingt schön! Ich mag es, wie du schreibst.

Ich werde mir alles aus dem Buch zu Herzen nehmen und versuchen es umzusetzen. Aber wie soll ich das machen? Welcher Weg ist der richtige?

*Es gibt keinen **richtigen** Weg, sondern nur **wie** du deinen Weg gehst. Die größte und kraftraubendste Anstrengung in eurem Leben besteht darin, das, was wir auf diesen Seiten besprochen haben, **nicht** umzusetzen. Viel einfacher wäre es, es zu tun. Und je mehr ihr euch eures Seins bewusst werdet, desto selbstverständlicher wird es sich in euer Leben integrieren.*

Das Denken hindert euch daran, Glück zu erfahren. Ihr fragt euch ständig, wie ihr etwas machen sollt. Ob ihr es machen sollt, warum überhaupt und ob ihr es auch richtig macht. Ihr hindert euch also daran, etwas zu erfahren. Macht es doch einfach. Wenn die Absicht positiv, das Fundament ein Aspekt der Liebe ist – was gibt es da noch zu überlegen?

Nichts! Und genau das ist der Punkt. Es gibt nichts zu überlegen, wenn meine Absicht positiv ist. Nicht nur für mich positiv, sondern auch für andere. Wenn meine Gefühle, Gedanken, Worte und Taten positiv sind, erstrahlt das Fundament meines Seins in Liebe. Dann muss ich nicht mehr versuchen, den Inhalt dieses Buches umzusetzen, denn das geschieht dann automatisch. Es ist sozusagen ein **neues Bewusstsein**, das ich erlange. Klingt irgendwie wie diese Schwingungserhöhung, von der seit Jahren die Rede ist. Und da fällt mir gerade ein toller Spruch ein: „Liebe deinen Nächsten wie dich selbst![6] Liebst du dich nicht selbst, lass deinen Nächsten damit in Ruhe!"

Lass mich erst auf das ***neue Bewusstsein*** *eingehen, ehe ich über diesen fantastischen Spruch spreche. Dieses Bewusstsein hat ausschließlich etwas mit dir selbst zu tun, mit jedem einzelnen Menschen. Es beginnt im Menschen und nicht woanders. Aber hier hast du wieder ein gutes Beispiel gegeben. Ihr macht euch seit Jahren – seit Jahrzehnten – Gedanken darüber, was im Dezember 2012 und die Jahre danach passieren wird, anstatt einfach im Hier und*

---

6 Galather 5,14

Jetzt zu leben. Und eben das ist die Aufgabe, die dahintersteht: Aufhören darüber nachzudenken, was irgendwann passieren könnte, und beginnen zu leben! Dieses Buch dient deiner Schwingungserhöhung und Bewusstwerdung. Es ist ein Wegweiser dahin, egal in welchem Jahr man es in die Hände bekommt. Vor 200 Jahren brauchten weniger Menschen diese Informationen als heute. Dieses Buch ist also ein Wegbegleiter für Menschen, die in ihrem Leben etwas verändern möchten, die Positives erleben und glücklich sein wollen. Dieses Buch wirkt zu jeder Zeit bei jedem.

Das beruhigt mich und ich stimme dir zu, was die Gedanken zu 2012 und die Schwingungserhöhung in den Folgejahren angeht. Alle reden, jeder weiß es besser, es wurden Seminare und Kurse zu dem Thema angeboten. Ich streite nicht ab, dass solche Angebote helfen, aber ich halte es auch für wichtig, dass sich die Menschen bewusst machen, dass alles in ihnen anfängt und nicht irgendwo da draußen. Dass dieses Buch ein Wegweiser ist, habe ich längst erfahren und begriffen. Es mag überheblich klingen, aber „Dialog mit Ich“ wird als eines der wichtigsten Bücher und primärer Ratgeber in meinem Bücherregal stehen. Was wolltest du mir zu dem Spruch sagen?

Was du geschrieben hast, finde ich sehr erbauend. Das klingt nicht überheblich, sondern ehrlich, weil du weißt, dass du ab und zu einen Ratgeber brauchst. Doch nun zum Spruch. „Liebe deinen Nächsten wie dich selbst. Liebst du dich nicht selbst, lass deinen Nächsten damit in Ruhe“ ist so lustig wie grandios.

Wenn man sich nicht selbst liebt, darf man das nicht an anderen auslassen. Lerne, dich selbst zu lieben, dann werden sich viele Dinge von selbst regeln. Liebe und achte dich! Das ist so unendlich wichtig. Ich liebe dich – liebe du dich bitte auch. Das ist das Einzige, was ich von dir verlangen möchte: dass du lernst, dich zu lieben. Mehr brauchst du nicht für mich zu tun.

Ich kann nun nichts mehr dazu schreiben, denn das klingt wahrhaftig.

Wenn ich das alles lese, tauche ich ein in meine Seele und bin Ich. Deine Worte werden zu einem Teil meines Geistes, zu einem Teil meiner Menschlichkeit und meiner Erfahrung. Diese Erfahrung ist für mich ein Geschenk. Ich danke dir von ganzem Herzen, dass du mir den Weg weist.

Du hast es verstanden.

Ja!

Nachwort

Das war mein „Dialog mit Ich“. Natürlich geht dieser Dialog weiter, doch irgendwann musste ich einfach einen Punkt finden, an dem das Buchprojekt beendet werden konnte. Ich möchte, dass so viele Menschen wie möglich dieses Buch lesen und erleben.

Die Bewusstwerdung des Seins ist ein wundervolles Erlebnis. Es scheint, als werde man sich innerhalb einer Sekunde der eigenen unbegrenzten Möglichkeiten bewusst, und es wird einem klar, dass man damit die Chance bekommt, dieses Erlebnis für den Rest des Lebens zu erfahren. Dieses Buch ist nicht das Ergebnis eines Channelings, bei dem sich Engel, aufgestiegene Meister, geistige Führer oder Gott selbst zu Wort melden. Dieses Buch ist das Wunder, das in mir geschah und dessen Teil ich werden durfte. Lassen auch Sie ein Wunder geschehen.

Ich ist da. Ich ist Ich. Ich ist nicht mein Ich oder Ihr Ich oder das Ich Ihres Nachbarn. Ich *ist* einfach.

Jeder Mensch ist durch sein Denken und seinen Geist ein individuelles Wesen, das durch seine Art, seinen Charakter – eben durch seine Menschlichkeit – von anderen Menschen unterschieden werden kann. Doch in uns steckt ein Teil, der nicht in allen gleich, sondern in allen *eins* ist. Dadurch sind wir alle miteinander verbunden und verantwortlich für das, was wir uns und anderen antun.

Dieses Buch besitzt die einzigartige Fähigkeit, Sie an Ihr Ich – an Ihr Sein – zu erinnern und somit Ihr Leben von Grund auf zum Positiven zu wenden.

Lassen Sie es einfach zu, dann können die Wunder geschehen.

In tiefster Verbundenheit und Dankbarkeit

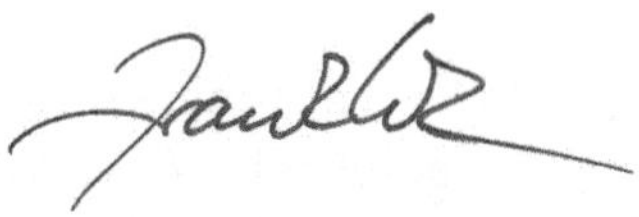

Frank W. Kolbe

Quellennachweis

Ich habe in diesem Buch fünf Bibelstellen verwendet. Mein Dank gilt hier der Deutschen Bibelgesellschaft in Stuttgart.

Ich bedanke mich an dieser Stelle ganz herzlich bei Herrn Gerhard F. Klügl, dass er mir die Erlaubnis gegeben hat, den Text zum Lösen von Eiden und Gelübden, seinen Namen und seine Kontaktdaten zu verwenden. Ich bin mir sicher, dass damit vielen Menschen geholfen wird.

Gerhard F. Klügl
Institut Klügl
Langgasse 23
CH-9056 Gais